# L'INDICATEUR

DE

# FONTAINEBLEAU

ITINÉRAIRE DESCRIPTIF

## DU PALAIS

ET DE

TOUTES LES PLUS CHARMANTES PROMENADES

## DE LA FORÊT

NOUVELLE ÉDITION DES GUIDES-DENECOURT.

PRIX : **3** FRANCS.

| FONTAINEBLEAU | PARIS |
|---|---|
| CHEZ TOUS LES LIBRAIRES ET CHEZ L'AUTEUR | A LA LIBRAIRIE HACHETTE ET Cie |
| Rue de France, 33. | Boulevard Saint-Germain, 79. |

1874.

Fontainebleau. — Imp. E. BOURGES.

# TABLE DES MATIÈRES

NOTA. — Nous avons placé la table en tête, parce qu'il est très-essentiel de la consulter, ainsi que la préface qui suit, avant de faire emploi de ce nouvel Indicateur.

|  | Pages. |
|---|---|
| L'auteur, à messieurs les touristes.................................. | 3 |
| Diverses manières de visiter la forêt............................ | 5 |
| Appel à la bienveillance des personnes qui la parcourent à cheval. | 7 |

*Promenades parcourables uniquement à pied :*

| | |
|---|---|
| Au Rocher Bouligny, aller et retour 8 kilomètres, en trois heures. | 8 |
| Au Mont-Aigu, 10 kilomètres en trois ou quatre heures, selon le temps qu'on veut y mettre................................. | 16 |
| Au Rocher d'Avon, 6 kilomètres en deux ou trois heures ......... | 43 |
| Aux Trois-Fontaines et à la roche Éponge, 8 kilomètres en trois petites heures.................................................. | 119 |
| Au mail d'Henri IV, 5 kilomètres en deux petites heures......... | 149 |
| Aux rochers et bocages de la Solle, 12 kilomètres en quatre heures, ou 16 kilomètres en six heures, si on veut aller jusqu'au rocher Saint-Germain.................................................. | 154 |
| Au Nid de l'Aigle et Mont-Ussy, 10 kilomètres en quatre heures.. | 188 |
| Aux gorges de Franchard, 16 kilomètres en six heures........... | 236 |
| Aux gorges d'Apremont, 15 kilomètres en six heures............. | 249 |

*Promenades en voitures en mettant çà et là pied à terre pour visiter les sites les plus pittoresques :*

| | |
|---|---|
| Au Mont-Aigu par les Hautes-Futaies en trois heures, dont cinq quarts d'heure à pied............................................. | 28 |
| La nouvelle et grande promenade à Barbison en six heures, dont une heure à pied et plus si l'on veut.......................... | 29 |
| Un mot sur Barbison et son Exposition ........................ | 40 |

| | Pages. |
|---|---|
| La nouvelle promenade à la Gorge-aux-Loups en cinq heures, dont une heure à pied et plus si l'on veut | 75 |
| Promenade à Franchard et retour par la Gorge-du-Houx et le Mont-Aigu en six heures, dont deux à pied | 90 |
| Un mot sur Franchard | 116 |
| Promenade au panorama du Fort-l'Empereur et aux Trois-Fontaines en quatre heures, dont une à pied | 138 |
| Promenade au Long-Rocher, par le Rocher Bouligny, 20 kilomètres, dont 6 à pied | 211 |
| La grande et belle promenade en voiture la plus fréquentée, 30 kilomètres y compris ce qu'on veut en parcourir à pied | 263 |
| Charmante promenade aux points de vue de la Solle et retour par les Hautes-Futaies, 10 à 12 kilomètres, dont un à pied | 265 |
| Excursion à la Montagne-Blanche, 35 kilomètres, dont 5 à pied, le tout en six ou sept heures | 265 |

*Visite du Palais :*

| | |
|---|---|
| Itinéraire descriptif des appartements, galeries, chapelles, cours, jardins et parc | 53 |
| Parties du Palais qui ne sont visitées que par les personnes munies d'une permission spéciale | 65 |
| Service des postes à Fontainebleau, heures d'arrivée et de départs des courriers | 67 |
| Hôtels, loueurs de chevaux et voitures | 68 |
| Divers autres renseignements | 71 |
| Souvenir à emporter de Fontainebleau en bois de genévrier de la forêt | 71 |
| Agence spéciale pour la location des maisons et appartements meublés et non meublés | 71 |
| L'indicateur historique et descriptif de Fontainebleau, son Palais, sa forêt et ses plus remarquables environs. — Itinéraire de cinquante très-jolies promenades, 18ᵉ édition des Guides-Denecourt la plus complète de toute | 72 |
| Comment l'auteur est parvenu à mettre en lumière la forêt de Fontainebleau à en rendre accessibles et commodément visitables à peu près tous les sites charmants | 141 |

FIN DE LA TABLE DES MATIÈRES.

# L'AUTEUR
# A MESSIEURS LES TOURISTES

En établissant, l'année dernière, cette édition, nous avions pensé ne l'étendre qu'à l'itinéraire descriptif du palais et d'un choix de promenades pouvant suffire aux personnes dont le séjour à Fontainebleau n'excède pas une semaine. Mais cet essai nous ayant démontré que les voyageurs de quelques jours, tout aussi bien que ceux qui nous demeurent plus longtemps, ne tiennent pas à être limités dans le choix de leurs explorations, nous venons d'ajouter à l'itinéraire des quelques belles promenades que renfermait déjà ce livre, douze autres promenades non moins pittoresques, non moins attrayantes et qui quadruplent, pour ainsi dire, l'intérêt qu'offrait à son début cette nouvelle édition. Malgré le coût de cette plus-value, le prix du livre n'est que doublé. Messieurs les libraires, et surtout l'auteur y gagneront peu, il est vrai, mais l'essentiel est que nos lecteurs soient satisfaits, et ils le seront avec cette édition complétée et établie d'après les nombreuses et très-importantes modifications que nous avons apportées à notre réseau de promenades à pied.

En somme, à l'aide de ce nouvel Indicateur, on peut visiter, avec connaissance, le palais et tous les sites remarquables de la forêt.

Afin de donner à nos lecteurs une idée de la mission que, depuis quarante ans, nous accomplissons dans notre bien-aimée forêt de Fontainebleau, nous nous sommes permis d'intercaler dans ce Guide un aperçu de nos travaux qui consistent principalement dans la création d'environ *cent soixante kilomètres* de sentiers qui, avec leurs grottes, leurs passages à travers et sous les rochers, leurs belvédères et mille autres accessoires, constituent le réseau de toutes les attrayantes promenades à pied de notre chère forêt.

Combien de personnes, pour ne pas dire la généralité, viennent à Fontainebleau pour en admirer les sites si pittoresques, et s'en retournent, si non déçues, mais avec une idée très-imparfaite de cette incomparable forêt.

Disons que s'il en est ainsi, c'est parce que, en général, on ne se doute guère de ce qu'est ce vaste et précieux Musée. On ne songe pas, les touristes étrangers surtout, que la forêt de Fontainebleau n'est rien moins qu'un immense dédale de gorges et de rochers, de vallées et d'âpres collines, entrecoupées par de hautes futaies et d'épais taillis ; puis, par des fourrées de houx et de genévriers; ils ne savent pas que ce dédale, si étrangement distribué et bouleversé par la main des éléments diluviens, dont les traces présentent tant d'accidents de terrain, tant d'imposants pêle-mêle de grès superposés ou épars, intacts ou déchirés, il ne savent pas que cette vaste Thébaïde de sites sauvages et pittoresques n'a pas moins de 80 kilomètres de circonvallation et 200 myriamètres de routes, de chemins et sentiers se croisant, s'entremêlant et se dirigeant dans tous les sens.

Oui, si beaucoup de personnes repartent de Fontainebleau avec une idée très-imparfaite de notre bien-aimée forêt, c'est principalement parce qu'elles s'imaginent qu'il s'agit ici d'une chose aussi facile à visiter que le parc de Saint-Cloud ou le bois de Boulogne, et dans cette pensée, elles viennent s'y aventurer sans se munir des moyens les plus simples, les plus faciles qui existent pour en voir, sans encombre et sans fâcheuses pertes de temps, les plus beaux sites.

Non, il ne suffit pas de pénétrer dans notre forêt au hasard ou de s'y faire conduire par le premier venu, soit à pied, soit en voiture. Si on veut la voir comme elle le mérite, il faut être muni d'un *Itinéraire* qui indique de point en point la promenade que l'on veut entreprendre, les endroits où l'on doit se séparer de la voiture pour pénétrer dans nos plus beaux sites et la retrouver à la sortie des sentiers.

Oui, c'est à l'aide de ce moyen si simple, si facile, que l'on peut explorer convenablement ce précieux musée de la nature mis en lumière par nos efforts soutenus, par notre amour pour cette enchanteresse forêt, et dont, en ce moment, nous offrons à nos lecteurs la nouvelle clef, indispensable pour en visiter, soit à pied, soit à l'aide de voitures, les admirables sites, parmi lesquels nous avons, pendant ces dernières années, rendu accessibles une foule d'autres merveilles.

## DIVERSES MANIÈRES DE VISITER LA FORÊT

La forêt de Fontainebleau se visite de différentes manières, à pied, en voiture, à cheval et aussi à âne ; mais la plus agréable de toutes, c'est de la parcourir mi-partie à pied, mi-partie en voiture ; c'est-à-dire qu'en effectuant une promenade on met cà et là pied à terre, pour explorer pédestrement les sites très-pittoresques qui ne peuvent être visités autrement et à la sortie desquels on retrouve avec plaisir le véhicule pour le quitter plus loin avec non moins d'agrément. Oui, c'est là la manière qui convient le mieux pour parcourir la forêt de Fontainebleau, et voir sans fatigue une infinité de belles choses en une seule promenade ; mais, à cet effet, comme pour les promenades parcourables uniquement à pied, il est essentiel, je le répète, de se munir soit d'une carte, soit d'un *Indicateur* en brochure, que l'on trouve partout dans Fontainebleau, et qu'il ne faut pas confondre avec mes anciennes éditions, lesquelles ne sont plus conformes à l'état actuel de la forêt, ni à mes tracés de promenades, vu les nombreux changements survenus depuis 1870.

Une fois muni d'un bon Indicateur, on examine l'itinéraire de la promenade que l'on se propose d'effectuer, et l'on sait tout d'abord le trajet et les sites qu'elle comprend. Si c'est une promenade en voiture, voici certaines précautions qu'il ne faut pas négliger.

1° Traitez de préférence avec ceux des loueurs dont les prix ne vous paraîtront ni trop bas, ni trop élevés, plutôt qu'avec ceux qui, à l'envi les uns des autres, vous obséderont en vous mettant, en quelque sorte, au rabais, et en offrant de vous conduire à vil prix ;

2° Exigez un bon attelage et surtout un cocher connaissant la forêt ;

3° N'oubliez pas, afin d'éviter tout malentendu, de bien faire vos conventions et de nommer au loueur tous les sites de la tournée que vous allez entreprendre ;

4° En effectuant la promenade, assurez-vous, à l'aide de la Carte ou de l'Itinéraire, que votre cocher en parcourt exactement tous les sites, et qu'il vous fait mettre pied à terre à l'entrée de ceux indiqués comme devant être visités pédestrement et qui sont en même temps les plus pittoresques.

Disons aussi que si, à l'égard des promenades en voiture, la marche à suivre n'est pas indiquée avec autant de détails et de précision que pour les promenades uniquement parcourables à pied, c'est parce que les routes de la forêt étant sujettes à d'horribles dégradations, par suite de l'enlèvement des bois et des grès, il arrive que les cochers sont souvent obligés, pour parvenir à nos sites, de dévier plus ou moins de la direction ordinairement suivie, et qu'en conséquence, vouloir leur tracer leur chemin d'une manière absolue et détaillée, ce serait non-seulement une chose inutile, mais embarrassante pour eux. Le mieux à faire en ceci, c'est d'indiquer sommairement pour chaque promenade, ainsi que nous l'avons fait, les principales choses à visiter. De cette façon, tout conducteur connaissant la forêt trouvera toujours moyen d'arriver à bien.

Quant à nos promenades à pied qui, je le redis, offrent infiniment plus d'intérêts que les promenades en voiture, rien n'est plus facile que leurs parcours, car on y est doublement renseigné, et par l'itinéraire et par les signes indicateurs que l'on rencontre fréquemment marqués, soit sur des roches, soit sur le tronc des arbres.

Toutefois, le livre convient par-dessus tout, vu que nos sentiers de promenades se croisant en bien des endroits, et ayant des signes indicateurs de couleurs différentes, la description devient indispensable, surtout lorsque ces signes se trouvent effacés par le temps ou la malveillance.

En un mot, à l'aide de notre méthode, depuis si longtemps reconnue et préférée, le touriste amateur peut se donner l'agrément de visiter nos sites charmants comme s'il était accompagné par notre humble personne.

*Nota.* — Si parmi les très-beaux arbres signalés dans nos charmantes promenades et mentionnés dans la description, il vient à s'en trouver en moins, on ne devra pas s'en étonner, car bien que ces fiers et formidables hôtes de nos bois aient la vie dure, ils ne peuvent pas toujours durer. Souvent il en disparaît, soit par veillesse, soit par les ouragans, soit enfin par les coups de foudre.

---

Depuis un certain temps, je vois avec peine les sentiers de nos promenades dégradés par les pieds des chevaux. C'est pourquoi je viens, par ces quelques lignes, prier messieurs les cavaliers qui les liront, d'avoir la bienveillance de penser que ces sentiers, œuvre pour ainsi dire de toute ma vie et de toutes mes épargnes, sont les promenades chéries des humbles piétons, et qu'ils servent aussi aux personnes du grand monde, lesquelles sont bien aises de mettre çà et là pied à terre, pour visiter nos sites dans leurs plus curieux et charmants détails.

Ce que je me permets d'écrire ici ne s'adresse assurément pas à la généralité des personnes qui parcourent à cheval nos pittoresques déserts, car la plupart comprenant bien que passer à cheval dans nos étroits et sinueux sentiers, c'est non-seulement les dégrader et désobliger les promeneurs et les touristes, mais que c'est s'exposer soi-même et sa monture à quelque accident, préfèrent les chemins et les routes très-commodes et très-agréables qu'offre partout notre forêt. Puisse cet exemple du grand nombre être imité du petit nombre qui nous a inspiré ces lignes ! Espérons !

---

Mais venons à l'itinéraire de nos promenades à pied, en commençant par celle du rocher Bouligny, l'une des plus intéressantes.

## PROMENADE AU ROCHER BOULIGNY

### EXPLORATION A PIED

Aller et retour, environ trois heures.

### ITINÉRAIRE

On se rend tout d'abord à la grille de Maintenon, soit par le parterre, soit par la Cour des Adieux et la Cour des Fontaines d'où l'on peut donner un coup d'œil sur les énormes carpes qui se prélassent dans l'étang, joli petit lac en miniature entouré d'un côté par cette belle Cour des Fontaines et des trois autres côtés, par les pittoresques ombrages du jardin anglais et par les majestueux tilleuls de l'avenue de Maintenon.

Parmi ces carpes légendaires, il y en a de très-vieilles, dont l'âge remonte au moins à un siècle. Elles sont très-gloutonnes étant alléchées par le pain et les gâteaux que les visiteurs leur jettent.

Parvenus en peu d'instants à la grille de Maintenon, nous en franchirons le seuil pour continuer à suivre l'avenue encore quelques minutes et arriver au rond-point traversé par la route de Moret. Rond-point qui est le *carrefour de Maintenon*. Franchissons-le, malgré le sable ou la boue que l'incurie y a laissés, et prenons à droite immédiatement après avoir coupé la route de Moret, une jolie route de chasse appelée *Route du Petit-Mont-Chauvet*, dont l'entrée contiguë à un nouveau poste forestier est signalée d'une flèche bleue. Nous pénétrons dès-lors sous les ombrages de la Plaine-des-Pins où nous voyons en même temps des chênes, et tout à l'heure quelques autres espèces d'arbres.

Voici le *Carrefour de Cheyssac*, autre beau rond-point que nous traversons directement en laissant deux routes à notre gauche. A quelques pas au delà nous coupons la route macadamisée de Montigny pour arriver, en moins de deux minutes, au carrefour sablonneux de *Montespan*. Hâtons-nous de le franchir encore directement en laissant trois routes à notre droite. Celle que nous prenons est toujours la suite de celle du Petit-Mont-Chauvet conduisant en même temps au mail d'Henri IV. Nous voyons le bois plus mélangé d'essences indigènes : ce sont des chênes, des blancs-bouleaux, des trembles, des charmilles, puis vont reparaître, en magnifique bordure, le long de notre route, les pins du nord à l'écorce bronzée et dorée.

Dans quatre minutes nous allons aboutir sur un carrefour situé au pied du versant nord du mail d'Henri IV, offrant une belle plantation de ces pins dorés. Traversons ce carrefour en laissant une route à droite. Celle que nous prenons est appelée *Route de la Plaine des Pins;* elle va nous conduire, en quelques minutes, au carrefour de *La Vallière*, en longeant la base occidentale du mail d'Henri IV.

De ce modeste carrefour nous apercevons, à travers les pins et à très-peu de distance, une muraille d'imposantes masses de grès. C'est une partie du versant nord de la chaîne du Rocher Bouligny. Ne l'abordons pas ici, mais traversons le carrefour en laissant deux routes à notre droite et trois à notre gauche, en faveur de celle dont l'entrée est désignée par notre signe bleu. L'ayant suivie une centaine de pas, ombragés par un bois taillis où domine le chêne, nous la quitterons en inclinant à notre gauche, conformément à ce signe bleu, par un sentier qui, en un instant, va nous conduire sur le travers d'un autre sentier et précisément au pied de l'une des collines les plus intéressantes du Rocher Bouligny.

Tout en débouchant sur ce sentier, nous voyons la lettre A qui nous dit que c'est le *sentier des Dames*, que nous avons tracé en lacet pour en adoucir les pentes et nous permettre de contempler mieux les beautés du site et voir les plus ravissantes perspectives. Nous le suivrons dans le sens où nous y arrivons.

Mais quelle superbe trace du déluge ! Toutes ces abruptes et pittoresques collines hérissées d'imposantes masses de grès de toutes formes, de tous volumes, les unes éparses, les autres bizarrement amoncelées et superposées, puis, presque toutes décorées de mousse, de lichen ! Maintenant les végétaux qui nous ombragent ne sont guère autres que des pins maritimes, à l'aspect sombre et lugubre, mais heureusement que, hauts et droits montés sans branches, sans rameaux, et chaque année devenant moins nombreux, ils nous laissent voir les rochers, les collines, tous ces dévaloirs avec leurs féeriques mouvements de terrain et leurs mille accidents variés. Remarquons sur la droite, au sommet de la montagne, cette énorme et belle masse de grès qui surmonte le groupe d'où il s'élance. C'est le rocher du *Bon-Paul*. Puis, le sentier, en gravissant à gauche, nous fait passer contre la belle roche de *Lacontrie* désignée par la lettre B. Immédiatement, nous décrivons une seconde courbe sans monter, et nous voyons une superbe colline aux flancs hérissés d'énormes blocs dont un se dresse sous la forme d'une pyramide égyptienne. On y voit comme un trou fait avec un boulet de canon.

Nous allons gravir un peu plus pour passer devant un formidable abri signalé par notre étoile rose : c'est la *roche* et la *grotte de lord Byron*. Continuons les zigzags du sentier en contemplant, sous de nouveaux aspects, notre cher Bouligny. Nous arrivons vers le sommet où le sentier se bifurque ; laissons à notre gauche la marque rouge et prenons à droite, comme l'indique notre marque bleue pour cheminer sur des bords de plus en plus escarpés, parmi d'imposantes masses de grès et en dominant tantôt à pic, tantôt d'une manière moins saisissante, les versants du site, ses ravins, ses dévaloirs abrupts et sauvages, mais toujours plus pittoresques. Voici après plusieurs circuits et ayant laissé derrière nous les nos 1 et 2, la lettre C désignant le *Passage des Sept-Roches*, d'où nous voyons d'autres profondeurs, d'autres perspectives.

Tout à l'heure le sentier des Dames va aboutir sur un sentier plus large, également très-agréable à parcourir, et où nous avons à notre gauche encore de belles roches et à notre droite de beaux dévaloirs, de belles ravines où il ne manque qu'une chose qui ajouterait si bien, si parfaitement à nos charmants déserts de Fontainebleau. Cette chose, cher lecteur et chère lectrice, vous la devinerez aisément, c'est de l'eau, ce sont de délicieux ruisseaux, dont la descente en cascade dans les rochers et leur courant plus paisible dans le fond des gorges et des vallées, réjouiraient tant nos cœurs et surtout les oiseaux comme tous les hôtes de nos bois !

Nous allons quitter ce large sentier en inclinant à notre droite, par un sentier un peu moins large et plus sinueux, qui va, tout de suite, nous faire passer près d'une longue masse de grès, c'est la roche de *Léonard de Vinci*, désignée par le n° 3. En la quittant, nous avons une mince échappée de vue sur Fontainebleau, laquelle sera bien plus intéressante quand la sollicitude bien connue du chef actuel de la forêt aura donné l'ordre de faire ôter quelques arbres, qui empêchent de bien voir.

Poursuivons notre marche, en suivant le sentier le plus près du bord escarpé, et nous allons, dans un instant, contourner la crête occidentale du Rocher Bouligny, où l'abattage d'une douzaine de vilains pins, qui masquent un très-beau point de vue, est plus désirable encore.

Suivons bien nos marques bleues pour passer tout à l'heure entre les *Mazarines*, deux formidables masses de grès dont une est signalée par le n° 4.

Tout aussitôt après avoir laissé derrière nous ces deux énormes pierres; le sentier se divise en deux : celui qui descent à droite, signalé par une étoile rouge, est destiné aux personnes dont la voiture les attend sur la route de Nemours, près l'arcade des eaux de la Vanne, pour se rendre vers la Gorge-aux-Loups. Conséquemment, laissons ce sentier et continuons à suivre celui aux marques bleues toujours en sillonnant les crêtes de la chaîne du Rocher Bouligny, bien que tout à l'heure il semblera nous ramener du côté d'où nous sommes venus ; mais qu'importe.

Dans un instant, nous allons dominer les collines et dévaloirs du versant méridional du site et voir d'autres chaos de rochers, parmi lesquels encore de très-beaux pêle-mêle et de gigantesques pierres dont les plus rapprochés du sentier sont d'abord le groupe signalé par la lettre D ; un peu plus loin la lettre E va nous indiquer deux énormes Titans, et ensuite nous passerons devant *l'Arche de Bouligny*, désignée par la lettre F. Immédiatement après la lettre G va nous montrer l'entrée du passage du *Rocher de la Landelle*, passage formidablement encaissé, que nous avons ouvert naguère pour fuir des pentes trop raides, trop fatigantes.

A quelque distance de là, notre étoile rose nous invite à ne pas la dépasser sans incliner nos regards à gauche, en arrière, pour bien voir ce côté du site très-remarquable par l'aspect imposant du groupe de rochers que nous quittons.

En quelques secondes, nous allons déboucher sur un large sentier que nous suivrons selon nos marques bleues, toujours parmi les pins, les rochers et les accidents de terrain, sans cesse variés. Voici la lettre H qui désigne une belle roche, dont le sommet est orné de sept à huit sortes de végétaux que, ni vous, cher lecteur ou chère lectrice et ni personne, n'a semés, ni plantés sur ce roc aride.

Dans un instant, nous allons couper un chemin qui est la suite de la *route de la Vallière*, chemin encaissé, à notre droite comme à notre gauche. Peu nous importe, traversons-le pour prendre immédiatement à gauche un sentier qui monte légèrement. Il nous permettra de dominer à pic d'autres profondeurs, d'autres chaos de rochers.

Mais, pour continuer notre marche, reportons notre attention à la page 214, second alinéa, commençant par ces mots : « Étant parvenus vers le haut de la montagne » et lignes suivantes, jusqu'à la page 218, ligne 5, se terminant par ce mot : « Fontainebleau. » c'est-à-dire jusqu'à l'entrée de la *Gorge-aux-Hiboux*, « après avoir quitté la grotte de *Lucifer*. » Dès lors nous nous dirigerons d'après les indications que voici :

Un instant après avoir quitté la grotte de Lucifer, nous voici à l'encontre de deux sentiers débouchant tous deux dans la *Gorge-aux-Hiboux* : celui qui se continue directement parcoure le Rocher Bouligny jusqu'à la fin, c'est-à-dire jusqu'à la route de Marlotte, à plus d'un kilomètre d'où nous sommes. Laissons-le et prenons à gauche celui désigné par notre signe bleu ; il descend en pente non trop rude, et tout à l'heure, la lettre T nous annoncera que nous sommes tout à fait descendus dans la Gorge-aux-Hiboux, précisément sur la route de la Fanfare, jolie cavalière qui se dessine gracieusement dans les sinuosités de la gorge dont les collines si bien décorées de rochers et de végétaux, composent assurément le vallon le plus pittoresque et le plus intéressant de la chaîne du Rocher Bouligny.

Dans trois minutes, nous aurons laissé derrière nous ce curieux vallon et une jolie plantation de pins du Nord, justement en débouchant sur un carrefour de cinq routes, où se termine celle de la Fanfare et à l'entrée d'un bois de chênes d'environ soixante ans, mais trop éclairci.

Traversons ce carrefour en laissant deux routes à droite. Celle que nous prenons est la moins large et conduit au sommet du Petit-Mont-Chauvet, mais nous la parcourons seulement deux minutes pour retrouver à droite notre sentier et continuer notre marche à l'ombre des chênes. Nos signes indicateurs, du reste, ne nous font pas défaut.

En moins de cinq minutes le sentier nous conduira sur une autre petite route cavalière, que nous suivrons à droite pour arriver en une minute sur le *carrefour de Gabrielle*, traversé par la route de Marlotte. Coupons-le en laissant une route à notre gauche.

Celle que nous prenons est la route d'Estrées allant au pavé de Moret. Nous ne la suivrons qu'un instant pour incliner à gauche, par notre cher sentier, cette fois, ombragé par un taillis de châtaigniers. Dans trois minutes, la lettre U nous désignera l'*Abri d'Agar*, et presque aussitôt nous quitterons les châtaigniers pour cheminer à l'ombre d'un bois de chênes, de pins et de bouleaux, et arriver sur le beau *Carrefour de l'Octogone* en trois ou quatre minutes. Nous le traverserons en laissant deux routes à notre droite. Celle que nous prenons va monter légèrement un instant, pour descendre de même, en traversant la pointe du Rocher d'Avon, et nous conduira, en un quart d'heure, à peu près directement, sur l'avenue du Bréau, en coupant la route de Moret; avenue aboutissant au fossé appelé le Bréau et où se tient la fête patronale de Fontainebleau, le dimanche et le lundi après la Saint-Louis.

De cette avenue, un peu avant d'arriver à l'extrémité, nous inclinerons à notre gauche, conformément à notre signe, par une allée moins large, pour arriver en quelques minutes à la grille de Maintenon, et de là nous rentrerons en ville facilement, comme nous l'entendrons, et sans plus d'indications.

## Le Mont-Aigu.

Le Mont-Aigu avec son admirable point de vue, ses formidables et curieux rochers, avait toujours été le but de la promenade de prédilection des habitants de Fontainebleau, d'autant mieux que ce site est l'un des moins éloignés de la ville et non encore déshonoré par l'exploitation des grès qui en a ravagé tant d'autres dans notre bien-aimée forêt.

Mais cette promenade de prédilection, que nous avions dotée d'un complément de sentiers commodes et de travaux hardis, qui permettaient de l'effectuer très-agréablement, fut à la fois mutilée et interdite au public pendant la durée du second Empire, et cela, sans nécessité aucune.

Ce n'est qu'après la chute de Napoléon III, arrivée malheureusement trop tard pour la France, que notre Mont-Aigu nous a été enfin rendu ; mais non avec les sentiers qui y conduisaient directement ; il a fallu y suppléer, et à cet effet nous y sommes parvenu, autant que possible, sinon à rendre cette belle promenade aussi peu étendue qu'elle l'était autrefois, mais du moins plus intéressante dans son parcours à travers ses formidables rochers, et de plus par la nouvelle découverte géologique très-instructive qui vient d'être faite au sommet du Mont-Aigu.

Mais arrivons à l'itinéraire de cette si intéressante promenade, de manière à pouvoir l'effectuer, soit uniquement à pied, soit à l'aide de voiture. Toutefois, commençons par l'itinéraire destiné aux personnes qui voudront pédestrement en explorer les dix kilomètres de développement.

## PROMENADE AU MONT-AIGU

Parcourable uniquement à pied.

DÉVELOPPEMENT : 10 KILOMÈTRES.

ITINÉRAIRE.

Pour effectuer cette promenade, qui peut se parcourir en trois heures ou bien en quatre heures, si on veut avoir le temps d'en bien voir les curiosités, il faut se rendre tout d'abord à la barrière de Paris, appelée également *barrière de la Fourche* à cause de la configuration des routes qui la traversent.

Étant parvenus à cette barrière, c'est-à-dire près le bureau d'octroi, à l'entrée d'un vaste et beau carrefour sur lequel aboutissent huit routes, nous en voyons trois en face de nous qui forment l'éventail : celle de Paris à droite, celle de Fleury à gauche, et, entre les deux, une route de chasse moins large, appelé la *route du Petit-Franchard*.

Dirigeons-nous vers la route de Paris et prenons la contre-allée qui en ombrage la rive gauche, ou plutôt, suivons le sentier entre les ormes et la pointe d'un bois mélangé principalement tout à l'heure, de pins du Nord, à l'écorce bronzée et dorée.

Ayant suivi ce sentier direct, conformément à nos marques bleues, en négligeant tout sentier et tout chemin à notre gauche, pendant quatre à cinq cents pas, c'est-à-dire, jusque vers la naissance de la côte, précisément lorsque nous arriverons près d'un orme sur l'écorce duquel se voit un n° 2, puis une marque rouge.

Du pied de cet arbre ainsi désigné et dont nous n'avons pas à nous préoccuper relativement à la promenade que nous effectuons, suivons encore quatre à cinq pas notre sentier direct pour prendre ensuite à notre gauche, conformément à notre marque bleue, un autre sentier qui pénètre parmi les pins, et où nous serons mieux ombragés.

Mais, nous nous éloignons insensiblement de la route de Paris et en une ou deux minutes les sinuosités de notre méandre nous amèneront au bord d'une route de chasse que nous couperons pour cheminer à l'ombre d'un bois de chênes, puis, dans un instant, nous en couperons deux autres très-rapprochées, après lesquelles notre sentier va se diviser en deux.

Celui à droite désigné par le n° 3 et une marque rouge, nous n'avons pas non plus à nous en préoccuper. Suivons à gauche le sentier désigné par nos marques bleues et dans un instant nous traverserons une route de chasse passablement sablonneuse.

Tout aussitôt, notre sentier redevient direct, puis toujours ombragé par un bois de chênes principalement. Bientôt, il va encore se diviser en deux, négligeons celui à notre droite bien qu'il soit muni de notre marque bleue, continuons directement d'après les marques rouges.

Nous allons couper tout à l'heure une route de chasse macadamisée, puis un peu plus loin un sentier encore muni de notre marque bleue.

Poursuivons, et notre sentier, moins direct, va nous faire franchir successivement deux autres routes de chasse et nous amener en une minute au bord de la route de Fleury, encore dirigés par nos marques rouges.

Passons de l'autre côté de cette grande route pour retrouver notre sentier gravissant le versant nord du *Mont-Fessas*. Mais avant de le gravir nous pouvons nous reposer un peu sur la berge de la route à l'ombre des chênes, vu que nous avons cheminé à peu près trois kilomètres de l'intérieur de la ville.

De ce lieu de repos, le sentier, muni de marques bleues, nous conduira en un instant au bord d'un chemin de voiture dont nous suivrons la rive droite pour avoir un sol moins sablonneux.

Ayant gravi en pente assez douce pendant deux ou trois minutes ce chemin de voiture, nous le quitterons en prenant à droite le sentier conformément aux marques bleues, afin d'éluder une courbe de ce chemin de voiture que nous allons retrouver en un instant pour le traverser et prendre l'autre section du sentier toujours bien ombré et encore en gravissant légèrement pendant deux minutes.

Après ces deux minutes nous couperons une route de chasse pour laisser à notre droite un sentier muni d'une marque bleue et prendre celui un peu à gauche désigné par la marque rouge.

Un instant après, nous allons parvenir sur le plateau du Mont-Fessas, précisément sur un vaste carrefour où aboutissent six routes de chasse, et où se voit une espèce de kiosque couvert en chaume, que la malveillance, j'en ai peur, pourrait bien ne pas respecter longtemps.

C'est ici où les personnes qui parcourent la forêt à l'aide de voiture viennent mettre pied à terre pour aller visiter le Mont-Aigu et les curiosités qui l'avoisinent.

Traversons ce carrefour en laissant deux routes à notre gauche ainsi que le kiosque, et prenons le sentier dont l'entrée, tout au près, est signalée par notre marque bleue. Jusqu'ici nous avons toujours cheminé à l'ombre de bois ordinaires.

En deux minutes nous allons nous trouver sur un croisement de routes de chasse situé au bord de la descente du versant méridional du Mont-Fessas, d'où nous aurons, à travers les arbres, quelques minces échappées de vues sur le Mont-Aigu et aux environs.

Traversons directement ce croisement de route, en en laissant une à droite et une à notre gauche, pour descendre assez rapidement une large voie pendant une cinquantaine de pas et couper un autre croisement de chemins en prenant tout court à droite conformément à nos marques bleues.

Notre chemin devient moins rapide et se maintient large, puis toujours ombragé. Il va décrire une courbe et nous amener, en quelques minutes, sur un assez vaste carrefour que nous traverserons en laissant deux routes à notre gauche et trois à notre droite, pour retrouver immédiatement notre sentier qui pénètre parmi les rochers et un bois mélangé de pins et de chênes, puis quelques blancs bouleaux.

En moins d'une minute, la lettre A va nous désigner le *rocher de Mazagran*, masse de grès la plus remarquable de la forêt, par sa structure et ses parties évidées. On y voit dans son intérieur une sorte de réservoir ayant toujours de l'eau. Contournons-la, d'après nos marques, en négligeant presque aussitôt un sentier à notre droite, qui nous conduirait vers les *Grands-Titans* et les grottes du *Chasseur-Noir* et du *Parjure* et même jusqu'à Franchard.

Celui que nous suivons, très-tourmenté et curieusement encaissé parmi les grès de toutes formes des plus fantastiques, va nous faire passer tout à l'heure près du *Cheval Pégase*, signalé par la lettre B à quelques pas sur notre gauche.

Continuons en négligeant dans un instant un sentier sur notre gauche pour passer presque tout de suite sous l'imposant rocher de *Carrier-Belleuse*, signalé par la lettre C. Ensuite, nous gravissons quelques pas, pour négliger bientôt un sentier à notre gauche et continuer le nôtre toujours très-tourmenté parmi de remarquables masses de grès, dont la désignation nécessiterait tout un volume, rien que pour la seule promenade que nous effectuons.

Nous explorons en ce moment la base du Mont-Aigu, côté de l'ouest-sud. La lettre D va nous désigner le *rocher d'Argus*, et immédiatement nous allons pénétrer dans l'*Antre de Judith* désigné par la lettre E. Un peu plus loin, la lettre F nous désignera le *rocher d'Holopherne* à moitié décapité.

Mais comme le site devient de plus en plus intéressant ! Le sentier sillonne la crête d'une petite colline d'où nos regards dominent de ci de là soit à notre droite, sur un bois de pins, soit à notre gauche, où nous voyons diverses essences et encore beaucoup de curieux rochers.

Voici la lettre G, qui désigne un étrange mastodonte, armé d'une terrible défense. Passons et inclinons à droite pour serpenter très-étroitement entre les rochers, et tout de suite contre le *Bain de Diane* désigné par la lettre H.

Un instant après avoir laissé derrière nous cette roche singulièrement creusée et perforée en haut pour recevoir les eaux du ciel, nous arriverons hors des rochers sur un assez vaste carrefour étoilé par sept routes bien ombragées.

Traversons-le en laissant deux routes à notre gauche et trois à notre droite, ainsi que l'indique notre flèche bleue.

Ayant parcouru cette route environ trois minutes, c'est-à-dire jusqu'à la rencontre de nouveaux rochers, nous inclinerons à notre droite en prenant le *sentier des Atlantides*, qui en un quart d'heure nous amènera à la *grotte du Serment* par un trajet réellement saisissant, tellement on y remarque de formidables masses de grès, entre autres les *rochers de Grisbourdon*, la *roche de Proserpine*, les *rochers de Saturne* très-rapprochés l'un de l'autre et dont la lettre I désigne simplement la roche de Proserpine avec sa petite tête.

Ensuite, nous parcourons une plage dénudée à la base d'une colline dont les flancs et le sommet à notre gauche, sont encore hérissés d'énormes rochers.

A peine avons nous franchi cette plage, que la lettre J nous signale le *passage du Serpent* à la sortie duquel se dresse une pierre géante. Un peu plus loin, en gravissant nous voyons un beau petit réduit désigné par la lettre K, c'est la *station du père Guilbert*, historiographe du château et de la forêt de Fontainebleau au commencement du règne de Louis XV.

Après avoir gravi encore quelques pas, la lettre L va nous désigner le *rocher de Plutus*, l'une des plus formidables masse de grès de nos déserts, dont chacune de ses faces montre une physionomie différente, et au sommet de laquelle nous avons deux fois trouvé un petit trésor (85 centimes) déposé là sans doute par quelque explorateur fantaisiste pour savoir si d'autres que lui seraient assez allègres pour y monter. Aujourd'hui, mes 84 ans ne me le permettraient assurément pas.

Les replis tourmentés de notre sentier vont immédiatement contourner la base de ce gigantesque rocher et nous faire passer dessous sa monstrueuse encolure en surplomb, puis à quelques pas au delà, nous pénètrerons dans une galerie souterraine dont l'entrée comme la sortie est signalée par les initiales D. F. D. et le millésime 1853.

Cette galerie va nous conduire tout de suite dans la grotte du Serment où elle aboutit. Le tout, serait d'un aspect certainement plus convenable si, au lieu de ces vilains murs de soutènement qu'il m'a fallu faire établir pour soutenir en l'air les formidables rochers qui abritent ce sombre et lugubre passage, j'avais pu y faire élever des parois en quartiers de roche brute, joints avec du ciment. Mais trop d'autres endroits, trop d'autres travaux absorbaient également mes modestes ressources. Néanmoins, dès que mes finances reviendront un peu à flot par le produit de mes Itinéraires et par de sympathiques souscriptions comme par le passé, je ferai peu à peu revêtir en ciment ces hideuses murailles comme je l'ai fait à plusieurs de nos autres grottes. Dès lors celle-ci qui est déjà très-remarquable par la hardiesse de sa création, deviendra, je l'espère, la plus importante et la plus saisissante de toutes.

Mais d'où vient son nom, demanderont les personnes qui n'en savent pas l'origine ? — Je vais en peu de mots en donner l'explication.

C'était en 1853, en un beau jour d'automne, lorsqu'à peine venait d'être achevé mon belvédère, appelé le *Fort de l'Empereur*, baptême qui me fut imposé par l'Administration comme je l'ai dit et écrit bien des fois dans mes Guides, c'était, dis-je, par un beau jour d'automne de 1853, je faisais ouvrir cette grotte du Serment, à la tête de quinze ouvriers carriers et terrassiers qui sapaient et fendaient les masses de grès, de manière à nous faire écraser et ensevelir tous sous les énormes blocs que leur rustique travail ébranlait et faisait écrouler à tout moment, c'était alors qu'un groupe de personnes, parmi lesquelles se trouvaient plusieurs de mes amis, attirés par le bruit de cet étrange travail, et voyant cette formidable trouée, ils en furent comme effrayés et se mirent à me sermonner, en ami, bien entendu. — Mais, mon cher Denecourt, vous allez vous ruiner, s'écrièrent-ils ! — C'est mon dernier tour de force, répliquai-je. — Ah bah ! voici longtemps et bien des fois que vous nous dites cela, et vous recommencez toujours de nouvelles folies. — Je vous jure que ce sera la dernière, et la preuve, c'est que je la nommerai la *grotte du Serment*, et qu'à son entrée comme à sa sortie, seront gravées les initiales D.F.D.

ce qui voudra dire : *Dernière folie Denecourt*, puisque folie il y a, dites-vous. — Hé bien ! nous prenons acte de ce serment et pour le sceller complètement, nous viendrons ensemble ici, à la fin de ce hardi travail, inaugurer la *grotte du Serment*.

Voilà tout bonnement l'histoire de l'origine du nom de cette grotte, nom qui frapperait davantage, s'il avait pour cause quelque fait dramatique, quelque scène plus ou moins émouvante.

Ne quittons pas ce sombre et terrible lieu sans en contempler, néanmoins, les énormes masses de grès qui surplombent au-dessus de nos têtes et les quartiers de grès que les efforts de mes ouvriers sont parvenus à loger comme clefs de voûte ou comme cales pour maintenir en l'air ces pierres géantes, indépendamment des murs de soutènement qui les supportent.

Contemplons aussi, après avoir passé sous un banc de grès très-épais et haut à pic, un véritable portique druidique, taillé et sculpté par la main de la nature à l'entrée de la partie plus vaste du souterrain. C'est alors seulement que nous pénétrons dans la grotte du Serment, dont la voûte d'une seule pierre pèse peut-être plus d'un million de kilogrammes !!!

Nous voyons dans cette lugubre pièce la rustique table où fut réitéré et scellé le serment dont nous venons de parler, de ne plus continuer à épuiser mon modeste *avoir* dans ma chère forêt, et tout le monde sait comment j'ai tenu ce serment ! *Qui a bu boira*, dit un proverbe, et je ne m'en repens certes pas. Au revoir, ma chère grotte !

Dirigeons-nous pour en sortir, vers ces seize marches de grès, au-dessus desquelles nous avancerons, directement devant nous, pour couper un chemin à quelques pas de la grotte, et bientôt en aborder un autre que nous suivrons à droite où nous voyons de nouveaux rochers, des pins, des bouleaux et quelques maigres et jeunes chênes.

Ce chemin va descendre un peu plus rapidement pendant un instant seulement. Il relie le petit Mont-Aigu avec le grand que nous allons aborder en moins de trois minutes en laissant un sentier à notre gauche, et presque aussitôt un autre à notre droite. Toutefois, nos marques bleues nous guideront fidèlement par le sentier le plus large et toujours à peu près devant nous.

La lettre M nous informe que nous quittons les parages du petit Mont-Aigu, et que le beau sentier que nous suivons va monter tout à l'heure en pente assez douce et nous conduire en dix minutes au sommet du véritable Mont-Aigu en contournant les flancs rocheux de cette jolie montagne de forme conique et ombragée de beaux pins du nord.

Le n° 4 à notre gauche va nous désigner la *roche de Longe-Pierre*, grès d'une belle longueur. Ensuite, nous allons voir de superbes et soyeux tapis de mousse décorant magnifiquement le flanc nord de la montagne jusque vers le sommet que nous aborderons en passant près la *roche Feuilletée*, désignée par la lettre N; cette roche penchée semble être soutenue très-sympathiquement par un pin sylvestre.

Les roches qui enveloppent le Mont-Aigu, de la base au sommet, sont à peu près toutes remarquables de formes et de volume, notamment celles qui couronnent le sommet, dont le diamètre, d'environ soixante mètres, forme une surface non entièrement hérissée par les grès qui semblent protéger l'espace du milieu où nous allons arriver et nous reposer un peu sur le sol assez propre et engageant, ou bien sur un banc de bois que nous verrons là, si toutefois la stupide malveillance ne l'a pas détruit.

En quittant ce lieu de repos, cette petite place si pittoresquement entourée et quelque peu ombragée, nous passons par une issue désignée par nos marques bleues et la lettre O peinte sur une roche à notre gauche.

Mais voici tout aussitôt à notre droite le n° 5 et de petites marques rouges qui attirent notre attention. C'est-à-dire, que sur les parois des deux roches où nous voyons ces petites marques rouges, nous voyons immédiatement au-dessus de ces marques une petite ligne saillante, très mince et formée d'une matière aussi dure que les grès auxquels elle est adhérente. Ces lignes saillantes, ces minces rebords, sortes de concrétions ne sont rien moins que des indices de la hauteur où sont montées les eaux du dernier cataclysme de notre planète, à ce que prétendent de savants voyageurs passés par ici naguère. Ils disent que si on ne rencontre sur aucune autre montagne, aucun autre sommet de notre forêt, de ces sortes d'indices, c'est parce que tous les sommets de la forêt, excepté le Mont-Aigu, le plus élevé de tous, furent entièrement couverts par les eaux.

Nous regrettons de ne pas connaître les noms des voyageurs investigateurs, qui, après bien des recherches, sur tous les points culminants de notre forêt, sont parvenus à faire cette instructive découverte que nous signalons à nos lecteurs. C'est de l'agent forestier qui les a accompagné que nous tenons ces détails.

Disons que la hauteur du Mont-Aigu est de 150 mètres au-dessus du niveau de la Seine, au pont de Valvins.

Continuons à suivre nos marques bleues, et tout de suite le n° 6 va nous annoncer que nous abordons la crête des rochers d'où nous allons jouir d'un très-beau point de vue sur la ville et la vallée de Fontainebleau, sur les monts et collines qui l'environnent et bien loin, par delà les limites de la forêt, vers l'est.

Cette vaste étendue de terrain qui, de la base du Mont-Aigu se prolonge jusque vers la ville et s'étend également loin sur la droite, c'est le Parquet des chasses à tir et de la Faisanderie, dont on voit les bâtiments.

Les monts et collines que nous apercevons sur la gauche de Fontainebleau, c'est le Mont-Pierreux, ce sont les hauteurs du Calvaire et du Fort-des-Moulins ; plus loin vers le levant se sont les côteaux de l'autre côté de la Seine jusques vers Héricy, Féricy, et Vulaines.

Plus à droite, c'est la butte du Montceau, c'est le Mont-Andart et par delà, le Mont-Mélian ; puis plus à droite encore et bien plus loin, c'est la montagne de Surville au pied de laquelle se trouve la ville de Montereau

Mais plus rapprochés et encore plus à droite vers l'est-sud, nous apercevons les crêtes du rocher d'Avon, le mail d'Henri IV, le rocher Bouligny, le Mont-Merle et le Mont-Saint-Hérem.

Puis tout à fait à notre droite et très-rapproché de nous, venant aboutir et se terminer dans le parquet des chasses, c'est la chaîne du *rocher Long-Boyau*, que depuis plus de trente ans nous appelons *rocher du Long-Boa*.

Maintenant que nous avons contemplé cet admirable point de vue, nous allons le quitter en prenant par l'issue que désigne notre flèche bleue, et tout d'abord nous descendons quelques pas en tournant une roche allongée marquée de la lettre P et dont le côté opposé va nous montrer un véritable cachalot.

Immédiatement en nous retournant pour continuer à descendre, nous voyons la lettre Q qui nous indique la *roche du Tonnerre*, que j'ai vue le jour même où elle venait d'être foudroyée, il y a une trentaine d'années. L'un des deux blocs de grès séparés de la principale partie restée, et tombés l'un sur l'autre, est appuyé contre le tronc d'un pin dont on voit encore l'écorchure faite par la chute dudit bloc. En voyant ce pin assez chétif, on ne se douterait pas que son âge dépasse la cinquantaine.

Tout auprès de cette roche foudroyée, nous voyons la plus affreuse roche de la forêt, c'est le *Sicophante*. Sa laideur, qui nous saute aux yeux aurait dû nous dispenser de la désigner par un signe quelconque. Néanmoins nous l'avons signalée par la lettre R.

En nous éloignant de cette vilaine bête, nous allons descendre la pente assez raide du flanc sud-ouest du Mont-Aigu, mais sans difficultés et en sept à huit minutes.

Voici tout à l'heure, à notre gauche, tout au bord du sentier, la lettre S qui va nous désigner la *Glissoire du Chasseur-Noir*, et en effet ce n'est ni vous, ni moi, cher lecteur ou chère lectrice, mais bien l'ombre du légendaire Chasseur-Noir qui puisse entreprendre des glissades sur la pente rapide et unie de cette longue roche qui en même temps a un peu la forme d'un sphinx.

Continuons à descendre en contournant encore deux minutes les flancs de notre Mont-Aigu, c'est-à-dire, jusqu'à ce que nous ayons dépassé de quelques pas le n° 7.

Mais notre marque bleue nous invitera à incliner tout court à notre gauche, par un sentier qui, en un instant, va nous amener tout à fait au bas du Mont-Aigu, sur un joli carrefour où viennent aboutir six chemins.

C'était là, où, avant le second Empire, les promeneurs en voiture, venaient mettre pied à terre pour faire l'ascension du Mont-Aigu, soit en venant directement de Fontainebleau, soit au retour de Franchard.

Après un petit repos sur les berges de ce petit carrefour ombragé par des pins du nord, nous le traverserons en laissant une route à notre droite ainsi que l'indique la flèche bleue. Alors, nous disons adieu aux rochers. Toutefois, nous cheminerons à l'ombre jusqu'à l'entrée de la ville, dont nous sommes séparés par un trajet de trois kilomètres et demi.

La jolie route de chasse que nous venons de prendre, nous la quitterons tout à l'heure, au moment où elle va monter un peu trop rapidement, pour prendre un sentier à notre droite, dont l'entrée est signalée par notre marque bleue.

Ce sentier va nous conduire en dix minutes sur le haut du Mont-Fessas en coupant une route de chasse après laquelle notre méandre se dessine en zig-zag pour nous éviter de la fatigue.

Étant parvenu sur le plateau, nous le traverserons en coupant deux routes de chasse, dont la seconde, où nous voyons la lettre T peinte sur un chêne, sert aux personnes qui sont venues en voiture mettre pied à terre au carrefour du kiosque pour aller visiter les parages du Mont-Aigu, tel que nous venons de le faire. Leur voiture doit venir du carrefour du kiosque, les attendre ici, près cette lettre T, non loin de la palissade que nous voyons à notre droite. Ces personnes étant remontées en voiture, leur cocher les ramènera vers le kiosque pour prendre la *route Denecourt*, allant descendre à la route de Fleury et de là, à Fontainebleau en un quart d'heure.

Quant à nous qui n'avons pas de voiture, nous continuerons le sentier conformément à nos marques bleues encore deux minutes pour arriver à l'angle nord du treillage d'enclos du

Parquet, précisément sur un croisement de route, dont une très-sablonneuse appelée *route du Cèdre*.

Traversons ce croisement de routes en en laissant deux à notre gauche et une à notre droite en faveur de notre sentier, que nous retrouvons ombragé par un bois moins chétif que tout à l'heure ; il va en une minute déboucher sur un autre que nous appelons le *sentier des Muguets*, vu qu'un peu plus loin en descendant on y respire un parfum délicieux à l'époque de la floraison de cette agréable petite plante. Mais ce n'est pas cette année à cause des gelées exceptionnelles que nous avons eues.

Nous descendons le versant nord du Mont-Fessas et dans cinq à six minutes nous serons parvenus tout à fait dans le bas, prêts à franchir la route de Fleury. Mais auparavant faisons encore une petite halte sur le gazon de la berge, à l'ombre des chênes.

Nous avons encore deux kilomètres pour arriver à la barrière d'où nous sommes partis pour commencer la promenade.

Après notre petit repos, nous passons de l'autre côté de la route pour retrouver notre cher sentier, en laissant à notre gauche deux routes de chasse. Nous suivons latéralement à quarante ou cinquante pas de distance la grande route à notre droite. Mais enfin, nous sommes toujours assez bien ombragés.

Poursuivons ainsi, encore vingt à vingt-cinq minutes, en coupant de ci de là plusieurs routes de chasse et nous serons de retour au vaste carrefour de la barrière de Paris, d'où chacun de nous rentrera en ville, soit par la rue de France, soit par la rue Nationale, ou bien, par le Boulevard-Neuf, passant à portée de la rue Guérin, de la rue de la Paroisse, de la rue des Bois, de la rue de Neuville, etc., etc.

---

Quant aux personnes qui voudront entreprendre cette charmante promenade du Mont-Aigu, en se dispensant d'en parcourir à pied les six kilomètres les moins intéressants, c'est-à-dire l'entreprendre à l'aide de voiture et voir en plus du Mont-Aigu plusieurs de nos magnifiques futaies, sans mettre plus de trois heures pour effectuer toute la promenade, voici à cet effet l'itinéraire à suivre :

## PROMENADE AU MONT-AIGU

### A L'AIDE DE VOITURE, PAR LES HAUTES-FUTAIES.

En trois heures, dont cinq quarts d'heure à pied.

### ITINÉRAIRE.

On se rend tout d'abord au carrefour du Mont-Pierreux, situé à trois cents mètres au delà de la sortie de la rue de la Paroisse.

Du carrefour du Mont-Pierreux au carrefour de la Butte-aux-Aires, appelé *carrefour de Louis-Philippe* depuis le règne de ce roi. Il est situé à l'entrée de magnifiques futaies, celle du Gros-Fouteau et celle de la Butte-aux-Aires.

De ce carrefour on se rend au carrefour de Paris par les circuits délicieusement ombragés de la route du Serpenteau, appelée sous l'Empire route du *Prince-Impérial*.

Du carrefour de Paris traversé par la route de ce nom, on se rend au pied du *Chêne-de-Pharamond* en passant devant les *Frères-Siamois*, deux hêtres singulièrement réunis tout en ayant leurs troncs très distancés l'un de l'autre.

Du Chêne de Pharamond, situé au milieu de la splendide futaie appelée *la Tillaie*, on se rend au carrefour du *Jupiter*, chêne moins âgé que le Pharamond, mais plus majestueux. L'Administration, sous l'Empire, l'avait débaptisé en le consacrant à un marmot, c'est-à-dire, en l'appelant le *Bouquet du Prince-Impérial*.

Du carrefour du Jupiter, on se rend au carrefour du *Grand-*

*Duc* où se termine le parcours des futaies, carrefour traversé par la route de Fleury.

De ce carrefour on prend la *route du Sylvain* pour arriver en trois minutes au carrefour du kiosque où l'on quitte la voiture qui prendra la route de chasse la plus près à gauche du kiosque et la suivra quelques centaines de pas, c'est-à-dire, jusque vers la lettre T peinte sur un chêne, précisément à l'endroit où se voit le sentier de retour du Mont-Aigu. Là, près cette lettre, le cocher attendra ses voyageurs pendant six quarts d'heure, tandis que de leur côté il prendront le sentier dont l'entrée située à droite tout contre le kiosque est signalée par notre flèche bleue, voir page 18, alinéa 5, commençant par ces mots : en deux minutes nous allons.

Après avoir accompli pédestrement cette intéressante exploration du Mont-Aigu et des parages qui en constituent la base et retrouvé avec plaisir la voiture près la lettre T, on reviendra en ville en un quart d'heure en repassant au carrefour du kiosque pour venir descendre à la route de Fleury par la *route Denecourt*.

---

## LA NOUVELLE PROMENADE DE BARBISON

PARMI LES SITES LES PLUS PITTORESQUES DE LA FORÊT.

Parcourable en six heures, dont une heure à pied.

### Indications sommaires.

Le carrefour de la Croix-d'Augas et la Grotte-Louise. — La route Tournante et les points de vues de la Solle. — Le Belvédère du Mont-Saint-Père, par la route Decamps. — Belle-Croix et le chêne de Clovis. — Table du Grand-Maître. — Route tournante des monts de Fays et carrefour de Bellevue. — Point de vue du camp de Chailly. — Descente au Val du

Bas-Bréau. — Sentier des Deux-Olympes. — Carrefour de l'Épine. — Carrefour du Briarée — Le Nid-d'Amour des peintres. — Barbison et son exposition. — Retour vers Fontainebleau, par les gorges d'Apremont. — La gorges aux Néfliers. — La Tillaie et la Ventes-des-Charmes, autre belle futaie où l'on admire le Chêne de Jupiter.

Cet énoncé sommaire de cette magnifique promenade nous le donnons non-seulement pour que nos lecteurs puissent tout d'abord savoir quels sont les sites qu'ils auront à parcourir, mais aussi pour qu'ils puissent, en traitant avec les loueurs qui conduisent en forêt, leur dire quelle est la tournée et s'assurer si le cocher la connaît bien.

Nous allons maintenant en donner l'itinéraire plus détaillé, mais disons que cette grande et belle promenade que nous avons combinée de manière à donner aux personnes qui l'entreprendront une idée parfaite des beautés de notre exceptionnelle forêt; disons que son développement est de 35 kilomètres dont deux que l'on parcourt à pied et dont le trajet en totalité exige six heures.

ITINÉRAIRE.

Le point de départ de cette promenade de prédilection dépend du quartier où l'on est logé. Disons tout simplement qu'il faut se rendre tout d'abord au carrefour de la Croix-d'Augas, l'un des rendez-vous de chasse les plus rapprochés de la ville, situé à un kilomètre de la barrière.

Étant parvenus à ce rendez-vous de chasse, nous mettrons pied à terre cinq minutes, pour nous diriger à droite de la croix et pénétrer parmi les arbres qui ombragent un sentier dont l'entrée est signalée par nos marques bleues. Ce sentier va descendre et nous conduire en un instant à l'entrée de la *Grotte-Louise*, la plus vaste de la forêt et dont la formidable voûte formée d'une seule pierre de trois mètres d'épaisseur, peut abriter plus de cent personnes. J'avais l'intention de rendre plus profonde et plus saisissante encore cette grotte. Mais les ressources m'ayant manqué, il a fallu y renoncer.

Revenons à notre véhicule, qui nous conduira vers *Belle-Croix* en suivant la route tournante des hauteurs de la Solle, laquelle nous offrira une suite de très-belles échappées de vues et nous fera passer près la fontaine du Mont-Chauvet, où nous pourrons nous rafraîchir si nous avons soif. Nous passerons également sur un détour de la route où se voit à droite l'entrée d'un sentier qui conduit au *rocher des Deux-Sœurs* à travers un site des plus pittoresques. On peut le prendre et rejoindre la voiture au rocher des Deux-Sœurs, les marques bleues nous y conduiront sans coup férir.

Du rocher des Deux-Sœurs, notre automédon nous conduira au point de vue du *Mont-Saint-Père* en passant près la *roche Decamps*, dont l'inscription funèbre indique que c'est là où cet illustre peintre a trouvé la mort.

Du point de vue du Mont-Saint-Père, qui demande à être dégagé, nous arrivons à Belle-Croix, plateau rocheux, agreste et pittoresque par ses buissons, ses vieux chênes parsemés sur cette plage rocailleuse où se voient de ci, de là, quelques sauvages pelouses et même quelques flaques d'eau quand le soleil d'été ne les a point desséchées.

De Belle-Croix nous passerons tout de suite devant le chêne de Clovis, l'une des quatre plus vieilles ruines de notre belle forêt, situé sur la gauche de notre large chemin qui s'appelle *route Ronde* parce qu'elle forme un circuit plus ou moins régulier autour de Fontainebleau à une distance qui varie de 4 à 10 kilomètres. Elle date du règne de Henri IV.

Suivons-la un bon kilomètre pour arriver à la Table du Grand-Maître, formée d'un grès d'une belle dimension et dont la date de son édification, 1723, est gravée sur l'un de ses pieds également en grès.

De la Table du Grand-Maître, notre cocher nous conduira au carrefour de Bellevue, par la route tournante qui domine les longues vallées et dont les ombrages délicieux seraient bien plus attrayants s'ils offraient de temps en temps une échappée de vue comme l'administration de la forêt de Compiègne en a doté le plateau de Saint-Marc. Il serait tout aussi utile et tout aussi facile de faire de même à la route tournante du plateau des monts de Fays qu'en ce moment nous parcourons. La chose est même plus nécessaire, vu que la forêt de Fontainebleau est non-seulement un musée national, mais un musée universel, dont la renommée, que nous avons contribué à lui donner, attire les touristes de tous les pays.

Nous arrivons donc au carrefour de Bellevue qui lui-même est complétement voilé ! Espérons que le bon goût et la sollicitude de l'administration qui plus d'une fois a bienveillamment accueilli nos doléances, voudra bien donner suite à ses bonnes intentions de ce côté-ci, et que bientôt les six kilomètres qui séparent la Table du Grand-Maître et le point de vue du camp de Chailly auront recouvré quelques-unes de leurs jolies échappées de vues, notamment celle du carrefour où nous voici et qu'on appelle encore *Carrefour de Bellevue*.

Dans cette espérance, continuons les courbures ombragées et voilées de notre route pour arriver enfin à la pointe la plus extrême du plateau, d'où nos regards planeront sur un vaste horizon à l'ouest et dont le rayon et la profondeur s'étendent à perte de vue. Par un temps propice on découvre Corbeil, Montlhéry et même les hauts monuments de Paris. Les pays les plus rapprochés de nous sont les villages de Perthes, Fleury, Montgermont, Chailly, Barbison, le Fays, c'est-à-dire que nous voici au point de vue du camp de Chailly, qui certainement est l'un des plus beaux de la forêt.

Sa mise en lumière comme celle du point de vue du camp d'Arbonne est une de mes premières inventions réalisée par la sollicitude éclairée de M. Marrier de Boisd'hyver, ancien conservateur de la forêt. Son nom fut motivé par la formation d'un camp, en 1840, là, dans la partie nord de la vaste plaine que nous dominons, entre Chailly et le hameau de Fays, mais lequel camp à peine commencé fut levé à cause de troubles survenus dans Paris.

Le camp de l'année précédente (1839) qui fut établi dans la plaine vers le sud-ouest, entre Arbonne et Saint-Martin, a mieux réussi, car il a duré pendant tout le temps des vacances.

Il était commandé par le duc d'Aumale, et se composait d'environ douze mille hommes de toute arme, où figurait le lieutenant Mac-Mahon, comme officier d'état-major, aujourd'hui et depuis longtemps déjà, maréchal de France.

Cette pointe de plateau, cette sorte de promontoire aérien d'où nous dominons tout près de nous, à notre gauche, un espèce de *lac vert*, qui est la cîme des arbres géants, composant l'antique et splendide futaie du Bas-Bréau, ce point de vue du camp de Chailly, disons-nous, est à 130 mètres au-dessus de la plaine ; les flancs de la colline arrondie, qui en forme la base, étaient autrefois hérissés de superbes rochers du bas au sommet. Mais les carriers, hélas ! les ont à peu près entièrement fait disparaître, comme en tant d'autres de nos sites ! Maintenant que nous avons bien contemplé le point de vue, nous allons le quitter en descendant de la plate-forme par quelques marches d'escalier situées immédiatement en avant de l'unique chêne qui se trouve là.

De son côté, notre équipage retournera en arrière environ trois cents pas pour prendre le premier chemin à sa gauche, chemin qui descend vers la route de Paris, d'où il ira nous attendre au pittoresque carrefour de l'*Épine*, tandis que, de notre côté, après avoir descendu les quelques marches dont nous venons de parler, nous allons nous diriger conformément à nos marques bleues que nous voyons peintes contre les parois de grès mutilés qui contournent le contre-bas de la plateforme.

Nous cheminons par une issue largement ouverte et sur un sol friable, mais tout de suite nous allons nous trouver dans un véritable sentier, qui va descendre assez étroitement encaissé et tourmenté, en frôlant tout à l'heure à notre gauche un remarquable pêle-mêle de rochers renversés les uns par dessus les autres et formant quelques petits abris, notamment dans les deux parties signalées par la lettre A. Ce petit coin est un reste intact du dernier cataclysme.

Après avoir encore un peu descendu et monté, nous serons un instant ombragés par des pins du Nord, puis, nous continuerons à descendre en passant près le *Bacçon*, chêne de deux cents ans, dont le tronc est singulièrement assis sur un grès.

En laissant derrière nous ce chêne, nous débouchons dans une gorge plus régulière, bien qu'horriblement mutilée aussi par les carriers.

Ayant descendu encore un instant, nous passerons contre une énorme masse de grès : c'est la *roche Thépant* désignée par le n° 1. Un peu plus bas, nous remarquerons, à quinze pas sur notre droite, un rocher renversé plus formidable encore et dont la partie supérieure est singulièrement évidée : c'est la *roche Pinta*. Mais quel beau fond de cuve en amphithéâtre du même côté !

Nous voici tout à fait descendu au bas des collines et près de franchir un chemin à ornières. L'ayant franchi, la lettre B nous annonce que nous traversons le *Val du Bas-Bréau* pour pénétrer sous les délicieux ombrages de la majestueuse futaie de ce nom (section du nord). Mais, avant que d'y pénétrer, n'oublions pas de donner un coup d'œil à gauche comme à droite pour emporter un souvenir de l'aspect de ce pittoresque vallon. Comme il est bien entouré, bien décoré par ces hêtres, ces chênes, ces genévriers, ces blancs bouleaux et jusqu'à l'humble bruyère, si jolie au temps de sa floraison !

Mais à peine avons-nous dépassé la lettre B que voici encore de bien plus beaux arbres, puis, des rochers tapissés de vertes et soyeuses mousses. Nous cheminons dès lors dans le sentier des *Deux-Olympes*. Suivons-en bien, conformément à nos marques bleues, les détours et sinuosités qui serpentent parmi tout ce que cette splendide futaie comprend de plus remarquable, surtout parmi ses arbres les plus gigantesques, que nous voudrions pouvoir nommer tous, et les désigner par des lettres ou par des numéros, comme autrefois, lorsque notre réseau de promenades était bien moins développé. Désormais, nous nous limiterons à en nommer seulement de ci de là, et à marquer quelques rochers comme points de repère. Cette restriction nous est commandée non-seulement pour ne pas surcharger notre indicateur de manière à le rendre moins intelligible, mais elle nous est depuis longtemps conseillée par bien des personnes, par plusieurs de celles même dont nous avons rattaché les noms à la forêt. L'essentiel, me dit-on, et je le comprends, c'est de ne pas épargner les petites marques indicatrices du parcours des sentiers, afin qu'on ne s'y trompe pas.

Mais continuons notre marche pour arriver au carrefour de l'Épine dans un petit quart d'heure.

De la lettre B nous voici parvenu en un instant à la lettre C, après avoir passé au pied de superbes chênes, tels que le *Paul Féval*, le chêne de *Cusco*, le *Brendel*, le *chêne de Lafenestre*, etc.

Cette lettre C désigne un rocher noirci par la fumée et contre lequel adhère un hêtre assez beau ; mais ce qui est mieux encore, c'est tout ce qui nous entoure, véritable et délicieux petit paradis : c'est l'*oasis d'Octave et Frédéric*.

En quittant ce lieu charmant, nous remarquons à notre droite le *Chaigneau*, hêtre superbe et droit élancé.

Ensuite, ce sont encore des roches tapissées de vertes mousses et ombragées par des chênes géants, par exemple le *Barye*, le *Théodore Laffite*, le *Gassies*, le *Prieur*, le *Scribe*, le *Joseph Chéret*, puis notre sentier débouche sur une voie plus large, que nous suivrons dans le sens où nous y arrivons.

Cette voie plus large va tout à l'heure se diviser en deux ; négligeons à notre gauche la moins apparente, en continuant notre excursion toujours parmi de majestueux végétaux.

Voici presque aussitôt, à notre gauche, une clairière, une échappée de vue vers une haute colline éloignée d'une centaine de mètres, mais qui depuis bien des années déjà est en voie d'exploitation, ce qui en amoindrit de plus en plus l'aspect.

Nous allons aborder un chemin à ornières pour passer contre la roche de *Gilbert Duprez*, désignée par la lettre D, et ombragée par un assez beau hêtre.

A peine aurons-nous laissé derrière nous cette roche et ce hêtre, que nous remarquerons à quinze pas sur notre droite le *Émile Lapierre*, chêne de quatre cents ans, dont la ramure chevelue s'épanche majestueusement vers le nord.

Mais plus à droite, vers la direction où finit ce chemin à ornières, qui lui-même ne fait qu'ajouter au tableau, combien d'autres burgraves encore dignes de notre admiration ! Puis encore des roches décorées de vertes mousses, puis ces flots de bruyères et de fougères qui toujours nous accompagnent.

La lettre E va nous annoncer que nous allons traverser une suite de clairières semi-rocheuses, semi-ombragées et très-pittoresques, surtout par la haute futaie qui les limite à notre droite et la haute colline rocheuse à notre gauche.

C'est dans ce site charmant, c'est dans cette délicieuse oasis de *Théodore et Pauline* que nous allons voir tout à l'heure, à quelques pas sur la droite du sentier, une roche droite désignée par la lettre F et ombragée par le chêne de *Caroline Duprez*, aujourd'hui madame Van den Heuvel ; c'est là, voulons-nous dire, que nous avons, il a quelques vingt ans, assisté au baptême de ce chêne dont l'inauguration fut dignement célébrée, là même, au pied de son tronc trois fois séculaire, où trois illustres artistes, c'est-à-dire la gracieuse marraine, son père et un autre artiste, firent entendre leurs voix ravissantes en chantant : *Sombre forêt.....*

Un instant après avoir dépassé cette roche et cet arbre de bon souvenir, nous découvrirons mieux vers le nord les flancs de la colline toute hérissée de rochers. Puis bientôt, nous allons passer au pied du chêne de *Marie Mira* avec sa splendide chevelure, et immédiatement au pied du *Mocker*, chêne d'au moins trois siècles. Mais les belles roches encore tout près, à notre gauche, et les hêtres qui les ombragent, dont la principale formant un abri noirci par la fumée est le *rocher des Artistes*. Nous voyons à très-peu de distance à notre droite, la route de Paris.

Encore un instant et la lettre G va nous désigner le *Bouquet de Pauline de la Forêt*, hêtre jeune encore, mais plein de vigueur et solidement planté entre un grès, qui l'étreint avec autant de force que le hêtre en met pour s'élancer splendidement.

Immédiatement, nous allons aborder le vaste et très-pittoresque carrefour de l'Épine, ainsi nommé parceque autrefois, on y voyait un aubépin de toute beauté. Aujourd'hui on en voit quelques rejetons peu considérables, mais qui ne font pas mal parmi les formidables chênes ombrageant çà et là cette sauvage pelouse. Les plus remarquables de ces vieux chênes sont le *Félix Pigeory*, le *Théodore Lejeune*, le *Léon Soubeiran* et le *chêne de Lainé*.

Ce riant carrefour, si bien décoré, si bien avoisiné de rochers et de hautes futaies, puis si peu éloigné de Barbison et de Chailly, est assurément, l'un des rendez-vous de prédilection des artistes dont le séjour, depuis longtemps déjà, a illustré ces deux villages limitrophes de notre forêt.

Du carrefour de l'Épine où notre voiture est venue nous rejoindre, elle nous transportera vers Barbison en coupant immédiatement la route de Paris pour pénétrer tout aussitôt sous les ombrages de la principale section de la majestueuse futaie du *Bas-Bréau*, en prenant la route de ce nom inscrit sur son écriteau.

Nous revoyons tout d'abord d'autres superbes burgraves qui se succèdent au fur et à mesure que nous avançons, tels par exemple, le chêne de *Rose Chéri*, le *Philippe Ledieu*, le *Tillot*, le *Daubigny*, le *Jules Héreau*, le *Miolan-Carvalho*, le *Louis Boulanger*, etc., etc.

Dans peu d'instants cette route du Bas-Bréau va se diviser en deux : à droite, c'est une route sablonneuse ; à gauche, c'est la continuation de la route du Bas-Bréau avec son macadam.

Si le véhicule est légèrement chargé, il faut préférer la route sablonneuse, si au contraire il a passablement de charge pour son attelage, il faudra continuer à suivre la route macadamisée.

Disons que d'un côté comme de l'autre, ces deux routes offrent également beaucoup d'intérêt, sinon que la sablonneuse arrive plus directement au carrefour, d'où s'élève fièrement l'un des quatre plus beaux chênes de la forêt, c'est-à-dire le *Briarée* que j'ai baptisé il y a une trentaine d'années, mais qui depuis, comme on sait, fut appelé le *Bouquet de l'Empereur*. N'ayant plus raison d'être appelé ainsi, je lui ai redonné avec plaisir son vrai nom (le Briarée).

Pour y parvenir par cette route sablonneuse on a à contempler toute une pléiade de formidables chênes à droite comme à gauche de la route pendant tout le trajet. Les plus remarquables sont : le *Nicolo*, le *Pongerville*, le *Désaugiers*, le *Jean-François Millet*, le *Grœnland*, le *Thène*, les *deux-Isabey*, le *Edme Laffite*, le *chêne de Jeanne Hachette*, le *Germain Pilon*, le *chêne de Liénard*, le *Edmond Luniot*, le *Tcherskaski*, le *chêne de Legouvé*, le *Páris* et bien d'autres colosses.

Du pied de ce majestueux Briarée on parvient à Barbison en un quart d'heure, à moins que l'on ne veuille se donner l'indicible plaisir de passer par le *Nid d'Amour des Peintres* ce qui nécessite un quart d'heure de plus que certes on ne regrette jamais, car ce Nid-d'Amour n'est rien moins que l'une des plus précieuses galeries de la colonie artistique des environ, un coin de la forêt pour ainsi dire encore vierge, où l'on admire la plus riche collection de chênes et de hêtres.

Tous les cochers qui conduisent en forêt savent la manière de s'y prendre pour aborder ce site de prédilection et descendre leurs voyageurs à l'entrée des sentiers qui permettent d'en visiter les merveilles. Néanmoins, nous allons en dire l'itinéraire.

En arrivant au carrefour du Briarée traversons-le en contournant ce géant, pour prendre la première route que nous voyons à notre gauche et laquelle aboutit immédiatement sur une route macadamisée que nous suivrons à droite. L'ayant parcourue un instant, c'est-à-dire, jusqu'à la première que nous rencontrerons à notre gauche, notre cocher la prendra et la suivra une minute pour arriver près de deux sentiers, l'un à gauche et l'autre à droite de la route, tout deux signalés par des marques bleues.

Parvenus là, nous quitterons la voiture qui retournera quelques instants sur ses pas, pour aller nous attendre au *Carrefour du Bas-Bréau*, situé à l'entrée des gorges d'Apremont, précisément où se tiennent des marchands de rafraîchissements.

De notre côté, nous prendrons à droite le sentier ombragé par un mystérieux taillis, protégé lui-même par de formidables géants. Il nous conduira en dix minutes à notre équipage, mais en traversant la plus délicieuse partie du Nid d'Amour. A peine avons-nous traversé ce charmant petit bois taillis que nous venons d'abord, qu'un spectacle plus grandiose s'offre à nos regards de plus en plus émerveillés. Quelle suite de hêtres et de chênes superbes et toujours formidables ! Ces clairières, ces humbles bruyères, ces vertes fougères, ces gracieux mouvements de terrain, ces jets de lumière qui se jouent et se reflètent si bien à travers cette splendide et ravissante nature, surtout par un soleil du matin ou du soir ! On voudrait passer des heures à contempler chaque détail de cette ravissante oasis.

Nous passons successivement au pied d'une jolie cépée de hêtres à notre gauche : c'est le *Bouquet de la belle Frascatane*; ensuite, un peu plus loin, à notre droite et plus exhaussé du sentier, c'est le *Raphaël*, très-beau hêtre; puis, tout de suite nous frôlons à notre gauche son digne maître, le *Pérugin*, chêne le plus colossal du site. Immédiatement, nous passons à l'ombre du *Bouquet de la Fornarina*, hêtres des plus beaux. Ensuite, à quelques pas, c'est le *Jean-Karl Bodmer*, chêne formidable.

Du pied de cet arbre, nous tournons court à droite pour arriver en deux minutes à notre voiture près la buvette.

Mais combien d'autres arbres magnifiques et dignes du pinceau des peintres de paysages nous aurions pu voir en dehors de notre sentier, si nous avions eu le temps d'explorer complétement les quelques hectares qui forment ce Nid d'Amour, ce précieux atelier de la colonie artistique de Barbison. Parmi les nombreuses et belles études d'arbres qu'on y remarque, nous citerons le chêne d'*Ambroise Dubois*, le *Giotto*, le *Collante*, le *Francesco*, le *Moralès*, le *Diaz*, le *Français*, le *Du Pays*, l'*Adolphe Joanne*, l'*Edmond Texier*, le *Célestin Nanteuil*, le *Philippe Désiré*, le *Titien*, le *Bouquet de Dolorès*, sa bien-aimée.

Du carrefour du Bas-Bréau, où nous venons de rejoindre notre équipage, il nous transportera en dix minutes à Barbison, où nous aurons deux endroits à visiter, la *Maison Siron* et la *Maison Luniot-Ganne*.

Dans chacune de ces deux maisons, on peut non-seulement se rafraîchir ou se lester confortablement, mais y voir de nombreuses et belles œuvres de la colonie artistique du pays et dont nous allons donner un aperçu.

### Quelques mots sur Barbison.

« Il y a une cinquantaine d'années, quelques jeunes peintres paysagistes conçurent l'idée, audacieuse alors, d'étudier la nature ; et sac au dos, partirent de Paris pour aller à la découverte.

» Ils découvrirent la forêt de Fontainebleau, et, à la lisière de la forêt, un petit hameau bien ignoré, — Barbison ! Le mot était harmonieux et sonore, l'étape avait été longue. — Va pour Barbison ! Halte !

» Mais où manger ? où coucher ? Pas d'auberge. — Un brave homme du pays, tailleur de son métier, s'intéressa à ces jeunes explorateurs, les recueillit chez lui, fit sauter un, deux... plusieurs lapins ; le petit vin du crû avec sa verdeur franche fit oublier à ces gosiers altérés les décoctions de bois de campêche à la litharge connues à Paris sous les noms de Mâcon et de Médoc, et voilà nos gars installés, casernés, heureux comme *escholiers en fête*.

» Rentrés à Paris, quels récits ! quelles études à faire voir ! Le Bas-Bréau, le carrefour de l'Épine, la Reine-Blanche, le Père Ganne !

» Ils y retournèrent, il en vint d'autres, puis d'autres, d'autres encore, — puis, la maisonnette du tailleur compatissant devint une auberge. C'est aujourd'hui un hôtel champêtre artistique des plus visités.

» De 1830 à 1840, les habitués se nommaient Théodore Rousseau, Diaz, Français, Corot, Nanteuil, Barye, Decamps, Troyon. Puis, ce furent Gérôme, Hamon, Guignet, Jadin, etc. — Chacune de ces célébrités a payé son tribut artistique à l'hospitalité cordiale du papa et de la maman Ganne. Quand il faisait mauvais temps, et qu'on ne pouvait pas peindre en forêt, au lieu de remuer niaisement des cartes ou des dominos, on peignait un panneau de porte ou d'armoire. Ces peintures, improvisées dans des moments de verve et de bonne humeur par de jeunes artistes amoureux de leur art et destinés à la célébrité, font la gloire de Barbison, et constituent, avec un certain nombre d'autres œuvres offertes spontanément aux descendants du papa Ganne, les propriétaires actuels, un petit musée intime devenant de plus en plus intéressant.

» Ce musée, de connivence avec une certaine cave et une certaine cuisine, a contribué et contribue encore puissamment à la bonne fortune de l'hôtel Luniot-Ganne.

---

» Il y a quelques années, les artistes résidant à Barbison ont installé chez M. Siron une exposition de peinture à laquelle ils ont convié un grand nombre de célébrités. Le succès a largement répondu à leurs efforts et on a pu admirer dans ce petit village, où on aurait été loin de les soupçonner, des œuvres signées des noms les plus aimés du public. MM. Barye, Daubigny, Dupré, Pils, Philippe Rousseau, Ziem, et beaucoup d'autres n'ont pas dédaigné de venir tour à tour prendre place dans cette exhibition souvent renouvelée, c'est dire qu'il n'ont pas cru se trouver en mauvaise compagnie.

» La salle n'est pas grande, mais les acquisitions nombreuses et souvent importantes qu'y font les amateurs venus pour la visiter, y créent des vides aussitôt remplis par les œuvres qui attendent leur tour. L'initiative de cette exposition, qui n'a fait que prospérer depuis sa fondation, est due à MM. Th. Laffitte, Prieur, O. de Penne, Chaigneau, Papeleu, Lafenestre, Gassies, Pâris, etc., qui font tout ce qui dépend d'eux pour la maintenir au rang qu'elle a su prendre dès le début.

» Nous pouvons ajouter que l'attrait de cette exhibition artistique a puissamment contribué à la prospérité du village de Barbison, et à faire de cette limite de notre forêt le but de l'une de nos promenades les plus intéressantes et les plus fréquentées. »

### Retour de Barbison à Fontainebleau.

En quittant Barbison, notre automédon nous ramènera vers Fontainebleau par les gorges d'Apremont, en repassant au carrefour du Bas-Bréau, pour prendre à droite, la route de

*Marie-Thérèse*, qu'il suivra quelques instants et prendra ensuite à gauche la route de Sully.

Dès lors, nous serons en plein vallon des gorges d'Apremont, site également connu sous le nom du *Dormoir de Lantara*, endroit assurément des plus pittoresques de la forêt : ses vieux chênes ombrageant une pelouse sauvage, son entourage de jolis et coquets genevriers, la ceinture des collines rocheuses, plus ou moins agrestes et diversement boisées qui limitent la vue, soit de loin, soit de près, tout ce vallon en un mot, forme un tableau qui plaît et charme délicieusement.

Tout en abordant les beautés de ce vallon, nous voyons un grès mastoc et isolé près d'un chemin ; c'est la *roche de Marie-Thérèse*. Puis, à notre gauche, un assez beau bouleau, curieusement enclavé dans un beau rocher qu'il ombrage, c'est le *rocher de Charles et d'Eugénie*, il est désigné par la lettre H.

Nous allons traverser le carrefour des gorges d'Apremont en continuant à suivre la route de Sully.

Parmi les vieux chênes que nous apercevons sur la droite comme sur la gauche de notre parcours, les plus remarquables sont : le *Charles Jacques*, le *Louis Viardot*, le *Decamps*, le *chêne de Molz*, le *Baudeman*, le *Charles Houdan*, le *chêne de Berthe et Fernand*, puis le *Henri IV* et le *Sully*, les deux derniers et dont l'âge dépasse six cents ans.

Ici, nous allons commencer à gravir par une pente assez douce, en sortant des gorges d'Apremont et ensuite nous parviendrons au carrefour de la gorge aux Néfliers, en douze minutes. De ce carrefour, le cocher nous conduira au *Jupiter*, ci-devant *Bouquet du Prince Impérial*, le plus beau fut de chêne de la forêt. Nous y parviendrons à travers la magnifique futaie de la *Vente-des-Charmes*.

—Du Jupiter, le cocher nous conduira en quelques instants au *carrefour du Grand-Duc*, traversé par la route de Fleury qui en vingt minutes nous amènera à Fontainebleau.

# PROMENADE AU ROCHER D'AVON

### DÉVELOPPEMENT : 6 KILOMÈTRES.

Parcourables en deux heures.

### ITINÉRAIRE.

Cette promenade, dont j'ai fait ouvrir les sentiers en 1849 et modifié tout nouvellement le tracé, est assurément l'une des plus intéressantes de la forêt de Fontainebleau. Rochers, grottes, points de vue délicieux, sites agrestes et sauvages, jardin et parterre anglais, parc aux frais ombrages, pièces d'eau, lacs en miniature, édifices magnifiques; tout y plaît, tout y charme les yeux.

Partez de Fontainebleau par le Palais, c'est-à-dire par la cour des Adieux ou bien par la grille donnant sur la place d'Armes pour arriver tout d'abord sous les ombrages de la belle avenue de Maintenon, située entre le parterre et l'étang où se prélassent les fameuses carpes légendaires dont on fait remonter l'âge au règne de François premier. Le croira qui voudra.

Ayant parcouru l'avenue de Maintenon jusqu'au delà de la grille et franchi la route de Moret, prenez immédiatement à votre gauche une petite route de chasse, qui est la *route de Condé*, dont l'entrée est, du reste, signalée par notre marque bleue, signe que vous rencontrerez à chaque croisement, à chaque embranchement de chemins, pour vous indiquer celui que vous devez suivre.

Vous êtes alors en pleine forêt et ombragé par un bois ordinaire. Nous allons arriver, tout-à-l'heure, sur un joli carrefour de sept routes; il n'a pas encore de nom, traversons-le, en laissant deux routes à notre gauche. Celle que nous prenons est la plus rapprochée de la grande marque rouge que nous voyons peinte sur un arbre [1].

---

[1]. Disons, une fois de plus, que ces marques rouges que l'on rencontre à tous les carrefours font face aux routes ou chemins qui conduisent vers Fontainebleau.

Bientôt cette route, bordée de pins à l'écorce bronzée et dorée, va devenir moins large, moins droite, ou plutôt se transformer en un pittoresque sentier plus ou moins tourmenté, tantôt montant, tantôt descendant, c'est-à-dire que vous allez aborder le rocher d'Avon.

Le rocher d'Avon forme une chaîne de trois kilomètres de longueur sur une largeur moyenne de huit cents mètres. Ses gorges, ses vallées et ses mamelons diversement espacés et diversement élevés, sont principalement boisés de pins mélangés de quelques bouleaux, de quelques maigres chênes et de châtaigniers.

Ayant suivi quelques instants cette route aux pins jaunes, transformée un peu plus loin en un sentier, vous couperez un chemin, puis un peu au delà vous en laisserez un à droite pour arriver en une minute vers un assez beau groupe de grès désigné par la lettre A. C'est le *rocher Lapito*. Presqu'aussitôt après l'avoir laissé derrière vous, la lettre B vous signalera la *Femme-qui-dort* et l'*Homme-qui-veille*, l'une est sur la gauche du sentier et l'autre à droite. Puis, après avoir longé et contourné un instant la base d'un groupe de rochers à notre droite, nos marques bleues nous amèneront à la grotte de la *Biche blanche*, dont l'entrée est signalée par la lettre C.

Cette grotte est remarquable par l'agencement des masses de grès qui la composent, surtout par la formidable roche qui en forme la voûte.

En sortant de là notre sentier descend légèrement en continuant à longer sur notre droite la base de la colline ombragée par ci par là de pins, de sapins et de quelques maigres chênes, puis quelques blancs bouleaux, pour arriver en deux minutes à la lettre D qui nous signale l'entrée du *rocher de Chenavard*, réunion de masses de grès remarquablement amoncelées et traversées par des antres et passages saisissants; contentons-nous de le contourner d'après nos marques bleues en négligeant tout sentier et toute issue, soit à notre droite soit à notre gauche, qui ne seraient point pourvus de ces marques.

Ayant contourné, une ou deux minutes, ce curieux groupe de rochers, notre sentier va devenir un peu moins tourmenté en dominant à notre droite la vallée et en ayant à notre gauche un sommet plus rocheux.

Nous allons arriver sur un sentier plus large, c'est-à-dire, sur une route cavalière venant de la droite. Continuons toujours la base du sommet rocheux à notre gauche.

Voici la lettre E qui nous désigne le *Banc de Cécile* à notre gauche et un sentier à droite. Laissons-le et poursuivons la cavalière pour traverser une petite clairière et un peu plus loin un chemin.

Immédiatement après ce chemin nous gravirons légèrement pendant un instant, pour passer près la lettre F qui signalait autrefois, avant qu'il ne fût masqué par la pousse des arbres, un joli point de vue sur la ville et le château. En face de cette lettre F se trouve un marchand de rafraîchissements qui serait plus utilement placé au but le plus éloigné de la promenade.

Suivons notre petite route cavalière pour parvenir en un instant au pied du Mont Louis VII, où notre chemin se divise en deux : prenons à droite, ainsi que l'indique notre signe bleu. Dès lors, nous gravissons, mais pour adoucir la pente, nous allons, dans une minute, prendre à droite et voir mieux le site, en passant parmi d'assez formidables grès, notamment la roche d'*Etienne Berce*, désignée par une étoile.

Ayant contourné cette imposante roche, nous rentrons sur la cavalière, mais c'est pour la franchir et continuer à gravir en pente douce, la montagne, toujours hérissée de rochers. En deux minutes nous parviendrons au sommet, couronné par un assez beau groupe de grès, désigné par la lettre G; tout en l'abordant, nous le longerons, l'ayant à notre droite, conformément à nos marques.

De cette crête rocheuse on jouissait d'un admirable point de vue avant la croissance de ces malencontreux pins, qui, aujourd'hui, le voilent complètement; puisse-t-il nous être rendu, lui ainsi que bien d'autres que nous signalerons également à la sollicitude de l'Administration!

Après avoir longé et contourné un peu cette crête, ce belvédère de Louis VII, le sentier, assez rageur et tourmenté, va nous faire descendre vers l'est, en ayant à notre droite la petite route cavalière et en dominant à notre gauche le *val de la Thébaïde*, val des plus rocheux et des plus curieusement accidentés. Il est ombragé principalement par des pins.

Voici la lettre H qui nous informe que nous allons rentrer sur la route cavalière que nous suivrons en coupant tout à l'heure un chemin pour gravir un peu et quelques pas plus loin laisser un sentier à notre gauche pour en prendre un presqu'aussitôt du même côté, ainsi que l'indique notre signe. C'est le sentier de *Charles et d'Amélie*.

Ce sentier va descendre quelques pas et remonter de même en dominant une autre vallée rocheuse différemment mouvementée et d'un aspect plus remarquable encore que le val de la Thébaïde. Mais remarquons d'abord dans le sentier ces formidables masses de grès dont nous longeons la base à notre droite, notamment lorsque nous verrons une ou deux petites croix rouges peintes sur le bord du sentier. Une de ces énormes roches est comme trouée d'un coup d'obus.

Continuons le sentier en gravissant légèrement et en dominant de mieux en mieux les profondeurs et l'ensemble du site, c'est-à-dire du *Val du philosophe Franck*. Nous allons rentrer une dernière fois sur la route cavalière et la suivre une soixantaine de pas, c'est-à-dire jusque vers une étoile où nous prendrons à notre gauche le sentier qui tout de suite va nous amener sur le bord d'une profonde carrière de l'autre côté de laquelle se dresse le *Mont Louis-Philippe*, ainsi nommé parce que ce roi en a fait l'ascension en 1832.

Mais ce qui nous plait davantage c'est le point de vue qui attire nos regards sur la gauche et au loin vers le viaduc du chemin de fer et sur les riantes campagnes et villas de ces parages jusque vers Héricy et par delà les coteaux de la Seine.

De ce point de vue que nous appelons le *balcon de Senancourt* nous allons revenir à Fontainebleau par un trajet plus intéressant encore que celui que nous venons de parcourir. Continuons à suivre nos marques, et, notre sentier qui va descendre en serpentant parmi les rochers toujours ombragés de pins mélangés de blancs bouleaux et parfois de maigres chênes, nous permettra de dominer encore de superbes chaos de rochers, de sauvages et pittoresques vallées.

Nous allons rencontrer le n° 2 qui nous engagera à donner un coup d'œil sur notre gauche à quinze pas du sentier où se montre une énorme masse de grès. Un peu plus loin toujours en descendant nous verrons à quelques pas sur la droite du n° 3 une sorte de fantôme à la physionomie assombrie et élevant la tête par dessus les rochers qui l'entourent; c'est la *Sybille d'Avon*.

Dans un instant la lettre J nous annoncera que nous allons pénétrer dans la *station du Solitaire*, réduit situé dans un groupe d'imposants rochers d'où l'on voit par les diverses issues plusieurs parties saisissantes du site que nous parcourons.

En quittant cette abrupte enceinte et son rustique banc, le sentier toujours en serpentant au milieu de ce chaos va nous amener en moins de deux minutes au bas du premier plan du site et sur une route cavalière que nous couperons pour passer contre une roche marquée d'une croix et nous trouver tout de suite dans la *vallée des Rêveries* où nous sommes environnés de hautes et imposantes collines tout hérissées de rochers qui sur notre droite, presqu'à pic, semblent en train de se précipiter comme une avalanche.

Avançons et tout aussitôt la lettre K nous désignera la *roche de Mélusine* singulièrement évidée. Après avoir gravi un instant nous apercevons à quelques pas sur notre gauche l'entrée de la Grotte de la *Bonne-Mère* et de la *Bonne-Fille* (Henriette et Marie) sorte d'abri formé par de grandes roches.

Suivons le sentier à droite pour descendre tout à l'heure dans un antre des plus saisissants, formé et abrité par d'effroyables masses de grès et dont la sortie aboutit dans un lieu non moins saisissant. Lorsque nous avons découvert cet antre, il y a trente ans, il était clos et n'avait qu'une seule et étroite entrée. S'il forme depuis vingt ans une sorte de tunnel, c'est parce que nous tenions à mettre en lumière et rendre accessibles ces parages si sauvages et si déserts comme nous l'avons fait dans tous les autres sites de la forêt. Ce passage souterrain et ses abords nous ont paru d'un aspect si imposant que nous l'avions nommé le *passage des Portes-de-Fer*. Mais depuis nous avons cru devoir changer ce nom en celui-ci : le *manoir d'Obermann*. Ce changement de baptême nous fut suggéré par la lecture d'un livre où il est dit que le bon Obermann, attristé de voir que tout n'est pas rose dans le meilleur des mondes possible, était venu il y a quelques soixante ans dans nos déserts de Fontainebleau, pour y trouver ce qu'on ne rencontre guère dans le tourbillon de la société, c'est-à-dire le calme, la solitude et surtout la contemplation de la sauvage et pittoresque nature.

Bien que ce philosophe d'un type peu ordinaire et d'une poésie mélancolique, ait exalté et déprécié tour à tour notre bien-aimée forêt, il en fut néanmoins épris au point qu'il y vécut loin des hommes, dans l'isolement le plus complet. Témoins les lignes suivantes extraites d'une lettre qu'il écrivait à un ami :

« Vous me plaisantez au sujet de ma prétendue solitude ; mais vous vous trompez ; vous me croyez à Fontainebleau, ou dans un village, dans une chaumière. Rien de tout cela.... Je veux vous dire, quand nous nous verrons, comment je me suis choisi un manoir et comment je l'ai fermé ; comment j'y ai transporté le peu d'effets que j'avais amenés ici, sans mettre personne dans mon secret. »

Dans cette même lettre voici la description qu'Obermann fait de son manoir :

« C'était une sorte de souterrain fermé en partie naturellement par les rocs, et en partie par des grès rassemblés, par des branches de genevrier, de la bruyère et de la mousse. »

Sans vouloir assurer à nos lecteurs que cet antre où nous venons de descendre est positivement l'endroit dont parle Obermann, nous déclarons l'avoir vu abrité et fermé tel qu'il le décrit, et que s'il est ouvert comme nous le voyons, c'est parce que, ainsi que je l'ai dit tout à l'heure, j'ai voulu établir par ici, comme partout ailleurs dans nos sites remarquables, un tracé de promenade[1].

---

1. Disons par reconnaissance que ce passage et ce tracé de promenade ainsi que bien d'autres doit beaucoup au généreux concours d'un

Continuons notre exploration.

A la sortie du manoir d'Obermann, que ce souvenir littéraire rend plus intéressant encore, nous nous trouvons dans un très-remarquable encaissement de rochers avec une échappée de vue sur notre droite, puis, à notre gauche, au fond de cet imposant couloir se dresse le *rocher Lamartine* contre lequel nous avions, dans l'origine de nos travaux, construit une sorte d'échelle composée de nombreux pas de marches abruptes que naguère nous avons supprimées en faveur du sentier que nous suivons et qui va, en nous évitant des difficultés et de la fatigue, nous permettre de gravir le site plus agréablement et en en voyant mieux les imposants rochers qui nous dominent à notre gauche, et les profondeurs à notre droite.

Voici la lettre L qui nous désigne un grès d'une vaste superficie. L'ayant longé et contourné, toujours en gravissant en rampe, le sentier va se diviser en deux à quelques pas au-dessus de cette large roche. Tous les deux doivent nous servir; celui à gauche pour aller visiter en moins d'une minute le chaos de rochers qui abrite la *grotte des Méditations*, grotte que nous rendrons plus spacieuse et plus intéressante quand la souscription nous en donnera les moyens. Pauvre souscription! Les effroyables malheurs que le second Empire a déchaînés sur notre chère patrie ne sont guère faits pour la raviver.

Mais revenons à notre sentier, en retournant un instant sur nos pas, pour achever l'ascension du rocher Lamartine, au sommet duquel nous parviendrons en deux minutes, précisément à l'endroit désigné par la lettre M et appelé le *belvédère de Marie-Stuart*. De ce point culminant, on jouit du plus beau et du plus pittoresque point de vue de la promenade. Nous découvrons, sur notre gauche, presque toute la ville et le château de Fontainebleau. Par delà, puis sur la droite, ce sont le Mont-Pierreux, le Mont-Ussy, les hauteurs du Calvaire et du

---

de mes honorables amis que je nommerais volontiers si n'était la crainte de froisser sa modestie.

Fort-des-Moulins, à la base desquelles nous voyons plus complètement les riantes villas et villages dont nous avons déjà vu tout à l'heure une partie en passant sur le bord escarpé de la carrière.

Plus à droite et plus loin, nous apercevons les collines et montagnes appelées : la Butte du *Montceau*, le Mont-Andart, le Mont-Mélian, etc., etc.

En quittant ce beau point de vue, nous inclinons à droite conformément à nos marques pour passer en moins d'une minute dans un petit endroit bien entouré, presque enfermé par quatre masses de grès; c'est la *retraite du Pasteur* désignée par la lettre N.

En sortant de là, nous inclinons tout court à gauche en frôlant la roche, et tout de suite la lettre O nous signalera les *Trois Parques*, trois roches monstrueuses et de formes passablement fantastiques, toutes les trois nous entourant à peu de distance. Après les avoir laissées derrière nous, en descendant quelques pas, nous inclinons tout à fait à notre droite en pénétrant dans un encaissement encore bien beau, c'est la *galerie des deux Arsène*. En arrivant près de l'étoile que nous y voyons, retournons-nous pour voir s'élancer l'une de nos trois Parques comme si elle nous poursuivait.

Mais continuons à cheminer parmi toutes ces belles œuvres du déluge et en trois ou quatre minutes les sinuosités du sentier, descendant légèrement, nous amèneront tout à fait au bas de la colline et sur le bord d'une route cavalière, c'est-à-dire précisément au milieu du Val de la Thébaïde, site des plus rocheux, des plus intéressant, dont nous avons dominé l'ensemble en descendant du belvédère de Louis VII.

Traversons la cavalière pour aborder immédiatement le *rocher de la Thébaïde*, magnifique pêle-mêle d'énormes masses de grès étrangement amoncelées et superposées, où nous voyons des antres, des grottes et toutes sortes d'issues plus curieuses les unes que les autres, dont une va nous servir de passage. La lettre P nous l'indique.

Ayant fait quelques pas à la sortie de ce saisissant passage, arrêtons-nous une seconde en donnant un coup d'œil, à notre gauche, sur la façade orientale de la Thébaïde qui n'est pas le côté le moins curieux à contempler et où nous apercevons l'entrée de la *grotte Levassor*.

Continuons le sentier en laissant derrière nous cette grotte à notre gauche et la petite route cavalière à notre droite pour passer de nouveau entre des masses de grès et tout de suite nous allons déboucher dans la *vallée de Miolan-Carvalho* autre site entouré de collines également pittoresques et dont le sentier longe la base cintrée à notre gauche. Les roches y sont moins multipliées et moins formidables qu'aux endroits que nous venons de parcourir. Mais prenons patience, car nous allons couper tout à l'heure un sentier en voyant tout d'abord une pierre droite, un Men-Hir entouré de monstrueux Titans de toutes formes et encore étrangement groupés. Voici les rochers et la *grotte Heurteloup* contre laquelle nous allons passer. Son entrée est signalée par la lettre Q.

Suivons le sentier pour pénétrer presque aussitôt dans l'*antre de Vulcain* endroit encore plus saisissant et dont l'entrée est désignée par lettre R. Cette espèce de chambre du diable est formée et abritée par des masses de grès des plus gigantesques de notre forêt.

Sortons de là en gravissant quelques pas de marche, et ensuite en négligeant tous sentiers à notre gauche pendant une centaine de pas. Celui que nous suivons est du reste le plus frayé et toujours indiqué par nos marques.

Voici bientôt la lettre S qui indique le commencement de la vallée de *Juliette et Léonie*. Cette vallée offre un aspect plus doux, plus riant, que les chaos d'imposants rochers qui n'ont cessé de nous accompagner, bien que nous soyons loin de nous en plaindre, mais après en avoir amplement joui on est bien aise de reposer la vue sur un sol moins abrupte, moins bouleversé, moins saisissant. Nous avons maintenant de l'espace parmi quelques chênes, quelques châtaigniers et quelques blancs bouleaux ombrageant l'herbe qui verdoie jusque dans le sentier que nous parcourons et lequel va tout à l'heure incliner à droite en se mariant à une route cavalière, qui tout de suite en s'élargissant vient aboutir à l'entrée d'une vaste avenue conduisant directement aux anciennes cascades du Palais en coupant la route de Moret.

Suivons cette avenue en prenant la rive ombragée jusqu'à la grille de la Vénerie, ainsi nommée à cause de la Vénerie qui était établie dans les bâtiments que nous allons apercevoir tout près de là, sur la droite. Aujourd'hui, ils servent à quelque chose de plus noble, de plus distingué, c'est-à-dire, que c'est là qu'est établie l'École d'application du génie et de l'artillerie.

De cette grille, nous continuons directement encore pendant trois minutes en passant entre les ombrages du Parc, à notre droite, où nous voyons le canal dans toute sa longueur (1,200 mètres), et à notre gauche, les constructions et grilles qui limitent le parterre, constructions d'où jaillissaient autrefois des cascades, et où l'on voit comme ornement des statues en marbre blanc et quelques groupes de bronze, dont nous rendrons compte dans la prochaine édition de notre Indicateur général.

Voici notre jolie promenade du rocher d'Avon achevée, car nous allons rentrer en ville soit par la grille de la rue du Parc, soit par celle de la place d'Armes, soit par la grille de la rue Marrier, selon le quartier où l'on est logé.

Nous allons maintenant passer de notre Forêt à la visite du Palais, dont les merveilles sont également dignes de fixer l'attention des amateurs du beau.

# VISITE DU PALAIS

Les appartements sont ouverts tous les jours, de onze heures à quatre heures. On entre au Palais soit par la grille principale donnant sur la place Solférino, ou bien par la grille plus modeste de la cour des Mathurins donnant sur la rue des Bons-Enfants. Les portiers indiquent la Conciergerie, où se tiennent des employés chargés de conduire dans les appartements.

Voici quelles sont les parties du Palais qui méritent réellement d'être visitées, et l'ordre de marche actuellement observé :

Cour des adieux. — Sous François I$^{er}$, qui l'a fait construire, elle était appelée *Grande-Cour*, à cause de son étendue qui est de 152 mètres sur 102 mètres; puis, *Cour des Tournois*, parce qu'elle était, lors des grandes fêtes, le théâtre de ces joûtes chevaleresques, assez rudes et souvent périlleuses qui faisaient les délices de la Cour et de la noblesse de ces temps-là; on la nomma *Cour du Cheval-Blanc*, parce que, sous le règne de Charles IX, la fameuse Catherine de Médicis, digne mère de ce roi, y fit placer un cheval en plâtre qu'elle avait envoyé mouler à Rome d'après celui de Marc-Aurèle. Cette figure équestre, quoique abritée sous un dôme qu'on avait élevé au milieu de la cour, tomba de vétusté, en 1626, après avoir duré environ soixante ans.

Mais en 1814, époque de tristes souvenirs pour la France, la cour du Cheval-Blanc reçut, par les mémorables adieux de Napoléon, un quatrième baptême, baptême assurément bien fait pour éclipser, pour effacer tous ceux qui l'ont précédé...

La belle grille en fer, à lances dorées, qui limite cette cour du côté de l'ouest, est due à Napoléon.

Mais la plus belle chose à voir dans la cour des Adieux, c'est le monumental escalier qui décore la façade du fond, œuvre du savant Lemercier, architecte de Louis XIII. C'est l'escalier d'honneur ; mais on l'appelle *Escalier du Fer à Cheval*, à cause de sa forme qui est à peu près celle d'un fer à cheval.

VESTIBULE DES GRANDS APPARTEMENTS. — Cette pièce est remarquable par six portes de forme antique et sculptées d'une manière tout à fait imposante. On voit dans la frise, autour du plafond, le chiffre des souverains qui ont le plus contribué à l'embellissement du Palais de Fontainebleau.

CHAPELLE DE LA SAINTE-TRINITÉ. — C'est l'un des plus gracieux vaisseaux d'église que l'on rencontre en Europe. Saint Louis en fut le fondateur en 1229 ; mais alors ce n'était qu'une espèce d'oratoire, que François I$^{er}$ fit démolir et remplacer par la chapelle que nous voyons aujourd'hui, en la laissant toutefois sans aucun ornement. La décoration n'en fut commencée que sous Henri IV, et terminée par Louis XIII, son fils et successeur. Les peintures, qui sont de Fréminet, artiste des plus remarquables de ce temps-là, se composent d'un grand nombre de tableaux qui ont été dignement restaurés par M. Théodore Lejeune, l'un de nos savants artistes.

GALERIE DE FRANÇOIS I$^{er}$. — Cette galerie a 60 mètres de longueur sur 6 de largeur. Les peintures à fresque qui en font la principale décoration, se composent de quatorze grands tableaux entourés d'immenses et magnifiques bas-reliefs en stuc. Ces grandes compositions, œuvre du célèbre Rosso, peintre de l'école italienne, sont autant d'allégories qui rappellent les victoires, les revers et les amours de François I$^{er}$.

# APPARTEMENT DE L'EX-EMPEREUR

Antichambre. — Pièce qui n'a de remarquable qu'une pendule, curieuse par sa complication.

Cabinet du secrétaire. — Pièce très-simple, meublée en belle tapisserie de Beauvais.

Pièce de passage où l'on remarque un tableau de fleurs, véritable chef-d'œuvre de Van Spaendonck.

Salle de bains. — Remarquable par ses glaces et ses peintures.

Salon d'abdication. — Cette pièce, élégamment décorée, est ainsi nommée, parce que c'est là, sur une modeste table qu'on y voit, que Napoléon I$^{er}$ a signé son abdication, que pour ajouter à nos malheurs, il a violée moins d'un an après.

Cabinet de l'ex-empereur. — Au plafond, est un tableau de J.-B. Régnault, dont le sujet représente la force et la justice.

Chambre a coucher. — Rien n'y a été changé; le lit, les meubles sont ceux qui servaient au premier empereur. Les tableaux, représentant des amours avec divers attributs, sont l'œuvre de Sauvage.

Salon de famille, autrefois salle du Conseil. — La magnifique décoration de cette pièce est due à François Boucher, peintre de Louis XV. Le grand tableau représente Apollon suivi par des amours et précédé par l'Aurore; dans les quatre angles, sont les attributs des saisons de l'année. Les peintures des panneaux représentent diverses allégories également ravissantes d'exécution et de couleur. Les dessus de portes, du même peintre, sont des paysages. Riche mobilier en tapisserie. Table d'un seul morceau. Quatre vases en porcelaine de Sèvres.

Salle du Trône. — La très-riche décoration de cette salle date de la fin du règne de Louis XIII et du commencement de celui de Louis XIV, comme l'indiquent les emblèmes de ces deux rois, tels que les massues et les soleils qui sont en grand nombre parmi les ornements. On remarque principalement un magnifique lustre en cristal de roche, qui a coûté plus de trente mille francs !

Boudoir de l'ex-impératrice. — Cette jolie petite pièce a été décorée en 1780, par ordre de Louis XVI, pour Marie-Antoinette. Quatre dessus de portes, peints par Beauvais, représentent les Muses. Le sujet qui orne le plafond, représente l'Aurore, par Barthélemy.

On remarque au parquet le chiffre de l'infortunée reine. Les espagnolettes des croisées, d'un travail admirable, ont été faites par Louis XVI lui-même, qui s'exerçait comme on le sait, à faire de la serrurerie.

Chambre a coucher. — Le plafond, magnifiquement sculpté, est décoré d'un très-beau et très-grand médaillon accompagné de quatre plus petits, avec des ornements surhaussés d'or. On remarque aussi dans cette pièce les riches tentures que supporte le baldaquin du lit, ainsi que deux commodes venant de la chambre de Marie-Antoinette, à Versailles.

Salon de musique. — Le plafond est décoré d'un tableau peint par Barthélemy, dont le sujet représente les neuf Muses et une Minerve, par Vincent. Les dessus de portes, peints par Sauvage, représentent des sacrifices faits au dieu Mercure.

Petit salon. — Cette pièce n'a de remarquable que son élégante simplicité.

Galerie de Diane. — Cette galerie de plus de quatre-vingts mètres de longueur, et dont les croisées donnent sur le jardin de Diane, fut construite par Henri IV en 1600, et décorée par Ambroise Dubois, peintre célèbre de cette époque. La voussure, comme tous les lambris de cette longue salle, étaient couverts de ses chefs-d'œuvre. Mais malheureusement le temps et l'état d'abandon dans lequel Fontainebleau est resté après la chute de la royauté, ont amené la destruction de ces chefs-d'œuvre.

Cependant Napoléon, en restaurant cette antique résidence, et ensuite Louis XVIII, qui voulait y laisser quelques souvenirs de son règne, nous rendirent sinon les peinture d'Ambroise Dubois, du moins une nouvelle galerie de Diane, où figurent plus de cinquante belles compositions dont les sujets sont tirés de la Mythologie et peints à l'huile sur plâtre, par MM. Abel de Pujol et Blondel ; ils représentent en grande partie la fabuleuse vie de Diane et d'Apollon.

Outre ces nombreuses fictions, on voit dans la galerie de Diane dix tableaux sur toile, acquis par la liste civile à la suite des expositions de 1815 à 1824.

Ces tableaux, tous d'une belle dimension et portant le nom de leurs auteurs, sont placés sur les côtés de la salle.

A l'extrémité de la galerie, on admire un immense et magnifique vase en biscuit, sortant de la manufacture de Sèvres.

Dans l'embrasement de l'une des croisées on voit suspendue l'épée de Monaldeschi.

Mais ce qu'on voit de plus intéressant et de plus précieux dans la galerie de Diane, c'est une bibliothèque d'environ trente mille volumes et de nombreux atlas et manuscrits, puis de précieux albums.

### Appartements de réception.

ANTICHAMBRE. — On voit dans cette pièce, dont le plafond à caissons est magnifique, trois panneaux en tapisserie des Gobelins, représentant le Printemps, l'Été et l'Automne.

SALON DES TAPISSERIES. — Il est ainsi nommé à cause des admirables tapisseries qui le décorent et dont la majeure partie vient des manufactures de Flandre. Elles représentent l'histoire de Psyché.

On remarque dans ce salon quatre beaux meubles façon Boule.

Le plafond de cette pièce, restauré en 1845, est très-remarquable ; sa structure se rapporte à l'époque du seizième siècle.

SALON DE FRANÇOIS I$^{er}$. — C'était le salon de famille de ce prince ; c'est lui qui l'avait fait décorer du gracieux plafond, des lambris et de la magnifique cheminée qu'on y admire. Les tableaux qui sont au-dessus des trois portes représentent : saint Louis recevant l'hommage du duc de Bretagne, par Rouget ; saint Louis, prisonnier, par le même artiste ; et les attributs de la Musique.

Le médaillon sur la cheminée, représente Mars et Vénus, peinture à fresque du célèbre Primatice. Au-dessous est un bas-relief en stuc, apporté d'Italie en 1528. C'est un sacrifice chez les Anciens.

Les tapisseries qui décorent cette pièce, dites les belles chasses, viennent des manufactures de Flandre.

On remarque aussi dans le salon deux beaux bahuts en ébène style Louis XIII.

SALON DE LOUIS XIII. — Ainsi nommé parce que Louis XIII y est né en 1601. Ambroise Dubois, qui en exécuta les peintures, composées de onze très-beaux tableaux, a tiré ses sujets du roman grec de *Théagène et Charyclée*, œuvre de l'évêque de Trica. C'est dans ce magnifique salon que se voit la première glace qui ait été connue en France, elle fut faite à Venise.

Les meubles de ce salon, comme tous ceux des précédents, sont de l'époque Louis XIII.

SALLE DE SAINT-LOUIS. — Ce sont deux grandes pièces qui, au moyen de la très-grande porte vitrée qui les sépare, n'en font pour ainsi dire qu'une; c'était jadis la chambre à coucher de Louis IX. On y remarque un bas-relief en marbre blanc, représentant Henri IV à cheval, par Jacquet, dit Grenoble. Plusieurs tableaux décorent cette salle. On y voit une pendule qui est un véritable chef-d'œuvre. Dans la seconde pièce sont réunis divers jeux pour la récréation des invités pendant le séjour de la Cour.

SALLE DES GARDES. — C'est l'une des plus belles pièces du Palais. La cheminée en marbre blanc est monumentale et très-riche d'ornements. Les lambris, le plafond, la frise et le parquet, tout y est resplendissant et admirable de travail.

COUPOLE DE LA SALLE DES GARDES. — On y remarque une petite statue allégorique en marbre représentant la Fécondité. Cette œuvre est attribuée à Nicolo.

ESCALIER DU ROI. — C'était, sous François Ier, la chambre à coucher de la duchesse d'Étampes, maîtresse de ce monarque. Elle a été supprimée sous Louis XV et remplacée par l'escalier que nous voyons aujourd'hui. Les tableaux et les médaillons entourés de dorures, et majestueusement encadrés par des bas-reliefs en stuc, sont l'œuvre du Primatice et de Nicolo, qui les ont peints à fresque.

L'éclat et la magnificence qu'offre cet escalier, naguère dans le plus mauvais état, sont dus au riche talent de MM. Abel de Pujol et Moënch.

Les tableaux qu'on y admire sont :

Le premier, Alexandre domptant le cheval Bucéphale ; le deuxième, Alexandre et la reine des Amazones ; le troisième, Campaspe amenée devant Alexandre ; le quatrième, Alexandre enfermant les œuvres d'Homère ; le cinquième, Alexandre et Campaspe ; le sixième, Alexandre coupant le nœud gordien ; le septième, un festin d'Alexandre ; le huitième, Alexandre faisant peindre Campaspe, devenue sa maîtresse.

Le tableau du plafond est dû au pinceau de M. Abel de Pujol ; il représente l'Apothéose d'Alexandre.

Les portraits de Louis VII, de Louis IX, de François I$^{er}$, de Henri II, de Henri IV, de Louis XIII, de Louis XIV, de Napoléon, de Louis-Philippe et de la reine Amélie, sont l'œuvre de M. Moënch.

GALERIE DE HENRI II OU SALLE DE BAL. — Cette galerie, bâtie par François I$^{er}$ et décorée par Henri II, a 30 mètres de longueur sur 10 de largeur. C'est la plus belle et la plus vaste qu'ait construite la Renaissance, dont elle porte au plus haut degré le cachet. Il faudrait un volume pour en contenir la description. On y admire neuf pages immenses et cinquante-quatre tableaux moins grands, que le Primatice et Nicolo nous ont légués et que M. Alaux a dignement restaurés. Tous ces sujets sont empruntés à l'ancienne Mythologie, et pris dans ce qu'elle offre de plus poétique et de plus gracieux.

Après avoir visité la galerie de Henri II, on revient sur ses pas en passant par l'Escalier du Roi, la salle des Gardes, les salles Saint-Louis, la galerie de François I$^{er}$ et le vestibule d'honneur, pour pénétrer dans les appartements du Pape, divisés en deux parties.

PREMIÈRE PARTIE. — **Appartements de Louis XIII.**

ANTICHAMBRE. — Pièce d'un caractère sévère, tendue en cuir gaufré imitation de Cordoue, et meublée de siéges, en cuir, style Louis XIII. Un très-beau meuble dont les antiques sculptures représentent la chute d'Apollon. Une telle pièce attire l'attention des visiteurs.

Salon des officiers. — Cette pièce n'a de remarquable que les belles tapisseries qui l'ornent et qui représentent :

1° La toilette d'Esther; 2° L'arrestation d'Aman; 3° Le triomphe de Mardochée; 4° Mardochée refuse de s'incliner devant Aman; 5° Le couronnement d'Esther; 6° L'évanouissement d'Esther, d'après le peintre Destroy.

Salon de réception. — Très-beau plafond en caissons à compartiments, dans lesquels, au milieu des figures allégoriques en relief, on a rappelé l'époque de sa décoration par le chiffre de Louis XIII et de sa femme Anne d'Autriche.

Tous les ornements de ce salon, qui est richement meublé, sont dorés. On y admire de superbes tapisseries des Gobelins représentant le Triomphe des Dieux.

Une très-belle coupe de Bologne en faïence, représentant Hercule entre le Vice et la Vertu, et deux vases de Sèvres, sujet champêtre.

Chambre a coucher. — Remarquable par sa splendide décoration qui en fait une des plus belles pièces du Palais.

L'auteur des arabesques qui sont parsemées dans les caissons de la voûte et celles qui ornent les panneaux des lambris, est le célèbre Cotelle, de Meaux.

Les tapisseries, qui décorent cette pièce, font suite à celles placées dans le salon précédent, (le Triomphe des Dieux).

Les dessus de portes représentent Anne d'Autriche et Marie-Thérèse, reines de France.

L'Ameublement, style Louis XIII.

Cette somptueuse salle a servi d'oratoire au pape Pie VII, lors de sa captivité à Fontainebleau, qui a duré du 18 juin 1812 au 24 janvier 1814.

Cabinet de toilette. — Pièce très-simple, élégamment meublée. Le portrait de Pie VII, par David.

Deuxième Partie. — **Appartements du pape, dits Appartements Louis XV.**

Cabinet de toilette. — Petite pièce assez richement décorée qui contient une très-belle commode en marqueterie, style Louis XIII, sur laquelle se trouve le buste en bronze de ce souverain.

CHAMBRE A COUCHER. — Pièce riche, tendue en étoffe de soie, qui était sous Louis-Philippe, l'ancienne chambre du duc d'Orléans.

Très-belle commode de Gouttière.

SALON DE RÉCEPTION. — Nouvellement meublé sous Napoléon III, en brocatelle or et soie verte.

Très-belles tapisseries des Gobelins, représentant le Triomphe de Cérès; vase de Sèvres, digne d'attention.

Du balcon de ce salon, donnant sur l'étang, le pape, dit-on, donnait sa bénédiction aux fidèles réunis sur l'avenue de Maintenon.

SALON DES OFFICIERS. — Remarquable par ses belles tapisseries des Gobelins, représentant une Offrande à Cérès, Bacchus et Ariane, et Flore et Zéphyr.

Vases de Sèvres assez beaux.

ANTICHAMBRE. — Pièce n'ayant rien de remarquable.

GALERIE DES ASSIETTES AUSSI NOMMÉE GALERIE DES FRESQUES. — C'est une véritable miniature d'appartement qui, naguère, n'était qu'un passage en plein air; son heureuse transformation est due à Louis-Philippe. Les vingt tableaux qui en font l'ornement sont du célèbre Ambroise Dubois, peintre de Henri IV; ils ont été restaurés par M. Alaux. Les plus remarquables sont : Une Danse d'Enfants autour du chiffre de Henri IV ; une Junon, une Cérès, un Neptune, la Victoire, une Renommée, un Jupiter, un Concert de Musique, une Vénus et les Amours, une Minerve, une Flore.

Parmi les lambris dorés, qui recouvrent les murs de cette jolie petite galerie, on a placé, d'une manière tout à fait singulière, des assiettes en porcelaine de Sèvres, sur lesquelles sont de gracieuses peintures. Il y en a trente-six qui représentent les principaux monuments français, et cinquante-deux qui contiennent des sujets relatifs à l'histoire de Fontainebleau, des paysages pris dans la forêt, ou des vues du château :

l'indication de chaque sujet se voit dans un petit médaillon sur le pourtour des assiettes.

GALERIE DES FASTES. — Servant de pièce de passage, a été établie récemment sur l'emplacement d'un escalier et d'un long corridor.

Cette galerie, dont le commencement forme un carré est décorée de plus de quatre-vingts tableaux qui ont pour auteurs des peintres, la plupart distingués, tels que les Lagrenée, les Bouchers, les Restout, les Chartelet, les Delaporte, les Breughel, les Desportes, les Lemaire Poussin, les deux Boulogne, les Crépin, les Lucas Damèze, les Bachelier, les Brenet, les Van Loo, etc., etc. Énumérer toutes les belles peintures qui ornent et remplissent cette galerie, le cadre restreint de cette mince brochure ne nous le permet guère. Nos lecteurs en seront dédommagés en lisant les noms des sujets et de leurs auteurs presque sur tous les tableaux, puis, aussi par les obligeantes explications des employés qui conduisent dans les appartements.

N'oublions pas de dire qu'en parcourant cette nouvelle galerie qui conduit à la salle de spectacle, on remarque un magnifique vitrail de la maison Maréchal, de Metz ; le personnage qu'il représente est inconnu.

SALLE DE SPECTACLE. — Splendide et heureuse sous le rapport de la décoration, des tentures et des meubles. Elle a été construite sous le règne néfaste de Napoléon III, quelque temps avant que l'ancienne ne fût détruite par un incendie arrivé on ne sait comment.

COUR DE LA FONTAINE. — C'est la plus régulière et la plus jolie par la magnificence des constructions qui l'encadrent et dont l'ensemble se mire dans les eaux limpides du joli petit lac qui la limite du côté sud. Mais ce qui ajoute au charme du visiteur, c'est le délicieux point de vue dont on y jouit et qui se projette par-delà les eaux, vers les ombrages du jardin Anglais et de l'avenue de Maintenon.

La statue qui décore la fontaine est en marbre d'une extrême blancheur. Elle représente Ulysse.

On voit dans la cour de la Fontaine, sur le perron d'un

escalier, deux lions chimères apportés de la Chine par notre expédition.

C'est de la balustrade de cette cour que l'on voit très-bien les énormes et gloutonnes carpes qui peuplent l'étang.

Cour Ovale ou du Donjon. — Cette cour, la plus ancienne du Palais, a 77 mètres de longueur sur 38 de largeur. Elle comprenait jadis tout le château. Le style d'architecture des édifices qui l'entourent est très-remarquable d'élégance et de compositions diverses. On y distingue principalement le péristyle de l'escalier de la Reine, mais surtout le Baptistère de Louis XIII. C'est sous la coupole qui surmonte cet édifice que fut baptisé le Dauphin, en 1601.

Cour de Henri IV. — Ainsi nommée parce que les bâtiments qui l'entourent furent construits par Henri IV. Elle a 80 mètres sur chaque façade, dont trois se composent de dix-sept pavillons à peu près uniformes et d'une architecture assez simple.

La chose la plus remarquable que présentent les constructions de cette cour, c'est le portail donnant sur la place d'Armes, portail dont la hauteur est de 25 mètres, et qui est l'un des plus beaux morceaux d'architecture du palais de Fontainebleau.

Jardin Anglais. — Ce fut jadis une forêt de broussailles que Napoléon fit transformer comme nous le voyons aujourd'hui. Là était la célèbre fontaine *Belle-Eau* à qui le château et la ville de Fontainebleau doivent leur nom, et dont malheureusement la source a été en grande partie perdue lors des travaux hydrauliques qui furent exécutés sous le premier Empire.

La superficie de ce jardin est de 16 hectares, distribués et plantés de la manière la plus gracieuse, et dont les bosquets, les allées aux suaves et frais ombrages offrent les promenades les plus agréables et les plus délicieuses.

Aujourd'hui que ce délicieux jardin a perdu de ses agréments et de son étendue, on entend bien des personnes s'en plaindre, mais à qui la faute? N'est-ce pas à celui qui, de gaieté de cœur, a livré notre brave armée au roi de Prusse...

PARTERRE. — C'est un carré d'environ 3 hectares, enfermé du côté nord par les façades extérieures de la cour du Donjon et de la cour de Henri IV, et au midi par les fossés du Bréau ; à l'ouest par la magnifique avenue de Maintenon, et à l'est par le perron et les grilles donnant sur le parc. Deux pièces d'eau qui décorent l'intérieur du parterre sont le bassin de Romulus et celui du Tibre. Celui-ci est alimenté par une vasque, sorte de pot bouillant dont le jet est assez abondant, lorsque de trop longues sécheresses ne se font pas sentir.

Les tilleuls, qui ombragent la terrasse dans son pourtour, forment une promenade très-agréable.

A l'angle nord-est de ce jardin s'élève le pavillon de Sully, vieille construction ainsi nommée, parce que sous le règne de Henri IV elle fut habitée par le vertueux Sully. La toiture à pans coupés et celle de forme conique distinguent cette construction, qui date de François I$^{er}$.

L'ÉTANG ET SON PAVILLON. — Le jardin est bordé au levant et au nord par une pièce d'eau de 4 hectares. Un joli pavillon a été construit à peu près au milieu en 1540. Dans l'intérieur sont des peintures à l'huile, sur plâtre et sur bois, représentant des oiseaux de plusieurs espèces. Cette décoration est de l'Empire, mais le tout a été restauré en 1834.

Cette pièce d'eau a été naguère embellie et transformée en un joli petit lac. On a fait disparaître le vilain mur qui la limitait le long de l'avenue de Maintenon.

Aujourd'hui que ce mur n'existe plus, la gent aquatique s'assemble de préférence vers la partie de l'étang qui touche le mur balustré de la cour de la Fontaine où les amateurs s'appuient pour les contempler et leur continuer des gracieusetés.

PARC. — C'est Henri IV qui a acquis le vaste terrain sur lequel le parc a été établi, et dont la contenance est d'environ 84 hectares. C'est lui qui a fait creuser et entourer le canal de murs en gresserie. Il comprend 1,200 mètres de longueur sur quarante de largeur. Aux bâtiments ainsi qu'à la longue muraille qui limitent le parc vers le nord est adaptée la fameuse treille que Louis XV fit planter, et dont la longueur excède 1,400 mètres.

Mais ce qui orne majestueusement le parc, ce sont les vieilles et hautes avenues qui le croisent dans tous les sens.

# PARTIES DU PALAIS

**Qui ne sont visitées que par les personnes munies d'une permission spéciale.**

Appartements du Luxembourg, composés de huit pièces ornées par quarante tableaux, presque tous sujets de chasse, peints par Oudry et Desportes.

Petits appartements. — Composés de quinze pièces, ornées de quarante tableaux diversement remarquables.

Appartement de Maintenon. — Il se compose de trois pièces principales, élégamment ornées et couvertes de dorures.

Musée Chinois. — Composé de plusieurs pièces remplies d'objets très-curieux et très-riches, dont la plus grande quantité fut apportée de l'expédition de Chine et l'autre partie apportée en présent par les ambassadeurs du roi de Siam.

Galerie des Cerfs. — Elle fut restaurée il y a quelques années et rétablie telle qu'elle était à l'époque où Christine de Suède y fit assassiner, sous ses yeux pour ainsi dire, Monaldeschi, qui était à la fois son écuyer et son amant.

On y voit peintes des vues représentant les châteaux et parcs des diverses résidences des souverains de France.

Chapelle de Saint-Saturnin. — Elle a été construite sous Louis VII et rebâtie par François I$^{er}$. — Sa décoration, qui consiste en divers ornements dorés, a été faite sous le règne de Louis XIII. Ses vitraux de couleur viennent de Sèvres; ils ont été faits sur les dessins de Marie d'Orléans, duchesse de Wurtemberg et fille du roi Louis-Philippe, morte à la fleur de son âge, à Pise, en Toscane. L'autel est celui sur lequel le pape

Pie VII a célébré l'office divin, étant captif à Fontainebleau, depuis le 20 juin 1812 jusqu'au 21 janvier 1814.

CHAPELLE HAUTE. — Elle est depuis longtemps en voie de restauration.

PORTE DORÉE ET COUR OVALE. — interdites au public momentanément.

JARDIN DE DIANE. — Il était appelé autrefois Jardin des Buis, plus tard Jardin de l'Orangerie et maintenant Jardin de Diane à cause d'une Diane chasseresse en bronze qui décore la magnifique fontaine que l'on voit dans le jardin.

Quant aux choses remarquables à visiter dans Fontainebleau, elles sont bien humbles et peu nombreuses.

Telles par exemple :

1° Notre église, qui était une simple chapelle sous Louis XIII et n'est devenue église de la paroisse du bourg de Fontainebleau qu'en 1789 ;

2° La façade de l'hôtel de ville, construite il y a peu d'années ;

3° L'hôtel de la sous-préfecture, également moderne ;

4° La salle de spectacle, bien mesquine au dedans comme au dehors ;

5° Le palais de justice, un peu mieux ;

6° La bibliothèque, composée d'une dixaine de milliers de volumes, parmi lesquels de très-bons ouvrages, et, ce qui vaut bien quelque chose aussi, c'est la parfaite obligeance du bibliothécaire, M. Chennevière.

Cet utile établissement, situé place Centrale, est ouvert les mardis, jeudis et samedis, de onze heures à quatre heures.

La ville de Fontainebleau, dont la population n'exède guère dix mille âmes, possède une garnison dont le chiffre est très-variable. Elle se compose aujourd'hui d'un régiment de dragons, de deux bataillons d'infanterie, de deux batteries d'artillerie, de l'école d'application du génie et d'artillerie qui était établie dans notre chère ville de Metz.

# SERVICE DES POSTES A FONTAINEBLEAU

### Arrivée.

*Distributions.*

MATIN.

1° Ligne d'Auxerre. — Paris, France, Étranger, Bois-le-Roi, Héricy, Melun, Moret, Thomery. 7 h. »
2° Paris, Départements, Étranger. — Bourbonnais. — Bourron, Melun, Nemours et Montereau. 10 45

SOIR.

3° Bourbonnais. — Bourron, La Chapelle, Égreville, Héricy, Lorrez, Montereau, Thomery, Villeneuve-la-Guyard, Voulx . . . . . . . 4 h. »
4° Paris, Étranger, Départements, Bois-le-Roi, Melun. 6 30

### Départ.

MATIN.

1° Paris, Bourbonnais, Melun, Héricy, Thomery, Bourron, etc. — France et Étranger (excepté le Midi). . . . . . . . . . . . . 8 h. 10

SOIR.

2° Paris, France, Étranger. . . . . . . . . 1 h. »
3° Paris, France, Étranger. . . . . . . . . 2 20
4° Montereau 1re, Bourron 2e. . . . . . . . 4 30
5° Ligne de Lyon, Marseille, tout le Midi, (France et Étranger). . . . . . . . . . . . 6 10
6° Paris, Bourbonnais, Midi, (France et Étranger). 8 30
7° Paris, France, Étranger. . . . . . . . . 9 »

# HOTELS

Les principaux sont :

L'*hôtel de France et d'Angleterre*, tenu par M. Dumaine, en face la principale grille du Palais; traite à la carte et à la volonté de MM. les voyageurs; voitures pour la forêt, omnibus pour le chemin de fer. — Un beau jardin.

L'*hôtel de la ville de Lyon*, rue Royale, non loin du Palais, même propriétaire, traite aux mêmes conditions; voitures pour la forêt, omnibus pour le chemin de fer. — Beau jardin.

L'*hôtel de Londres*, rue des Bons-Enfants, en face l'une des entrées du Palais, même propriétaire (M. Dumaine), même accueil qu'aux deux établissements précédents; chevaux et voitures pour la forêt et le chemin de fer.

---

Viennent ensuite les hôtels un peu moins considérables, un peu moins grandioses, mais où néanmoins on trouve le confortable et également bon accueil, tels sont :

L'*hôtel du Lion-d'Or*, tenu par M. Jacquemin-Richard, rue des Bons-Enfants, 12, tout près le Palais; on y traite à la carte, ou si l'on veut, à raison de 8 francs par tête et au-dessus, pour déjeuner, dîner et coucher. Appartements nouvellement décorés, voitures pour la forêt et omnibus pour le chemin de fer. — Un jardin ombragé où l'on peut déjeuner.

*Hôtel du Nord et de la Poste*, tenu par M. Jubrot, rue de Ferrare, 8, très-peu éloigné du Palais, traite à la carte, et aussi à

7 francs et au-dessus par tête, pour déjeuner, dîner et la chambre. Appartements fraîchement décorés ; voitures pour la forêt et omnibus pour le chemin de fer.

*Grand hôtel de la Sirène*, tenu par M. Pochon, rue de France, 34, très-peu éloigné du Palais ; on y traite à la carte, et aussi à 8 francs par tête, pour déjeuner, dîner et la chambre.
Voitures pour la forêt et omnibus pour le chemin de fer.

*Hôtel de l'Aigle-Noir*, fondé en 1720, tenu par M. A. Sueur, rue des Bons-Enfants, 10, près le Palais, restaurant à la carte. — Deux jardins avec bosquets.
Voitures pour la forêt et omnibus pour le chemin de fer.

*Grand hôtel du Cadran-Bleu*, tenu par M. Étienne Mercier, successeur de M. Bucan, rue Grande, 9, près le Palais, restaurant à la carte.
Voitures pour la forêt et omnibus pour le chemin de fer.

*Hôtel de la Chancellerie*, fondé et tenu depuis 1853 par M. Sourdel, près le Palais ; on y traite à la carte, et aussi à raison de 8 francs et au-dessus par personne, pour déjeuner, dîner et la chambre.
Voitures pour la forêt et omnibus pour le chemin de fer.

*Hôtel de l'Europe*, tenu par M. Mauger-Voille, place Solférino, en face la principale entrée du Palais, restaurant à la carte. Appartements fraîchement décorés.
Voitures pour la forêt et omnibus pour le chemin de fer.

*Hôtel du Midi*, tenu par M. Gros, restaurateur, rue des Bons-Enfants, 14, près le Palais ; traite à la carte, ou bien à 8 francs par personne, pour déjeuner, dîner et coucher.
Table d'hôte à 11 heures et à 6 heures.
Déjeuner à 2 fr. — Dîner à 2 fr. 50 c. — Chambre à 2 fr. 50 c.
Voitures pour la forêt et omnibus pour le chemin de fer.
Autres pied-à-terre moins considérables (de troisième ordre) :

*Hôtel du Cygne*, tenu par Mme veuve Coutelle, rue Grande,

32, très-peu éloigné du Palais ; on y traite à la carte, ou bien à 8 francs par personne, pour déjeuner, dîner et coucher.

Omnibus pour le chemin de fer, en face l'hôtel.

*Hôtel de Moret*, tenu par M. Vigneulle, rue du Parc, 5, non loin du Palais ; déjeuner depuis 2 francs, dîner depuis 3 francs ; chambres depuis 2 francs.

On sert également à la carte.

Omnibus pour le chemin de fer.

*Hôtel de Toulouse*, tenu par M. Claustres jeune, rue Grande, 191, restaurant à des prix très-modérés, déjeuner, dîner et coucher, pour 6 francs par personne.

Voitures pour la forêt.

---

*A la Renommée de la pâtisserie parisienne.* — M. Barbier, élève et successeur de M. Amour, rue Grande, 1, près le Palais.

*Fruiterie et comestibles.* — Première qualité des chasselas de Fontainebleau, maison Lariotte, rue Grande, 7, près le Palais.

*A la Renommée de la bonne charcuterie.* — Maison Bajante, rue Grande, 96.

---

### Loueurs de chevaux et voitures pour la forêt et pour voyages.

Les principaux sont :

M. Clémencet, rue de France, 15 ; Mme veuve Naigeon, même rue, 33.

Nous recommandons spécialement cet établissement, non-seulement comme le plus renommé, mais surtout par les soins que met Mme Naigeon à maintenir cette renommée.

En outre de ces deux principaux loueurs de voitures, il existe une foule de petites voitures de place, stationnant rue de la Chancellerie.

**Leçons d'équitation.**

M. Lazard, directeur de l'École d'équitation de Metz, a l'honneur de prévenir le public qu'il a transporté son manège à Fontainebleau, rue Traversière, 3.

Leçons. — Dressage et location de chevaux. — Achat et vente de chevaux de luxe, pour selle et voiture.

Des heures spéciales sont réservées pour les dames.

---

**Souvenirs de Fontainebleau.**

Les principaux magasins, les mieux assortis de Souvenirs de Fontainebleau, fabriqués en bois de genévrier odorant de la forêt, sont :

M. Lacodre, libraire, rue des Bons-Enfants, en face le Square. Énumérer tous les genres de jolies choses qui remplissent les montres et les vitrines de cet établissement serait impossible.

Il en est de même, à quelques pas de là, au magasin de Mlle Bouland, rue de France, 4. Ce sont deux maisons qui méritent réellement d'être visitées par les amateurs de curiosités, aussi le sont-elles pendant toute la belle saison.

N'oublions pas de dire qu'il en est une troisième du même côté, également en face le Square, qui mérite certes bien aussi une visite, si non pour faire emplette de genévrines, mais d'objets d'art plus sérieux en ébénisterie, imitation de différentes époques; ce troisième établissement, fondé par M. Boisselier, est tenu par sa veuve, Mme Boisselier, même rue, 2.

---

Encore un renseignement non à dédaigner par les personnes qui viennent à Fontainebleau pour y séjourner une partie de la belle saison :

*Agence spéciale* pour la location des maisons et appartements meublés et non meublés.

M. Tazé, rue Saint-Merry, 93.

# L'INDICATEUR HISTORIQUE ET DESCRIPTIF
## DE
# FONTAINEBLEAU

**Son Palais, sa Forêt et ses plus remarquables environs.**

### ITINÉRAIRE

## DE CINQUANTE TRÈS-BELLES PROMENADES

*18ᵉ Édition des Guides-Denecourt.*

---

Si la dix-huitième édition de notre Guide, depuis si longtemps annoncée et attendue, a éprouvé tant d'ajournements, tant de retards, c'est que, d'une part, nos sentiers, nos tracés de promenades ont, plus encore qu'à l'ordinaire, nécessité et absorbé nos soins, nos instants, et que, d'autre part, les nombreux changements occasionnés dans notre forêt par les évènements, nous ont obligé non-seulement à tout revoir sur le terrain et à modifier considérablement le cadre de notre livre, mais à en supprimer et à refondre, pour ainsi dire, entièrement l'itinéraire, dont plus de la moitié, déjà imprimée, s'est trouvée forcément anéantie.

Toutefois, nous espérons, malgré tant de peine et de temps perdu, et aussi malgré notre âge et nos forces moins solides, nous espérons, disons-nous, mener à bonne fin ce livre, œuvre dernière de notre humble et longue carrière, livre qui, devant en être le couronnement, sera le plus complet de tous nos Guides et le plus utile aux personnes qui tiennent à bien voir, à bien connaître notre charmant pays de Fontainbleau et ses environs les plus intéressants, mais Fontainebleau principalement, dont les deux merveilles sont le palais et la forêt, surtout la forêt, bien que le palais soit l'un des plus remarquables de l'Europe et des plus curieux à visiter.

Oui, la forêt par dessus tout, car, plus on vient en admirer les beautés, plus on éprouve le désir d'y revenir, tellement les sites en sont pittoresques, variés et faciles à visiter, à explorer.

On peut dire que cette exceptionnelle forêt, depuis que nous sommes parvenus à la rendre accessible à peu près dans tous ses ravissants détails, est devenue l'un des rendez-vous de prédilection des artistes et des touristes de tous les pays, et notamment des parisiens, dont l'affluence s'accroît de plus en plus.

---

Nous avons dit ailleurs que pour rendre moins lourde à nos 86 ans, cette tâche d'un volume d'environ 500 pages, nous le publierons par livraisons de 36 pages in-18, c'est-à-dire, du format des Guides-Joanne. Le prix de chaque livraison est fixé à 50 centimes.

Cette édition comprendra non-seulement l'itinéraire descriptif du palais et de toutes les jolies promenades de la forêt, mais aussi l'itinéraire des excursions les plus intéressantes à faire aux environs, telle qu'à Milly, Courance, Fleury, Nemours, Larchant, Moret, Melun, Praslins, etc., etc. Puis aussi les faits historiques et les légendes les plus dignes d'intérêt. Les productions, l'histoire naturelle de notre forêt, ne seront pas négligées, non plus que les plantes remarquables, les diverses essences de bois, les espèces de gibiers, les oiseaux, les coléoptères, les lépidoptères, les reptiles inoffensifs et venimeux, les bonnes espèces de champignons, etc.

De plus, un aperçu physique de la forêt, la configuration de son sol si remarquablement bouleversé et accidenté; quels sont ceux de ses admirables sites qu'elle a perdus par l'incurie et ceux qui en font encore la plus intéressante des forêts. Dans quelle mesure devrait-elle être considérée comme musée national?

Enfin, cette dix-huitième édition de mon Indicateur, devant-être, comme je l'ai dit, la clôture de mon humble carrière et le couronnement de mes travaux, je ferai tout mon possible, pour ne pas démériter de la bienveillance de mes lecteurs.

MM. les Souscripteurs recevront, comme prime, un exemplaire du beau volume qui a pour titre :

# FONTAINEBLEAU

### SOUVENIRS, LÉGENDES, PAYSAGES, FANTAISIES.

Ouvrage collaboré par plus de quarante poëtes et prosateurs, parmi lesquels figurent les noms les plus célèbres de notre littérature contemporaine.

Ce volume, de même format que celui de notre Indicateur général, en sera le parfait complément.

On souscrit en notre demeure, rue de France, 33, et dans toutes les librairies de la ville.

La première livraison paraîtra dans le courant de septembre prochain. Nous ferons notre possible pour en faire paraître une chaque mois.

On ne paye pas d'avance; il suffira de payer les livraisons au fur et à mesure qu'elles paraîtront.

---

Mais revenons à l'itinéraire de nos charmantes promenades.

## LA NOUVELLE PROMENADE A LA GORGE AUX LOUPS

Parcourable en cinq heures, dont une heure, et plus si l'on veut, à pied.

### Indications sommaires.

La première et très-pittoresque section du rocher Bouligny. — Le point de vue du rocher des Demoiselles. — Les délicieux ombrages des Érables et du plateau de Saint-Hérem. — Le vaste point de vue de la redoute de Bourron. — Le joli carrefour des Forts-Marlotte. — L'oasis plus jolie encore de la Mare-aux-Fées. — La ravissante gorge aux Loups. — La splendide futaie des Ventes-à-la-Reine. — Le vaste et beau point de vue des Ventes-Bourbon.

### ITINÉRAIRE DÉTAILLÉ

Le point de départ de cette très-belle promenade, dont le développement, aller et retour, comprend 18 kilomètres, tant à pied qu'en voiture, est la barrière de l'Obélisque, d'où l'on débouche sur un vaste et beau carrefour étoilé par dix routes, tant forestières que routes de grande communication, et au milieu duquel s'élève une pyramide composée d'une cinquantaine de pierres de taille, et haute d'une vingtaine de mètres. Ce monument fut édifié en commémoration du premier voyage que fit Marie-Antoinette avec ses enfants à Fontainebleau, comme l'indiquaient les inscriptions dont on distingue encore les traces sur les quatre faces de cette aiguille.

Étant parvenus à ce beau carrefour, nous le traverserons en laissant à notre gauche deux grandes routes et une petite route de chasse. Celle que nous prenons est la route de La Vallière, elle nous conduira directement, et en moins de dix minutes, au carrefour du même nom, par un trajet uni et ombragé d'essences assez variées, mais où dominent les chênes et les pins. On l'appelle la *Plaine-des-Pins*. Notre route en traverse plusieurs autres de diverses largeurs, et un carrefour pour parvenir au pied de la butte d'Henri IV, et à 60 pas du rocher Bouligny que nous apercevons à travers une jolie petite plantations de pins. C'est-à-dire, que nous arrivons alors sur le carrefour de La Vallière, très-peu vaste.

Ici, nous quittons la voiture qui prendra la route à droite longeant la base du rocher pour aller gagner, en peu de minutes, la route de Nemours que le cocher suivra à gauche pour arriver tout aussitôt sous une des plus belles arcades des eaux de la Vanne, où il nous attendra. Quant à nous, voici comment nous allons nous diriger pour aller le rejoindre :

Coupons ce modeste carrefour de La Vallière en laissant une route à notre droite, la route que vient de prendre notre automédon. Celle que nous prenons, moins sablonneuse, moins large et mieux ombragée, est désignée par notre marque bleue. L'ayant suivie une centaine de mètres, nous la quitterons en inclinant à notre gauche, conformément à ce signe bleu, par un sentier qui, en un instant, va nous conduire sur le travers d'un autre sentier et au pied d'une superbe colline dont les roches, tapissées de soyeuses mousses, sont ombragées principalement par des pins.

La lettre A nous dit que nous venons d'aborder la chaîne du rocher Bouligny et le *sentier des Dames*, que nous allons suivre à droite pour gravir, en pente assez douce, ce site dont les mouvements de terrain et les aspects variés nous apparaissent déjà si intéressants, si pittoresques, vont le devenir de plus en plus au fur et à mesure que nous cheminerons, surtout en en sillonnant les crêtes parmi d'énormes masses de grès d'où nos regards étonnés domineront successivement une suite de gorges, de dévaloirs hérissés, ou plutôt décorés de roches de toutes formes, de tous volumes, et dont les unes isolées et les autres bizarrement amoncelées, superposées, composent une admirable confusion qui nous donne à penser sur les terribles et formidables causes qui l'ont produite!

Un instant après avoir abordé le sentier des Dames et gravi une centaine de pas, nous passerons contre une belle masse de grès désignée par la lettre B. C'est la *Roche de Lacontrie*. Plus haut, nous aurons également, à droite, au bord de notre sinueux sentier, la *Roche de lord Byron*, désignée par une étoile et formant en même temps un abri.

Continuons à monter encore un peu, pour incliner plus brusquement à droite et voir tout à l'heure, à notre gauche, un sentier signalé par une marque rouge; ne le prenons pas, suivons à droite celui désigné par nos marques bleues, lequel va nous faire sillonner les hauteurs du site, en revoyant mieux ses ravissantes collines, ses saisissantes descentes, et en passant continuellement parmi d'énormes masses de grès, notamment la *Roche Poclet*, désigné, par le n° 1, la *Roche de la Belle-Anie*, marquée du n° 2.

La lettre C va nous signaler le passage des *Sept-Roches*. Suivons bien les contours et détours du sentier, d'après nos marques bleues, en jouissant à tout moment de jolies échappées de vue sur les pittoresques dévaloirs et parfois au loin.

Nous voici parvenus sur le travers d'un sentier qui va s'élargir en le suivant à droite. Mais nous allons le quitter en en prenant un autre encore à droite, pour avoir, à notre gauche, une longue roche marquée du n° 3, et devant nous une petite échappée de vue sur Fontainebleau.

Dans un instant, nous allons parvenir à l'extrémité des crêtes occidentales du rocher Bouligny, d'où l'on jouirait d'un admirable point de vue, si l'Administration avait écouté les vœux que, depuis bien des années, nous avons émis de voir disparaître ce vilain rideau de pins maritimes qui en dérobe toute la beauté. Mais, heureusement, qu'aujourd'hui, nous avons un administrateur trop bienveillant et trop admirateur de nos sites pour ne pas mettre en lumière ce point de vue qui sera ajouté à tant d'autres que déjà nous lui devons.

Dans cette espérance, continuons à suivre le sentier aux marques bleues encore un instant pour passer entre les *Mazarines*, deux formidables masses de grès dont une est désignée par le n° 4. Tout aussitôt après les avoir laissées derrière nous, le sentier se divise en deux : prenons à droite celui qui descend et dont l'entrée est signalée par une étoile. Celui de gauche, désigné par notre signe bleu, est destiné aux personnes qui entreprennent le parcours, uniquement à pied, de la grande promenade du rocher Bouligny.

Donc, prenons à droite, conformément à cette étoile, pour retrouver presque tout de suite, en descendant, nos marques bleues.

Dans une minute, la lettre D, à six pas sur la droite du sentier, va nous signaler le *Rocher Buridan*. A quinze pas plus bas, sur le même côté du sentier, c'est la *Roche de Marguerite de Bourgogne*, marquée de la lettre E.

Encore cinq à six pas pour bien apercevoir, à 25 mètres devant nous, la *Tour de Nesle*, qui n'a pas besoin de marque pour signaler sa hauteur.

Continuons à descendre, en inclinant brusquement à gauche et en voyant de mieux en mieux les aspects du site; puis, après avoir décrit encore quelques zigzags, nous rencontrerons la lettre F, sur une petite roche. Ici, jetons un regard à notre droite pour apercevoir, à une centaine de pas, une autre gigantesque roche, c'est la *Catharina*. Immédiatement nous allons nous trouver tout à fait au bas de la colline et prêts à couper un chemin, c'est la *route de Pompadour*, de l'autre côté de laquelle nous allons gravir légèrement et revoir des pins et des rochers, dont un superbe groupe couronnant le sommet, à très-peu de distance sur la droite du sentier. Ce remarquable groupe est le *rocher Poinsinet*, qui rappelle une illustration de Fontainebleau.

Notre sentier va tout à l'heure se diviser en deux. Laissons celui qui se dirige à gauche d'une sorte de guérite destinée à introduire des ouvriers dans le tube des eaux de la Vanne lorsqu'il y a des réparations à faire. Mais prenons le sentier à droite, ainsi que l'indique notre signe. Il va monter un peu pour descendre ensuite en nous rapprochant d'un autre remarquable groupe de grès. C'est le *rocher de Claude Lefevre*, autre illustration de Fontainebleau.

En continuant à descendre les détours et sinuosités du sentier, nous commençons à voir les arcades de la Vanne, puis, nous allons circuler parmi de véritables mastodontes, dont un ouvre une énorme bouche; mais elle va s'ouvrir d'une manière plus monstrueuse lorsque nous aurons fait quelques pas de plus en la tournant.

De cette gigantesque avaloir, véritable bouche de Gargantua, nous allons parvenir tout de suite à notre véhicule, là, sous l'arcade de la route de Nemours; arcade des plus grandes de cet acqueduc des eaux de la Vanne, traversant notre forêt dans une étendue d'environ 17 kilomètres, du bornage de Moret à celui des rochers d'Arbonne. On sait que ces eaux de la Vanne, enfermées dans un tube de deux mètres de diamètre, tantôt profondément enseveli sous terre, tantôt majestueusement au-dessus du sol, viennent des environs de Sens et sont conduites vers Paris.

Étant remontés en voiture, nous quitterons cette belle arcade, qui n'a pas moins de 32 mètres d'ouverture, en suivant la route de Nemours environ deux cents pas, c'est-à-dire, jusqu'à l'endroit où aboutissent plusieurs chemins; deux de chaque côté de ladite route.

Ici, une explication est nécessaire : disons qu'il s'agit de nous rendre au point de vue du rocher des Demoiselles et que nous avons le choix entre deux trajets, l'un presque constamment en plein soleil, en suivant la route de Nemours jusqu'au grand chemin mal pavé de Recloses, que l'on prend, pour le suivre, jusqu'au-dessus de la côte, pour prendre à droite le premier chemin qui est la *route de Cythère*, assez bien ombragée, il est vrai, et laquelle va aboutir vers le sommet et le point de vue des *Demoiselles*. Ce trajet est préférable pour les équipages pesamment chargés.

Quant à l'autre trajet, constamment ombragé, il convient parfaitement aux véhicules peu chargés. Tout cocher connaissant bien la forêt doit le savoir.

Toutefois, nous allons en décrire l'itinéraire de façon à ce que les cochers mêmes qui ne connaîtraient pas ce trajet ne puissent manquer de parvenir à bien.

Nous sommes donc à deux cents pas de la grande arcade, à l'endroit où plusieurs chemins aboutissent sur la grande route. Nous en voyons deux à notre droite, laissons le premier en faveur du deuxième, qui semble un peu en parallèle à la grande route et s'appelle la *Route de la jeunesse*. Elle est ombragée par des pins du Nord à l'écorce bronzée et presque dorée.

Dans un instant, elle nous amènera au carrefour du *Vert-Galant*, étoilé de huit routes de chasse. Traversons-le en en laissant trois à notre gauche pour continuer celle de la Jeunesse, laquelle, en deux minutes, nous conduira au carrefour de ce nom, carrefour étoilé de sept routes et d'où s'élève une jolie sapinette. Traversons-le en laissant trois routes à notre gauche pour arriver en quelques minutes au pied du rocher des Demoiselles, précisément sur un modeste carrefour de cinq routes.

Ici nous quittons la voiture, qui prendra à gauche la route de Valmy pour aller gagner, en peu d'instants, le chemin pavé de Recloses et le sommet du rocher des Demoiselles, où nous allons la rejoindre. A cet effet, coupons directement ce petit carrefour de cinq routes pour aborder immédiatement la base des rochers par une cavalière ombragée de pins, de chênes et de blancs bouleaux, puis laquelle cavalière (petite route de chasse), va tout de suite devenir un joli sentier gravissant en serpentant les mouvements très-pittoresques du site, parmi d'assez belles roches et de vertes fougères.

En peu de minutes, nous allons parvenir vers le sommet de la colline et près la lettre A, où nous pourrons nous reposer un peu à l'ombre des quelques arbres qui décorent une petite réunion de roches.

En quittant de là, le sentier va décrire une courbe à notre gauche et arriver tout à fait sur la platière du site [1].

Continuons encore deux ou trois minutes, conformément à nos marques bleues, pour déboucher sur un carrefour de quatre chemins que nous couperons, en prenant celui à notre droite, pour aborder immédiatement sur une plage découverte, où nous retrouverons notre voiture à l'ombre du bord du bois, dans un quart d'heure, c'est-à-dire lorsque nous serons allés voir le remarquable point de vue des Demoiselles.

---

1. Tous les plateaux rocheux, ou seulement parsemés de quelques grès apparents, sont appelés dans le pays : *platières;* ce nom est consacré de temps immémorial dans les archives forestières.

A cet effet, prenons le sentier qui s'offre à nous et dont l'entrée est désignée par le n° 2 appliqué sur un grès, puis nos marques vont nous conduire en une minute sur le haut bord déchiré du rocher, dont les énormes masses détachées et renversées couvrent le pourtour du site jusqu'au bas de la gorge des Demoiselles, que nous dominons à notre gauche et qui a l'aspect d'un immense cratère véritablement saisissant, si n'étaient ces affreuses traces de vandalisme qu'ici, comme en tant d'autres de nos sites, l'exploitation des grès si mal entendue, si mal dirigée, a laissées.

Mais suivons encore une ou deux minutes nos marques bleues sur ce bord escarpé, devenant de plus en plus aride et ne formant plus qu'une sorte de cap très-étroit. Nous voici tout à fait à l'extrémité près la lettre B, d'où nos regards planent sur l'ensemble du point de vue ; en avant, à cent mètres en contre-bas de la crête aérienne où nous sommes, nous voyons une espèce de lac jaune ; ce n'est rien moins qu'une nappe de sable, entourée par les rochers du *Mauvais passage*, les rochers de la *Salamandre*, le *Mont enflammé*, les rochers et le *Mont-Morillon*.

Au delà de cet ensemble, à droite comme à gauche et jusqu'au fond de l'horizon, c'est une vaste ceinture verdâtre de forêts couvrant ce qu'on appelle la chaîne du rocher *Long-Boyau*, les hauteurs de la gorge *aux Merisiers*, les rochers de la *Combe* et les *Hautes-Plaines*.

Mais en quittant notre point culminant, contemplons encore une fois les énormes masses de grès renversées pêle-mêle tout autour de nous dans ces profondeurs que nous dominons à pic et qui nous offrent d'imposantes traces du déluge.

Revenus sur nos pas pendant deux minutes pour retrouver notre véhicule qui nous conduira en cinq quarts d'heure au très-joli site de la mare aux Fées par une suite de délicieux ombrages et un admirable point de vue, ce qui nous reposera d'une manière très-agréable. Mais pour que notre automédon nous conduise exactement, précisons les endroits et carrefours par où il doit nous faire passer :

*Carrefour des Demoiselles*, en quelques minutes ; de ce joli carrefour étoilé de sept routes, on prend celle de *Villiers*, allant aboutir au *Carrefour du Montoire* traversé par la route de Recloses où l'on parvient en sept à huit minutes.

En coupant la route de Recloses, nous voyons à notre gauche tout près de nous le *Grand-hêtre*, parfaitement nommé.

De là nous prenons la route des *Ipréaux*, allant directement et successivement aux deux carrefours de ce nom, le 2e d'abord et le 1er ensuite, où l'on arrive en six ou sept minutes.

De ce carrefour, on arrive en un instant au *Carrefour des Érables* que nous couperons en laissant une route à notre gauche ; mais comme les bois qui nous ombragent sont ravissants et le trajet facile, nous voyageons sous un délicieux berceau ; puissent tous ces charmants végétaux être longtemps encore respectés et de même le long de toutes nos principales promenades !

Après avoir suivi directement, pendant cinq minutes, cette amoureuse route si bien ombragée, notre cocher nous dirigera par un chemin à droite pour passer en deux minutes devant la maisonnette de St-Hérem, rendez-vous forestier où les gardes et gardes-chefs viennent au rapport près le garde général du canton, une fois par semaine.

De là notre équipage nous transportera par la *route du Sud* en vingt minutes à peu près directement et toujours bien ombragés à la redoute de Bourron, ainsi nommée parce qu'en 1814 on avait établi sur ce point culminant une batterie de gros canons pour défendre l'entrée de la route de Nemours. Mais hélas ! c'en était fait, l'ambition de l'oncle comme l'ineptie du neveu devait avoir ses tristes conséquences !...

De cette redoute on jouit d'un admirable point de vue s'étendant du sud-est au sud-ouest dans un rayon d'environ vingt lieues vers Montereau, Sens sur la gauche et vers Larchant et Malesherbes sur la droite.

Au centre, en face de nous, la vue ne s'étend guère au delà de Nemours, dont le clocher effilé et sombrement ardoisé ne s'aperçoit que par un temps bien clair et bien net.

Plus rapproché de nous et pour ainsi dire à nos pieds, c'est Bourron et son château. Mais nous découvrirons mieux dès que l'administration aura fait disparaître les branches d'arbres qui envahissent la gauche du point de vue, ce qu'elle ne manquera pas de faire bientôt, la sollicitude de son nouveau chef nous en est un sûr garant.

Continuons notre jolie promenade en suivant la *route des Canons*, pour traverser tout à l'heure, en descendant, la route de Nemours et prendre, en gravissant un instant, la route de la *gorge aux Loups*, laquelle est encore passablement ombragée, surtout en approchant le très-beau carrefour des forts Marlotte, où nous voyons des arbres de vieille futaie.

Nous le traverserons, en laissant trois routes à notre gauche et cinq à notre droite, y compris celle par où nous venons d'arriver. Celle que nous prenons est la *route des Barnolets*, pour parvenir mieux encore à la mare aux Fées et à la gorge aux Loups.

Suivons donc directement cette route des Barnolets, en coupant bientôt un croisement de chemin pour arriver ensuite en deux minutes sur un autre croisement ; ici, nous prenons la première route à notre gauche pour aboutir en un instant à l'angle du délicieux et joli petit site de la mare aux Fées, dont nous ferons le tour sans descendre de voiture, en prenant la route à notre droite passant entre le bois et la mare ; c'est un parcours de sept à huit minutes en allant au petit pas et venir mettre pied à terre à l'entrée du sentier de la gorge aux Loups, précisément au pied du *Henri Mürger*, chêne d'environ 400 ans, désigné par une étoile rose.

Mais décrivons sommairement l'itinéraire de ces quelques minutes de trajet pour arriver au pied de ce vénérable chêne.

Tout d'abord, après avoir pris la route à droite en abordant la clairière nous voyons près du bord de notre chemin la mare aux Fées, qui n'est qu'une sorte de flaque d'eau contenue dans le creux des grès et presque inaperçue, par les joncs et autres végétaux qui l'entourent. Mais ce qui nous charme c'est l'aspect infiniment pittoresque que présente l'ensemble de ce petit site avec sa pelouse émaillée de fleurs et plantes sauvages, puis ces fougères, ces bruyères, ces genévriers, ces aubépines, ces genets dorés, ces jeunes bouleaux, mais surtout ces vieux chênes et ces vieux charmes, dont voici les noms de ceux les plus remarquables près desquels nous allons passer :

Ayant à peine laissé derrière nous la modeste mare des Fées, nous passerons près du *Bouquet de Marie-Antoinette*, charme en trois tiges réunies, le plus remarquable de la forêt. Ici, le chemin a tourné brusquement à notre gauche, côté où se trouve ce magnifique arbre; presque aussitôt nous allons voir également du même côté et tout au bord du chemin, le *chêne de Molière*, avec sa formidable ramure. Ensuite, mais à droite du chemin, c'est le *Charme oranger*, à l'ombre duquel bien des déjeuners furent savourés.

Tout à l'heure, nous allons incliner à gauche en passant près du *Brunet-Houard*, chêne de trois cents ans; puis, à notre droite se montre une suite d'hôtes non moins anciens, non moins dignes de fixer l'attention, notamment les Corot, les Cabas, les d'Aligny et bien d'autres encore, puis, parmi et à travers tous ces burgraves, nous voyons quelques échappées de vue, peu vaste il est vrai, mais non moins intéressantes.

A notre gauche, le site varie aussi de mieux en mieux avec ses jeunes et gracieux bouleaux entremêlés de genévriers et autres coquets végétaux, le tout majestueusement encadré par des massifs de hautes futaies ; nous revoyons la modeste mare aux Fées sur notre gauche et nous voici tout de suite au pied du chêne de notre ami Mürger, à l'ombre duquel nous l'avons vu plus d'une fois crayonnant ses romans. On rencontre là, depuis qu'il n'est plus, non pas la nymphe qui lui a causé ses chagrins, ni même la moindre Égérie, ni une simple et gentille bergère de Florian, mais bien plutôt une Marlotaise moins attrayante, sinon les rafraîchissements qu'elle tient là en belle saison et qu'on est parfois bien aise de trouver quand ils sont passables.

En quittant le Henri Mürger notre voiture suivra la route cotoyant les hauteurs de la gorge aux Loups pendant cinq à six minutes, c'est-à-dire jusqu'à la deuxième route qui descend et qui est appelée la *descente du rocher Bébé* et aussi *route de la gorge aux Loups*. Le cocher nous attendra là précisément sur le croisement de chemins à l'entrée de la majestueuse futaie des *ventes à la Reine*.

Quant à nous voici comment nous devons nous diriger pour le rejoindre dans une heure de trajet des plus ravissants :

En regardant le chêne de Mürger du côté où se voit l'étoile rose, nous allons prendre à notre droite le sentier désigné par nos marques bleues et lequel, parmi les grès peu saillants et une jeune et riante végétation, va nous conduire en un instant sur le travers d'un autre sentier, tout à fait au bord escarpé d'une profondeur très-pittoresquement encaissée d'arbres et de rochers. Ce sentier, suivons-le à gauche pour en prendre immédiatement un autre encore à notre gauche et passer tout de suite entre deux vieux chênes : ce sont les *deux cousins* Auguste et Victor. Nous allons être de mieux en mieux ombragés et passer de surprise en surprise par un trajet des plus tourmentés, des mieux accidentés et offrant à chaque instant, à chaque pas un nouveau tableau toujours plus attrayant, plus captivant.

A peine avons nous quitté les deux cousins, que nous voici à la lettre E prêts à descendre et couper un sentier, puis une route, c'est l'une des principales entrées de la gorge aux Loups, appelée la *descente du rocher des Fées*. Traversons cette descente pour retrouver tout de suite notre sentier, ainsi que l'indiquent nos marques.

Nous gravissons alors la colline où se trouve le *chêne de Cicéri*, au pied duquel nous allons passer et contempler en même temps l'ensemble de cette charmante descente du rocher des Fées, si admirablement encaissée et si pittoresquement ombragée.

Continuons notre étroit et sinueux sentier parmi les grès de toutes formes et une végétation toujours variée et luxuriante.

Voici la lettre F, d'où nous dominons parfaitement une étroite gorge formée d'imposantes masses de grès, parmi lesquels se distingue principalement le *rocher Lesueur* désigné par la lettre G et contre lequel nous passerons tout à l'heure après avoir descendu parmi les houx, les fougères et les bouleaux, et vu sur la gauche du sentier le *Ruisdaël*, très-remarquable étude de chêne.

Mais en contournant la roche Lesueur et les deux hêtres magnifiques qui l'ombragent, contemplons la suite de cette imposante descente. Quel aspect saisissant offre ce chaos d'énormes grès renversés, précipités dans cette gorge !

Inclinons à gauche pour gravir tout aussitôt une sorte de calvaire des plus abrupts et dont le sommet nous offrira, à notre gauche, un petit espace entre deux immenses rochers et planté, sinon d'oliviers, mais de houx déjà vieux, et qui donnent à cet encaissement un aspect tout à fait solitaire.

Nous allons descendre par la *galerie Malibran*, également saisissante d'aspect par les grès gigantesques qui l'enferment. Une étoile rouge nous indique le plus formidable. Sortant de là le sentier va gravir un peu et nous faire voir à notre gauche le *rocher de Martin Hugue*, énorme grès ouvert en deux.

Puis, nous allons descendre dans la *vallée de Géricault*, désignée par la lettre H, et encore très-intéressante d'aspect par ses rochers décorés de vertes mousses et ombragés de diverses sortes de végétaux. Attention à nos marques pour incliner tout court à notre gauche en passant entre un grès des plus élevés et une belle ruine de chêne en trois tiges.

Le sentier va tout à l'heure monter plus rapidement en passant dans la *galerie Alaux*, désignée par la lettre I et très-rustiquement encaissée.

Étant parvenus sur le haut de ces pêle-mêle de rochers, nous allons tout de suite voir à notre gauche, sur le bord du sentier, un groupe de chênes dont le principal est le *Grenier*. Ensuite, nous cheminerons un instant sur une clairière décorée de bruyères et de fougères, puis de genévriers et autres végétaux, sans préjudice d'un entourage de bois plus majestueux, c'est le *Ranz-des-Vaches*.

Tout à l'heure, nous allons quitter ce joli petit plateau en inclinant à droite pour nous retrouver dans de nouveaux chaos de rochers en abordant la *galerie de Rosa Bonheur*, dont l'entrée est signalée par une étoile rose et la fin par une étoile bleue. Avant d'y pénétrer, nos regards dominent et surplombent sur des profondeurs presque à pic; elles font partie de la gorge aux Loups, ainsi que toutes les choses admirables que nous avons contemplées depuis le plateau de la mare aux Fées.

Mais continuons la galerie de notre illustre artiste, où nous allons revoir de beaux hêtres et d'intéressants accidents de terrain, puis étant parvenu à l'étoile bleue, notre sentier descendra en lacet afin d'adoucir la pente assez rapide jusqu'au bas de la colline, où nous verrons la lettre J sur un hêtre.

Ici, le sentier se divise en deux. Négligeons celui de gauche et suivons directement, conformément à nos marques bleues, celui qui longe la base des rochers dont les différents et charmants tableaux ne feront que doubler nos jouissances, notamment le groupe d'où s'élance le majestueux chêne de *Marithat*, signalé par la lettre K, peinte sur un grès.

Plus loin, la lettre L désigne l'*oasis Schopin*, très-joli pêle-mêle de rochers tapissés de vertes mousses et pittoresquement ombragés.

Nous voici à vingt pas de la descente des Fées, dont nous avons traversé le haut tantôt; mais que le bas est admirable encore! quels beaux rochers! quel site ravissant!... N'approchons pas davantage cette route, cette belle descente. Saluons-là, disons lui au revoir en faisant demi-tour à gauche, ainsi que l'indique notre petite flèche.

Dès lors, nous allons passer dans le milieu de la gorge aux Loups, toujours bien ombragée, surtout par de très-vieux hôtes tels que le *Vélasquez*, le *Murillo*, le *Coypel*, le *Breughel*, le *Jacottet*, le *Bonnameau*.

Suivons bien le sentier d'après nos marques bleues pour passer tout à l'heure au pied du *Coignard*, hêtre d'une belle taille et dont l'âge dépasse deux siècles.

Un peu plus loin, c'est encore un hêtre, moins âgé, isolé et dont la tige arrondie en oranger était jadis surmontée d'un joli rameau d'épine blanche qui, à chaque printemps, décorait ce hêtre d'une manière tout à fait remarquable; on l'appelait l'*arbre Fleury*. Je l'avais fait entourer d'un tertre et de bancs en gazon où l'on venait se reposer et faire de champêtres goûters; mais la malveillance, qui ne respecte rien, a tout bouleversé et tout détruit, à l'exception du hêtre.

Poursuivons directement pour nous retrouver immédiatement sous de délicieux ombrages de hêtres et apercevoir à notre droite une petite plantation de pins sylvestres, à l'écorce bronzée et dorée, et déboucher dans un instant sur un grand chemin que nous suivrons à gauche en montant vers un site en fond de cuve des plus pittoresques ; ses rochers, ses collines en amphithéâtre et les magnifiques végétaux qui les couronnent, tout y plaît, tout y charme l'admirateur du beau.

De cette colline de rochers à notre gauche s'élancent de vieux géants tels que le *Tintoret*, le *Paul Véronèse*, chênes trois ou quatre fois séculaires. Mais en gravissant la route, comme elle s'encaisse naturellement au milieu de ce chaos de grès que la main de l'homme n'a point profané ! Au moment où cette route si bien décorée commence à s'encaisser, nous avons en face et tout contre nous, le *rocher Bébé*, énorme grès aplati et rompu en deux et dont l'inscription à peu près voilée par la mousse est gravée sur la principale masse. Cette consécration a eu lieu en 1790, dit M. Domet dans son intéressant livre sur la forêt, à la suite d'une grande fête offerte en cet endroit au grand-maître, M. de Cheyssac, et à laquelle assistait une jeune demoiselle Colbert, qui habitait alors Fontainebleau, et à qui on avait donné le surnom de Bébé.

Continuons encore quelques instants à gravir cette délicieuse montée si admirablement encaissée et ombragée, pour rejoindre notre véhicule qui nous attend à la sortie du site et nous transportera sur la *route Ronde*, en traversant la splendide futaie des ventes à la Reine en moins d'un quart d'heure.

Étant parvenus sur la route Ronde, nous la suivrons à droite pendant quelques minutes, c'est-à-dire jusqu'à la première route que nous rencontrerons à notre gauche, laquelle nous conduira, toujours bien ombragés, au *carrefour d'Hippolyte* et par delà, pour prendre la première route à notre droite conduisant directement au vaste point de vue des Ventes-Bourbon.

Ce point de vue et la route qui en descend sont dus, comme tant d'autres améliorations, à M. Marrier de Bois-d'Hyver, ancien conservateur des forêts de la couronne ; mais l'administration impériale ayant négligée cet embellissement, il était devenu invisitable et par le mauvais état des chemins et par la pousse des végétaux qui en masque la vue encore au moment où nous écrivons ces lignes, et, si nous le comprenons dans l'itinéraire de la ravissante promenade de la gorge aux Loups, c'est que nous avons la certitude que l'administrateur actuel de notre chère forêt, est trop bienveillant et trop amateur du beau (comme nous l'avons déjà dit), pour que le voile de ce point de vue ne soit pas enlevé lorsque mes aimables lecteurs ou lectrices y passeront. Dans cette certitude, disons que de ce point culminant, l'un des promontoires les plus saillants du plateau des Ventes-Bourbon, l'on a vue non-seulement sur la plus grande partie de la forêt du côté de l'est, mais bien par delà ses limites vers Moret, Montereau, Sens, etc., etc.

Bien plus rapprochés de nous à droite, c'est la Malmontagne, le Haut-Mont et toute la chaîne du Long-Rocher; sur notre gauche, c'est le Mont-Andart, la butte du Monceau, et plus loin, du même côté, ce sont les côteaux de la Seine, le Mont-Mélian, Héricy, le Châtelet et les plaines de Machault, de Mormant, Blandy, etc., etc.

En quittant ce vaste et remarquable point de vue d'où l'on domine tout un lac de verts feuillages traversé par l'aqueduc des eaux de la Vanne, notre automédon nous dirigera à droite par une route qui descend en pente douce vers le chemin de Marlotte et de là à Fontainebleau en une demi-heure.

# PROMENADE AUX GORGES DE FRANCHARD

## PAR QUATRE HAUTES ET SPLENDIDES FUTAIES

### RETOUR PAR LA GORGE DU HOUX ET LE MONT-AIGU

DÉVELOPPEMENT : 20 KILOMÈTRES

Dont 5 à pied, et moins si l'on veut.

### ITINÉRAIRE [1].

Cette maîtresse promenade, des plus intéressantes, qui peut s'effectuer en six heures, sans se presser et en voir parfaitement les curieux détails, a pour point de départ le carrefour du Mont-Pierreux où l'on se rend, en sortant de la ville, soit par la rue de la Paroisse, soit par la rue Guérin, soit par la rue de France, soit par la rue Royale, ou même par la rue des Bois, selon le quartier où l'on est logé.

Du carrefour du Mont-Pierreux, notre cocher nous conduira au carrefour de Louis-Philippe (ci-devant de la Butte-aux-Aires), par la route du Roi, ombragée principalement par des pins du Nord et des chênes, route en pente non trop raide.

Du carrefour de Louis-Philippe au carrefour de Paris par la route qui serpente sous les délicieux ombrages des hêtres et des chênes de la majestueuse futaie de la Butte-aux-Aires, trajet d'un petit kilomètre, où l'on admire des arbres géants de toute beauté.

Du carrefour de Paris, traversé par la route de ce nom, notre automédon prendra la route du Bouquet du Roi en pénétrant sous une seconde et luxuriante futaie, appelée la *Tillaie*, qu'il nous fera traverser en moins d'une demi-heure, en nous faisant

---

1. Nous ne saurions trop redire qu'il est indispensable d'être conduit par un cocher connaissant bien la forêt et de ne pas oublier de lui nommer les sites au fur et à mesure qu'on les approche.

remarquer les *frères Siamois*, deux hêtres très-distancés l'un de l'autre et réunis singulièrement à six ou sept mètres au-dessus du sol.

Des frères Siamois nous passerons un instant après au pied du *Pharamond*, chêne sillonné par la foudre et l'un des doyens de la forêt, dont l'âge se perd dans la nuit des temps.

Du Pharamond nous parcourons, toujours en voiture et délicieusement ombragés, les grands bois vers Franchard en coupant la route Ronde pour prendre la *route Geoffroy*, pénétrant sous la feuillée d'une troisième futaie non moins splendide, mais d'un aspect bien différent; c'est la futaie du *puits au Géant*. Les arbres, qui sont généralement des hêtres, y forment de superbes cépées dont les nombreuses tiges, sur le même tronc, s'écartent en s'élançant, représentent l'image d'arceaux de cathédrale.

Eh bien, croirait-on que cette ravissante futaie, d'environ deux kilomètres de traversée et qui relie si bien la Tillaie avec la futaie de Franchard, a été laissé en dehors du côté artistique réglé par l'administration impériale? Heureusement que le bon vouloir de l'administration actuelle, secondé par notre comité de protection des beautés de la forêt, saura, ici comme en bien d'autres de nos sites, remédier aux fâcheux oublis de sa devancière.

En quittant cette si intéressante futaie du puits au Géant, nous abordons la route de Fleury, qui est en même temps la route de Milly, et nous pénétrons tout aussitôt sous la voûte majestueuse d'une quatrième futaie, qui est celle de Franchard, appelée la futaie du *chêne Brûlé*, parce que jadis l'un de ses gigantesques chênes fut incendié par la foudre.

Cette très-vieille futaie d'un petit kilomètre de traversée, est encore d'un tout autre aspect. Nous n'y remarquerons pas de si beaux arceaux de hêtres qu'au puits au Géant, mais bien que d'une physionomie plus sévère, ces arbres, petits et grands, toute la végétation y présentent un laissez-aller, un pêle-mêle de ci, de là, un fouillis, ressemblant un peu à cette nature primitive qui distingue plus particulièrement certaines parties de la maîtresse futaie du Bas-Bréau, que nos Philistins, étrangers au sentiment de l'admirable, voulaient faire abattre il y a quelque vingt ans.

Ayant parcouru cette futaie du chêne Brûlé par la route de Saint-Feuillet, nous arrivons au carrefour du même nom situé entre le restaurant et les ruines très-modestes de l'*abbaye de Franchard*, ruines sur lesquelles, à diverses époques, depuis la fin du dernier siècle, on raccorda le poste forestier qu'on y voit et où sont logés un brigadier et un simple garde.

Si depuis notre sortie de la ville nous avons parcouru en voiture huit kilomètres de trajet, majestueusement ombragés, nous allons ici, sur le carrefour de Saint-Feuillet, mettre pied à terre pour explorer un site qui nous plaira davantage encore, car c'est l'un des plus remarquables chaos de rochers que possède la forêt de Fontainebleau et dont la description, qui formerait un volume de 500 pages, exige une toute autre plume que la nôtre, humble pionnier de ces sauvages et pittoresques déserts. Notre médiocre savoir littéraire consiste tout simplement à diriger le touriste amateur dans les charmantes promenades que nous avons créées et dans d'autres encore, mais de manière à ce qu'il en emporte d'agréables souvenirs et une idée parfaitement exacte des beautés qu'on y rencontre à chaque pas, pour ainsi dire.

Ici, comme pour toutes nos grandes explorations à pied, nous avons divisé les gorges et rochers de Franchard en deux et même en trois parcours de différents développements; le principal, qui est de trois bons kilomètres; le second, moitié moins développé et conséquemment bien moins intéressant, et enfin le troisième parcours, qui ne fait qu'effleurer le site et ne convient qu'aux personnes peu ingambes ou qui n'ont que peu d'instants à consacrer à la promenade.

Dans tous les cas, nous allons indiquer la marche à suivre pour chacun de ces parcours, en commençant par le principal, qui est le préféré à si juste titre [1].

---

[1]. Ici, sur le carrefour de Saint-Feuillet, ainsi nommé depuis quelques années nous ne savons pourquoi, il se tient, pendant la belle saison, des guides qui s'offrent à vous diriger et auxquels les voyageurs

## GUIDE DU VOYAGEUR
### DANS
### LES GORGES DE FRANCHARD

Voir à la suite de cette petite carte l'itinéraire historique et descriptif à l'aide duquel on peut se diriger avec connaissance de cause et aussi bien que si on était accompagné par M. Denecourt lui-même.

Numéros et noms qui indiquent simplement la position géographique des points de repaire et des choses les plus remarquables du site.

1. Carrefour et cèdre de Franchard.
2. Carrefour des abeilles.
3. Chêne de Marie Thérèse.
4. Mare de Franchard.
5. Rocher des Ermites.
6. Roche qui pleure.
7. Point de vue sur les Gorges.
8. Genévrier remarquable.
9. Autre genévrier très remarquable.
10. Roches et passage du Ricochet.

11. Petite mare tarissable.
12. Roche et grotte de Philippe-Auguste.
13. Passage et roche de Diane de Poitiers.
14. Point de vue de la Grande Roche.
15. Passage sous les Roches à-marée.
16. Carrefour des Gorges de Franchard.
17. Passage entre la Haute Roche.
18. Passage sous la Roche du héron.
19. Passage sous la Roche couvrante.
20. Passage dans le Rocher déchiré.
21. Passage dans l'Antre des Druides.
22. Passage sous la Roche d'Eugénie.
23. Rocher et couloir des Druides.
24. Arche des Druides.
25. Chêne de Gabrielle d'Estrées.
26. Passage et Rocher de Sully.
27. Rocher et point de vue de Henri IV.
28. Passage et Redoute du Dragon.
29. Gorge et Rocher de la Reine Blanche.
30. Roche d'Esther.
31. Passage du Rocher Célini.
32. Grotte de l'Ermite Guillaume.
33. Passage et Rocher aux Boeuf.
34. Grand point de vue des Gorges de Franchard.
35. La Caverne Ténébreuse.
36. Le Sphinx des Druides.
37. La Gorge du petit Chaos.
38. Chêne de Maintenon.
39. Fontaine des Ermites.
40. Chêne et Roches de Pompadour.
34bis. Grotte de Velleda.

### Signes Conventionnels.

Très beaux points de vue.
Trajet de 4 kilomètres pour explorer toutes les beautés du site.
Trajet de 15 cents mètres pour en voir les plus intéressants points de vue.

Du carrefour de Saint-Feuillet, où nous venons de quitter la voiture pour la retrouver à notre retour, nous nous dirigerons du côté du poste forestier en pénétrant sous la feuillée d'un quinconce de marronniers et de chênes, par la voie la plus large, dont l'entrée est désignée par une flèche bleue. Cette espèce d'allée où se tient un marchand d'objets en bois de genévrier, va nous faire passer tout de suite contre une vieille muraille délabrée et flanquée de contre-forts décapités. C'est ce qui reste de plus saillant des ruines du monastère de Franchard, dont nous parlerons plus amplement au retour de l'excursion que nous entreprenons.

Tout en laissant derrière nous ce pan de muraille, nous nous trouvons sur un carrefour d'où s'élève un cèdre. Nous voyons, à gauche, la façade méridionale du poste forestier contre laquelle est adossée une toute petite et très-modeste construction, espèce de niche, où se trouve abritée une vierge dorée : c'est *Notre-Dame de Franchard.*

---

non munis d'un bon indicateur sont dans la nécessité d'avoir recours pour visiter les beautés du site. Ils y seront bien conduits si les instructions que, depuis longtemps, nous avons données et donnons à ces guides sont exactement et fidèlement suivies.

SAVOIR :

*Premièrement.* — Demander aux personnes qui acceptent d'être conduites quelle est celle des trois tournées qu'elles désirent parcourir ; celle d'une demi-heure, ou celle d'une heure ou bien la grande d'environ deux heures.

*Secondement.* — Ne pas diriger en sens inverse dans aucune des trois tournées, mais bien d'après l'itinéraire qui les indique, car, autrement, le site n'est pas vu dans ses plus beaux aspects.

*Troisièmement.* — Ne pas induire en erreur le visiteur par des descriptions impossibles ni par aucune invention de noms et de faits non mentionnés sur les indicateurs, surtout des choses telles que celles-ci débitées par certains guides : *Voici la salle de danse où Sa Majesté l'Impératrice a dansé aux flambeaux ; là est le fauteuil où s'est assis l'Empereur, par ici c'est le boudoir de l'Impératrice*, et une foule de coq-à-l'âne plus ébouriffants les uns que les autres.

*Quatrièmement.* — Enfin, d'être convenables en tout point envers les visiteurs ; voilà les conseils que nous leur avons donnés et que nous donnons encore à ceux d'entre-eux qui en ont besoin.

Quant à la construction carrée que nous apercevons à notre droite, elle enclôt un puits de 66 mètres de profondeur, qui fut creusé en 1813.

Mais poursuivons notre marche, d'après nos marques bleues, vers la Roche-qui-Pleure, en passant entre cette construction et le cèdre. Nous suivons l'ancien *chemin des Abeilles*, ombragé également par des marronniers et des chênes peu considérables. Nous allons bientôt quitter ce droit chemin en inclinant un peu à droite et en abordant un sol agreste et rocheux, puis décoré de genévriers rageurs et séculaires, puis de blancs bouleaux plus gracieux et aussi de quelques vieux chênes ; tout à l'heure, en inclinant à notre gauche, presqu'au bord d'une mare que la nature a creusée dans le roc. C'est la mare de Franchard. L'ayant contournée en partie et entrevue à notre droite le commencement des gorges et des rochers de Franchard, nos marques bleues nous conduiront à l'entrée d'une brèche que nous avons pratiquée entre deux roches, il y a sept à huit ans, pour parvenir plus facilement et par un trajet plus pittoresque à la *Roche-qui-Pleure*.

Cette brèche est signalée par la lettre E. Mais auparavant d'y descendre, laissons-la un instant à notre droite pour aborder à quelques pas de là le haut bord du site et jouir d'un remarquable point de vue sur les gorges et rochers. Jadis, sur ce point culminant, Louis XIV avait fait élever un belvédère d'où l'on découvrait à peu près toute la forêt et par delà ses limites. On l'appelait le *belvédère de Marie-Thérèse*.

Ayant admiré ce très-beau point de vue, revenons à notre brèche signalée par la lettre E et nos marques nous conduirons vers la *Roche-qui-Pleure*, en deux minutes. Ce court trajet, cette descente en contre-bas du plateau rocheux est à la fois des plus agrestes, des plus pittoresques et des plus intéressants par la disposition des rochers et des vieux arbres, chênes et genévriers qui l'encaissent et le décorent. Ce joli petit site est l'*Oasis d'Emma Desportes*. On y frôle à droite un abri sous la partie saillante d'une roche désignée par la lettre F : c'est le repos de *Jenny Vertpré*.

Ensuite nous longeons et allons contourner le *rocher des Er*-

*mites*, encore plus remarquable par les imposantes masses de grès qui le constituent et en forment les grottes et les cavernes, puis aussi par les végétaux très-vieux qui en parent les abords et semblent les protéger. Les énormes fragments de roches, qui gênent l'entrée des grottes, ne permettent guère d'y pénétrer. Si j'avais été suffisamment aidé dans mon œuvre, cet endroit et bien d'autres seraient accessibles et plus attrayants encore.

En face le rocher des Ermites, de l'autre côté d'une route très-sablonneuse, nous voyons la fameuse Roche-qui-Pleure, quand il a plu, ou lorsqu'on a versé un sceau d'eau sur le creux de son sommet.

Cette roche, celles qui l'accompagnent et le rocher des Ermites, composent la plus belle entrée des gorges de Franchard. Mais il est à regretter d'y voir partout d'affreux gribouillages qui en ont en grande partie détruit l'aspect, et cela par le mauvais goût des personnes qui ont la manie de mettre leurs noms partout où elles passent.

Néanmoins, traversons la route sablonneuse et approchons-nous sous la partie saillante de la soi-disant Roche-qui-Pleure, pour en examiner les anfractuosités et les accidents assez étranges qu'elle présente. Ensuite, prenons à gauche le sentier tout à côté, entre deux formidables blocs formant un passage peu spacieux, et dont l'entrée est désignée par une flèche bleue à peine aperçue parmi les gribouillages dont nous venons de parler.

Alors, nous entamons la deuxième section des gorges de Franchard par le *sentier des Druides*. Quelles anfractuosités encore, et quels déchirements de rochers ! Nous passons par-dessus un pêle-mêle de fragments de grès détachés et entravant, en quelque sorte, notre marche. Mais le passage s'est tout à coup largement ouvert. Nous inclinons à gauche en longeant les *roches de Neptune*, désignées par la lettre G, et dont les dernières offrent de larges et profondes rainures creusées par le frottement des flots diluviens, à ce que prétendent les géologues et à ce que l'on comprend aisément.

A peine aurons-nous dépassé de quelques pas ces roches que

notre sentier va se diviser ; prenons à droite, conformément à notre marque bleue, et en un instant la lettre H nous signalera un magnifique point de vue, toujours sur les déserts de Franchard, mais toujours varié et toujours plus captivant

Nous allons descendre sur le travers d'un sentier marqué de la lettre J.

Ici une explication est nécessaire, c'est-à-dire que le sentier à gauche de cette lettre J et désigné par une marque rouge, est destiné aux personnes qui ne désirent faire que la moyenne ou la petite tournée des gorges et rochers de Franchard. Voir à cet effet la page 103, l'alinéa commençant par ces mots : Étant descendus, etc.

Quant à nous qui avons entrepris la principale tournée, laissons à notre gauche la lettre J et suivons le sentier à notre droite, d'après nos marques bleues, pour continuer à voir des choses qui nous charmeront de plus en plus.

Nous pénétrons tout d'abord entre des rochers dont plusieurs ont leurs parois plaquées d'une sorte de concrétion ou cristalisation très-dure, qui ne se reforme plus depuis des siècles, à ce que dit la science.

Tout de suite après, le sentier incline tout court à notre gauche et nous frôlons à notre droite le *Sabatier-Alfred*, genévrier de trois cents ans. Ensuite, le sentier descend pour monter et redescendre encore et toujours imposamment encaissé.

Voici la lettre K annonçant que nous allons à l'instant même prendre à notre gauche le sentier qui descend le long d'une roche, sans nous préoccuper de celui qui continue à monter, quoique muni de nos marques bleues, car, tout en arrivant au même but que le nôtre et en offrant quelques belles choses de plus, telles que la *grotte de Philippe-Auguste*, les *roches de Diane de Poitiers* et un assez beau point de vue, nous les paierions bien par la longueur en plus et les difficultés qu'offre le trajet (7 à 8 cents mètres de plus).

Toutefois, les personnes qui redoutent peu la fatigue pourront le suivre toujours d'après nos marques bleues ; elles rejoindrons, au premier carrefour qu'elles rencontreront, le sentier que nous prenons à notre gauche et dont l'entrée est désignée par une marque rouge et la lettre L. Nous descendons tout de suite entre des masses de grès très-rapprochées et formant un couloir en zigzag, nous laissant tout juste le passage. C'est le *passage des Nymphes*.

En sortant de cet étroit couloir, nous débouchons en plein vallon des gorges de Franchard et sur le travers d'un sentier où nous avons de l'espace et une scène plus vaste, plus attrayante à contempler.

Ce sentier, suivons-le à droite en descendant encore et en voyant le site se développer admirablement. Mais quel aspect! quelle décoration captivante cette sauvage et pittoresque nature offre à nos regards déjà si émerveillés!... Toute cette vallée, encaissée de collines mouvementées et flanquée de rochers diversement distribués, puis différents végétaux çà et là, puis des tapis de bruyères, et toujours de nouveaux aspects.

Voici à notre gauche, en décrivant une courbe légère, quelques arbres joliment réunis et ombrageant quelques rochettes également rapprochées : c'est la *Station des bons amis*. Reposons-nous-y un instant, ça nous rappellera le souvenir de ceux que nous aimons le plus.

De ce repos, nous allons en moins de deux minutes aborder une petite route de chasse, en passant contre des roches de formes étranges, dont une est marquée de la lettre M. Suivons à droite cette petite route, qui est celle d'*Amédée*, elle nous conduira en un instant au *carrefour des Abeilles*, ombragé par des pins du nord à l'écorce bronzée et dorée. C'est là, précisément, où vient aboutir, en même temps que plusieurs autres chemins, le sentier de la grotte de Philippe-Auguste, que tout à l'heure nous avons laissé à notre droite en arrivant à la lettre K.

Traversons ce gentil carrefour en laissant à notre gauche un sentier qui monte vers l'*Antre des Druides*, pour ainsi dire à pic et en éludant une infinité de belles choses que nous verrons, pour y parvenir sans fatigue par le sentier en pente assez douce que nous prenons et dont l'entrée est signalée par notre marque bleue. Il va nous conduire tout de suite près de la *Haute-Roche*, grès gigantesque entr'ouvert par un coup de foudre. Il est désigné par la lettre N.

Ensuite, notre sentier en montant se dessine en lacet, dont les plis étagés sur les flancs mouvementés de la colline couverte de bruyères, vont nous permettre, au fur et à mesure que nous gravirons, de voir de mieux en mieux les gradations de perspective du site, toujours plus variées.

En sept à huit minutes nous arriverons vers le sommet, en pénétrant dans le *tunnel des Druides*, dont l'entrée est signalée par la lettre O.

A la sortie de cette trouée à travers le rocher, nous montons quelques pas d'abruptes marches, pour parvenir à la lettre P, sur la crête du site, c'est le *belvédère des Druides*, d'où nous jouissons d'un remarquable point de vue sur diverses parties des gorges et s'étendant au-delà des limites de la forêt vers l'ouest. Nous apercevons sur le sommet de la colline, en face de nous, une masse de grès des plus saillantes, c'est le *rocher de Léon Plée*.

En quittant le belvédère des Druides, nous descendrons un peu en suivant nos marques, pour passer tout de suite près la lettre R, et en même temps sous la *roche Couvrante*, sorte d'avant-toit très-saillant.

Un peu plus loin, voici la lettre S, qui désigne la *galerie du Rocher déchiré*, à la sortie de laquelle nous remarquerons d'énormes blocs de grès séparés, penchés, renversés, puis, nous montons un peu pour descendre et passer sous un formidable banc de grès. C'est l'*antre des Druides*. Continuons en longeant le banc des grès, dont les couches très-distinctes, qui sont l'œuvre des éléments diluviens, semblent être l'ouvrage de géants.

Suivons bien nos marques, en négligeant tout sentier, toute issue qui en seraient dépourvus. Nous longeons encore des grès remarquables à notre droite, et nous allons passer sous une autre roche couvrante, signalée par la lettre T, c'est l'*abri de la Folle*.

Ensuite, voici la lettre U qui désigne l'*antre du Norma*, qui veut dire de l'*Equerre*. En sortant de là, nous revoici sur le sommet des rochers, d'où nous dominons mieux le site et nous allons presque aussitôt nous trouver en face de deux sentiers et apercevoir à une soixantaine de pas en avant sur notre droite la *poire des Druides*, roche qui a la forme, en effet, d'une poire monstre.

Prenons le sentier à notre gauche et tout de suite la lettre V nous désignera la *Roche-qui-Balance*, vu qu'en appuyant la main contre, elle se met en mouvement.

Ensuite, nous allons descendre par quelques marches d'escalier dans une abrupte galerie, qui nous conduira en un petit instant à l'entrée du *labyrinthe des Druides*, signalée par la lettre X. Ce labyrinthe, dont nous ne parcourons que la moindre partie, se compose d'énormes et gigantesques masses de grès très-rapprochées, lesquelles, ainsi que tous les autres grès de la forêt, ne formaient qu'un seul banc par chaque plateau. C'est le dernier cataclisme diluvien qui, en entraînant les terrains friables et creusant nos gorges, nos vallées, a causé la rupture de ces bancs de grès et la chute de la plus grande partie d'entre-eux sur les pentes et jusqu'au bas des collines. Outre que c'est la science qui nous le dit, nous remarquons en maints endroits de nos charmants déserts, que beaucoup de ces grès, tombés et précipités, ont leur cassure, leurs échancrures qui se rapportent parfaitement aux vastes bancs de grès restés sur les plateaux que ce dernier déluge n'a pu détruire entièrement.

En sortant d'entre ces imposantes masses de grès, nous passons contre un vieux genévrier, puis, tout aussitôt, nous inclinons à notre gauche pour descendre la colline, en pente assez douce, par les sinuosités de notre sentier, toujours très-tourmenté et curieusement accidenté. Il va nous faire passer sous l'*arche des Druides*, marquée de la lettre Z.

Un instant après, nous traverserons l'ancienne route des Chasseurs, appelée aujourd'hui *route de la Roche-qui-Pleure*, vu qu'elle y conduit en la suivant à gauche, mais elle est des plus fatiguantes par sa montée horriblement sablonneuse. Il est bien entendu que nous la laissons de côté, en continuant à suivre notre cher méandre, bien qu'il va nous faire gravir un tant soit peu rudement le *rocher d'Henri IV*, ainsi que nous l'annonce la lettre A. Mais nous en serons amplement dédommagés par les choses nombreuses et toujours variées parmi lesquelles nous allons passer et qu'il m'est impossible de nommer toutes, sinon celles-ci.

Après la lettre A, le *chêne et la roche de Gabrielle d'Estrée*, la montée délicieusement encaissée par d'imposants rochers et ombragée de hêtres, chênes, blancs bouleaux, genévriers, etc., etc., et laquelle montée, en serpentant, est graduée en quatre ou cinq petits étages.

La lettre B va nous signaler la *roche d'Athalie* et une bifurcation de notre sentier. Les deux branches se rejoignent à très-peu de distance. En prenant celle à notre droite, désignée par la marque bleue, on parcourt un trajet un peu difficile de deux cents mètres de montées et de descentes, en voyant, il est vrai, quelques bien belles choses de plus, telles que : remarquables rochers et deux vues d'ensemble, puis le *passage de Sully*; tandis qu'en suivant le sentier à notre gauche, que nous venons de faire ouvrir entre ces deux roches que nous voyons et lequel est signalé par une marque rouge, on arrive à la jonction en moins d'une minute et de plain-pied. De cette jonction, qui est signalée par une étoile rouge, nos marques bleues continueront à nous faire passer dans une suite d'enchantements de plus en plus captivants, tels que les endroits signalés par les lettres que voici :

D, l'entrée du *passage de la roche du Dragon;* E, le *banc des deux amies Nathalie et Anna;* F, le passage pénétrant dans l'*oasis de la reine Blanche*, très-remarquablement entourée; G, le *rocher de la griffe du Diable* et l'*oratoire de saint Louis* à côté; H, le *rocher d'Esther*, plus imposant encore avec sa béante fissure; I, *entrée du rocher Célini;* J, la grotte du frère Guillaume, premier ermite qui habita le désert de Francharl; K, *galerie de Charles Perrot*.

Puis, immédiatement après avoir coupé un sentier qui descend, voici la lettre L signalant les rochers très-remarquables d'*Edmond Texier*, formant plusieurs abris.

Suivons toujours nos marques bleues pour laisser tout à l'heure, à notre gauche, le n° 2 et tous sentiers de ce côté, pendant l'instant que nous irons visiter la *grotte de Velléda*, d'où nous reviendrons vers ce n° 2 pour terminer la véritable et complète exploration des gorges et rochers de Franchard par nos doux et pittoresques sentiers.

La grotte de Velléda, que nous allons aborder en moins de deux minutes en nous dirigeant à droite par la voie largement espacée qui s'offre à nous, la grotte Velléda, disons-nous, dont l'entrée va nous apparaître à l'extrémité de cette petite plage, est formée d'un pêle-mêle de rochers, dont l'agencement étrange et tout désordonné présente réellement quelque chose de saisissant et même d'effrayant, mais visitons-la sans crainte, car il n'y a pas le moindre danger, de la manière dont le déluge en a arc-bouté les formidables masses de grès qui l'abritent.

En quittant cette grotte, qui est la trentième que j'ai mise à jour et rendue abordable dans mes tracés de promenades, nous revenons sur nos pas, d'abord en gravissant les quelques pas de marches les plus rapprochées de la grotte, puis en nous dirigeant vers celles qui sont près le n° 2. De là nous arrivons sur la platière très-rocailleuse pour aborder immédiatement, en suivant nos marques bleues, le haut bord des gorges de Franchard, d'où nous allons jouir du principal point de vue de cet admirable site. Nous dominons, non-seulement à pic les profondeurs des gorges, mais tout l'ensemble de cette rocheuse vallée, et nos regards s'étendent à perte de vue vers le couchant par delà Courance, Fleury, Milly, etc., etc.

Prenons garde en avançant près le bord escarpé de ces rocs arides, afin de ne pas choir dans une béante et profonde fissure, qui n'est aperçue qu'au moment où l'on arrive tout au bord.

En quittant le grand point de vue des gorges de Franchard, nous continuons à côtoyer le haut bord du site, d'après nos marques bleues, en descendant tout à l'heure un peu et en cheminant encore sur les rocs arides. La lettre M, que nous voyons à notre gauche, nous avertit que nous allons voir du même côté le petit *chaos Gavarni*, l'un des très-remarquables pêle-mêle de rochers que possède notre forêt. Les masses de grès qui, de toutes formes et de toutes grandeurs qui le composent, encombrent magnifiquement la gorge dont nous contournons la partie supérieure.

Nous allons gravir légèrement, accompagnés à droite comme à gauche par des rochers encore énormes et de formes bizarres; les uns, à droite, ont de larges et profondes rainures creusées par les courants diluviens, et les autres, à notre gauche, plus énormes encore et de formes plus fantastiques, mériteraient, pour ainsi dire, la qualification de Léviathan ou de mastodontes; nous en avons signalé un par la lettre N. Nous sommes agréablement accompagnés par des genévriers et des gracieux bouleaux.

Tout à l'heure nous allons quitter nos marques bleues en inclinant à notre gauche, toujours en marchant sur des rocs à découvert. Ce sont quelques marques rouges qui, pendant quelques pas, vont diriger notre marche, puis, tout aussitôt, nous retrouverons nos marques bleues.

Voici la lettre A, à notre gauche, elle nous invite à incliner de ce côté pendant deux ou trois pas pour voir un singulier décollement dans l'intérieur d'un rocher, qui formerait une belle et très-intéressante arcade, si la partie décollée et surbaissée était débarassée. Tout de suite, en sortant de là, nous continuons à jouir de jolies et belles échappées de vues sur les gorges.

Nous parcourons, dès lors, le *val d'Isabelle*, non d'Espagne, mais bien de Fontainebleau. Ce petit vallon, signalé par la lettre B, est d'un aspect agréable et riant. En montant un peu pour le quitter, nous remarquons à notre droite, sur une roche, un bouleau singulièrement agencé et bouleversé.

A quelques pas de là, nous voici de nouveau sur le haut bord des gorges que nous allons côtoyer encore quelques instants, toujours par un trajet charmant de points de vue et de décorations rocheuses et végétales; la lettre C et des petites étoiles, çà et là, nous signalent les plus belles échappées.

Voici tout à l'heure la lettre D à notre droite, puis une marque rouge qui nous indiquent le sentier qui, en trois ou quatre minutes, nous ramènera à Franchard en passant contre la roche où fut plantée la première croix des ermites qui habitèrent ce lieu jadis si désert. On en voit parfaitement le trou carré dans lequel elle était encastrée. C'est un grès peu considérable. Nous l'avons signalé par une petite croix rouge.

De cette très-modeste roche, devant laquelle eurent lieu, probablement, bien des génuflexions, bien des dévotions, nous arrivons, en une minute, devant le poste forestier et de là à notre voiture, dans l'enceinte ombragée du restaurant, où nous pourrons, si bon nous semble, comme nous l'avons déjà dit dans ce livre, nous y rafraîchir, et, au besoin, nous y lester plus confortablement.

Maintenant que nous avons décrit la principale tournée des gorges et rochers de Franchard, nous allons en indiquer la moyenne et la petite, afin de mettre nos lecteurs à même de choisir, selon le temps qu'ils auront à consacrer à la promenade.

### ITINÉRAIRE

#### DE LA MOYENNE ET DE LA PETITE TOURNÉE

## DES GORGES DE FRANCHARD.

Le commencement de chacune de ces deux tournées étant décrit dans celle qui précède, nous prions nos lecteurs de voir page 93, ligne 1$^{re}$, commençant par ces mots : *Du carrefour de Saint-Feuillet*, etc.

S'étant dirigés, d'après cette page 93 et les suivantes jusqu'à la page 96, qui les engagera à reporter leur attention à cette page ci, (103), voici comment la moyenne et la petite tournées seront continuées :

Étant descendus sur le travers d'un sentier marqué de la lettre J, d'une ligne rouge à notre gauche et d'une marque bleue à notre droite, ne le suivons pas de ce côté-ci, mais bien à notre gauche, du côté de la ligne rouge, dont le trajet va devenir encore très-tourmenté, très-accidenté et encaissé, et d'où nous continuons à jouir de points de vue sur les gorges toutes hérissées de rochers.

Suivons bien les marques rouges et, après avoir monté un

peu, nous allons descendre sur une route que nous couperons, et ensuite notre sentier montera parmi un pêle-mêle de rochers et de très-vieux genévriers, très-capricieusement tourmentés. La lettre K va nous annoncer que nous parcourons le sentier du *belvédère de Marie-Thérèse*.

Continuons à gravir, pour arriver sur une petite plate-forme d'où nous jouirons d'un point de vue des plus intéressants sur une vaste partie du site.

En quittant ce point culminant, suivons encore quelques instants les marques rouges en revoyant la mare de Franchard que nous laissons à notre gauche, pour voir un peu plus loin, du même côté, la lettre D, accompagnée d'une ligne rouge, qui indiquent un sentier qui nous ramènera à Franchard en trois ou quatre minutes, si nous trouvons suffisante notre petite tournée. Dans le cas contraire, nous pouvons y ajouter, de façon à ce qu'elle devienne la tournée moyenne. A cet effet, nous allons continuer notre marche de la manière suivante :

Laissons donc à notre gauche ce sentier et la lettre D pour continuer notre exploration un peu plus complètement, en suivant le sentier, maintenant indiqué par des marques bleues et sillonnant les contours du bord échancré et déchiré de la platière [1], qui, elle-même, est très-agreste et très-pittoresque, ses vieux genéviers, ses gracieux bouleaux ne nous quittent pas et puis toujours de saisissantes échappées de vue.

Nous allons descendre un peu et nous trouver au milieu d'un petit vallon : c'est le *val d'Isabelle*, non celle d'Espagne, mais bien de Fontainebleau. Nous l'avons signalé par la lettre B, que nous verrons sur une roche en passant.

A la sortie de ce joli petit vallon, nous allons revoir encore de très-beaux points de vue sur les gorges; puis la lettre A à notre droite nous invitera à incliner quelques pas de ce côté, vers une étoile rouge, pour voir un étrange décollement dans l'intérieur d'une roche, qui formerait une belle arcade si la partie décollée et surbaissée était débarrassée.

En sortant de là, nous abordons un sol tout à fait rocailleux

---

1. Platière signifie plateau rocheux.

et dont notre trajet se trouve, pendant quelques pas, indiqué par des marques rouges auxquelles vont succéder nos marques bleues, précisément en aboutissant sur le travers d'un sentier que nous suivrons à droite, un peu en descendant.

Nous avons, à droite et à gauche, de formidables et remarquables rochers, la lettre N désigne le plus énorme.

Ensuite, notre sentier va nous faire passer tout contre la *gorge du Petit chaos*, très-joli pêle-mêle de rochers renversés les uns par dessus les autres et encombrant magnifiquement la gorge et ses parois. On appelle ce pêle-mêle de rochers le *petit chaos de Gavarni*.

Voici, en montant, la lettre M qui nous annonce que dans une minute nous aborderons le principal point de vue des gorges de Franchard. Nous y voici, et, en effet, nous dominons tout l'ensemble du site et nos regards charmés planent bien au delà des limites de la forêt vers l'ouest, Arbonne, Fleury, Milly, Courance, etc., etc.

Mais prenons garde en avançant vers le bord escarpé de ces rocs arides, afin de ne pas choir dans une béante et profonde fissure, qui n'est aperçue qu'au moment où l'on arrive tout au bord.

En quittant ce principal point de vue des gorges de Franchard, suivons bien nos marques bleues pour descendre presque tout aussitôt quelques pas de marches et incliner à gauche, en passant contre le n° 2.

Ne nous préoccupons nullement du sentier que nous apercevons à notre droite, mais avançons au milieu de l'issue plane et largement ouverte qui s'offre à nous et au bout de laquelle nous allons, dans une minute, descendre deux pas de marche pour aborder aussitôt la grotte de Velléda, dont les masses de grès qui l'abritent sont étrangement agencées et presque effrayantes, mais ne craignons rien, il n'y a aucun danger.

En sortant de la grotte de Velléda, nous retournons sur nos pas seulement jusqu'au dessus des deux marches que nous venons de descendre. Alors nous inclinons à droite pour prendre un sentier désigné pendant quelques pas par des marques rouges auxquelles vont succéder nos marques bleues. Nous revoici sur un sol rocailleux et nous allons voir tout à l'heure, à quelque distance sur la droite, le *Sphinx des Druides*, roche ayant la forme et l'aspect d'une colossale tête de mort, et qui va nous apparaître plusieurs fois en ayant l'air de nous suivre et de se rapprocher de nous ; mais bientôt étant parvenus sur un sentier venant du côté de cette horrible tête, nous la perderons de vue en lui tournant le dos, c'est-à-dire, en continuant notre marche dans le sens de nos marques bleues.

Dans deux minutes, nous verrons une espèce d'anneau bleu peint sur un grès ; prenons à droite pour aboutir de suite sur un sentier plus large et plus rocailleux, mais très-praticable. suivons-le à droite, toujours parmi de vieux et beaux genévriers.

Nous allons, dans une minute, passer au pied du *chêne de Maintenon*, en continuant directement notre chemin.

De cet arbre, peu formidable pour son âge, et qui menace d'éprouver le sort du *chêne de Marie-Thérèse*, son contemporain, trépassé l'année dernière, nous arriverons en un instant sous la feuillée de quelques autres chênes, qui avoisinent et touchent pour ainsi dire Franchard.

Mais avançons, en passant, entre le cèdre d'Hélène et le poste forestier pour contourner le pan de vieille muraille avec ses contre-forts décapités, et rejoindre à l'instant même notre véhicule qui, en moins d'un quart d'heure, nous transportera au carrefour du Houx, par la croix de Franchard.

Disons, avant de nous éloigner de ce curieux chaos de gorges et de rochers, dont nous venons de tracer l'itinéraire des trois kilomètres de sentiers qui en sillonnent la partie orientale et comprenant une suite non interrompue de vues et d'accidents si remarquables et si pittoresques, disons que dans la partie occidentale dont nous n'avons pu, faute d'argent, mettre en lumière les beautés, il en existe à peu près autant que dans la partie orientale et d'aussi intéressantes à voir, entre autre la grotte nouvellement découverte pendant l'invasion.

Espérons qu'après moi un autre Sylvain me succédera, ou plutôt que ce sera l'administration qui, sollicitée par l'amour du beau, achèvera la mise en lumière du site de Franchard, et bien d'autres encore qui restent inabordables dans d'autres cantons de notre bien-aimée forêt, tel, par exemple, dans le rocher Cuvier, dans les rochers des Hautes-Plaines et du cul de Chaudron, puis les rochers d'entre le bornage d'Achères et les mares Couleuvreuses... Oui, espérons que la mise en lumière de ce précieux musée artistique et d'agrément public qu'on appelle la forêt de Fontainebleau, s'achèvera...

Le trajet que nous allons parcourir pour revenir de Franchard à Fontainebleau est bien différent que celui par lequel nous sommes arrivés à cette ancienne Thébaïde. Nous avons eu constamment de sérieux ombrages, de splendides futaies à traverser, tandis que nous allons explorer des parages maigrement ombragés par des pins, plus ou moins mêlés de chétifs chênes, et, de ci de là, quelques blancs bouleaux. Mais, si nous ne rencontrons ni grands bois, ni vieilles et historiques futaies nous en serons bien dédommagés par les nouveaux chaos de gorges et de rochers, les nouveaux points de vue, les mille curieux accidents de terrain, les grottes et les passages saisissants que nous verrons [1].

Donc, étant remonté en voiture, nous parviendrons de Franchard au carrefour du Houx en moins d'un quart d'heure. Ici nous mettrons pied à terre pour aller visiter la *grotte du Parjure*, tandis que notre cocher traversera le carrefour en prenant à droite d'une sorte d'anneau bleu peint sur un grès, la route qui descend dans la gorge du Houx et conduit au pied du Mont-Aigu. Il la suivra trois minutes, c'est-à-dire, jusqu'au

---

1. Ce trajet de cinq kilomètres en voiture, et trois ou moins, si l'on veut, à pied, et qui reliait si bien le Mont-Aigu, la gorge du Houx avec Fontainebleau et les rochers de Franchard ; ce saisissant et remarquable trajet, disons-nous, est devenu imparcourable en voiture par le fait de l'administration impériale, qui l'a interdit sans nécessité, comme nous l'avons démontré et comme toute la ville le sait ; ce précieux trajet, l'administration actuelle va le rendre à l'agrément public d'ici au printemps prochain (1874), nous en avons l'assurance formelle par la promesse que nous a faite l'honorable M. de Corbigny, et c'est pourquoi nous en allons décrire l'itinéraire en toute confiance.

premier sentier qu'il verra à sa gauche tout aussitôt après avoir dépassé le numéro 4 peint sur une roche du même côté, tout près de la sortie du sentier ; là, il arrêtera ses chevaux et nous attendra un quart d'heure et plus s'il le faut ; il verra également à sa droite un chemin vis-à-vis le sentier.

Nous, de notre côté, après notre descente de voiture nous prendrons à gauche de l'anneau bleu un abrupt et large sentier ouvrant sur les rocs et allant nous conduire, en cinq à six minutes, à la grotte du Parjure en sillonnant les hauts bords déchirés de la gorge du Houx ; en cheminant constamment sur un sol rocailleux, mais facile, et couvert de bruyères ombragées par de maigres pins.

Suivons bien nos marques bleues en laissant tout à l'heure, pour une minute, un sentier à notre droite. Elles vont nous faire contourner la roche *Marie-Quita* portant sa petite fille, elle est désignée par une étoile. Ensuite, et à l'instant même, nous allons jouir d'un point de vue d'intérieur de forêt des plus remarquables. C'est le *Belvédère de la grotte du Parjure* ; il est signalé par la lettre O, marquée sur un grès.

Les sites aperçus de là sont : l'ensemble de la gorge et des rochers du Houx, la chaîne du rocher Long-Boyau (le grand et le petit Mont-Aigu), les rochers d'Avon, les rochers de Bouligny, de la Salamandre, le Mont-Merle, le Mont-Morillon, le Mont-Enflammé, les rochers des Demoiselles et du Mauvais-Passage, la butte d'Henri IV, le rocher Fourceau, etc. Mais, tout près de nous, à nos pieds, quel beau déchirement de rochers détachés, renversés, dont les uns arrêtés sur les flancs de la colline et les autres précipités jusque dans les profondeurs de la gorge !

De ce point culminant, suivons-en le haut bord à droite, conformément à nos marques, pour descendre et aborder le déchirement des grès entre lesquels nous allons pénétrer en commençant par passer dans l'antre du *rocher Ferragus*, signalé par le n° 1.

On remarquera, par leurs moulures, que les deux énormes grès qui forment ce passage n'étaient, dans l'origine, qu'une seule roche et, de même, toutes ces masses de grès que nous voyons détachées et surbaissées les unes au dessous des autres, et, celà, comme nous l'avons dit plus haut, par l'entraînement des terrains qui leur servaient de base d'appui.

Ayant franchi la longueur de cet antre assez étroit, nous voyons à quelques pas, en contre-bas, la roche de *Riquet à la Houppe*, avec son étrange aigrette. Mais dans quel admirable renversement nous passons! Quel beau et curieux déchirement de rochers, et, surtout, cette formidable masse de grès ébréchée et comme entrain de choir encore plus bas dans la gorge! Elle est marquée du n° 2.

Immédiatement, nous voici sur un petit terre-plein au bord duquel poussent les jeunes acacias que nous y avons naguère plantés pour la troisième fois de par la malveillance qui nous a fait bien d'autres gentillesses, sans nous décourager néanmoins.

En arrivant sur ce terre-plein, nous voyons à notre gauche la lettre P qui nous signale l'entrée de la grotte du Parjure. Mais quelle sauvage et sévère décoration orne les abords de cette entrée pour ainsi dire inaperçue! Elle est étroite et d'un aspect ténébreux; son style, tout naturel, est pourtant ogival par la rencontre de deux rochers appuyés d'en haut et écartés d'en bas. Mais pénétrons et avançons dans l'intérieur de la grotte qui, par l'énorme cétacé qu'on y voit, aurait dû être nommée la *grotte de la Baleine*. Dans ma nouvelle édition, je dirai pourquoi elle s'appelle la grotte du Parjure. Elle est remarquable et saisissante par cette baleine et par sa formidable voûte, formée d'une seule pierre. Parmi les vers que cette grotte a inspirés, nous avons recueilli cette plainte de quelque Ariane abandonnée :

> Autrefois vous m'aimiez; vous disiez : je le jure!
> A toi seule appartient tout mon cœur pour toujours...
> Mensonge et faux serment! La grotte du *Parjure*
> Est digne d'abriter vos perfides amours.

En sortant de la grotte du Parjure, nous prenons à gauche le sentier qui, en quelques secondes, va nous amener au pied de quelques marches d'escalier. Dès que nous en aurons franchi une, nous laisserons les autres, bien que cette montée soit indiquée par nos marques bleues et la direction que nous prenons un peu à droite le soit par des marques rouges auxquelles, tout de suite, va succéder notre signe ordinaire. Nous avançons d'abord vers le n° 3 pour pénétrer à droite entre deux rochers, à la sortie desquels nous cotoyons le flanc d'une colline toute hérissée de grès de toutes formes et de toutes grosseurs; puis, nous dominons à notre droite les profondeurs de la gorge du Houx encore assez pittoresque et le tout ombragé principalement par des pins.

Remarquons les crêtes rocheuses qui nous dominent à notre gauche et dont plusieurs sont de formes assez bizarres. La plus accentuée est le *Sphinx de la gorge du Houx*.

Dans quelques minutes, nous allons voir une étoile sur l'écorce d'un pin; elle nous avertit qu'ici encore il faut nous séparer de nos marques bleues en prenant à notre droite un sentier, lequel, indiqué par une marque rouge, nous conduira tout de suite à notre véhicule qui nous attend et que nous apercevons à quinze pas de nous.

Étant remontés en voiture, notre cocher continuera à suivre la route du Mont-Aigu pendant trois minutes, c'est-à-dire, jusqu'à la première route que nous rencontrerons à notre droite et dont l'entrée est signalée par une petite croix rouge imprimée sur une modeste roche [1].

Cette route, jusqu'ici peu fréquentée, sera suivie un instant jusqu'à la première qui sera rencontrée à notre gauche et un sentier à notre droite.

Ici, nous mettrons pied à terre pour aller passer par le saisissant *rendez-vous du Chasseur-Noir*, tandis que le cocher va prendre à gauche une petite route de chasse également peu

---

[1]. Il ne faut pas être étonné si la série des lettres ne suit pas toujours l'ordre alphabétique, ni si des numéros s'y trouvent de ci de là; ceci résulte de ce que souvent les promenades appartiennent en partie à d'autres promenades qui ont une série en désaccord avec celle dont elle emprunte du parcours. Cela du reste n'ôte rien à la clarté de nos indications.

frayée et dont l'entrée est désignée par notre signe rose. Cette route le conduira en une minute sur la route du Mont-Aigu, qu'il suivra à droite pour arriver en peu d'instants au *carrefour de Franchière*, plus beau et plus attrayant que son nom, et d'où s'élève un pin d'Écosse déjà grand pour son âge (35 ans).

Notre voiture nous attendra sur ce verdoyant carrefour.

De notre côté nous poursuivrons directement la petite route où le cocher nous a laissés, route qui, dès lors, se transforme en un sentier désigné par nos marques bleues et qui va monter un peu en laissant à gauche un autre sentier, pour nous en laisser voir un tout de suite du même côté, et que notre signe nous conseille de prendre et qui va nous faire passer parmi de superbes rochers, mais, au moment de pénétrer dans ce deuxième sentier de gauche nous éprouvons un sentiment d'indignation en apercevant à notre droite d'affreuses traces de vandalisme dues à l'administration impériale, qui a ordonné, malgré nos doléances réitérées, la destruction de la partie rocheuse la plus remarquable de la gorge du Houx !

Nous allons tout de suite passer contre une pierre géante désignée par la lettre K, c'est la *roche de Pharée*. Un peu plus loin après une ou deux courbures du sentier entre ces remarquables masses de grès nous passerons contre le *rocher Grand-Gousier*, marqué de la lettre I.

Encore 40 à 50 pas et la lettre H nous annoncera que nous allons pénétrer dans une issue étroite et saisissante, formée par un immense rocher entr'ouvert par un coup de foudre comme la Haute-Roche des gorges de Franchard et bien d'autres dans la forêt.

Cette issue, cet étonnant déchirement c'est l'entrée du *rendez-vous du Chasseur-Noir !* Avançons dans cet étroit couloir pour nous trouver plus au large; mais dans quelle enceinte nous pénétrons ! quel aspect effrayant nous offrent ces gigantesques rochers suspendus, et menaçant de nous ensevelir dans ce triste lieu, qu'on ne peut traverser sans se sentir étrangement impressionné !

Néanmoins, n'ayons pas peur, et reposons-nous un peu sur l'abrupt banc circulaire qui s'offre à nous, là précisément sous la plus effrayante de ces masses de grès en surplomb. Non, n'ayons pas peur, car jusqu'à présent rien n'a bougé de toutes les grottes et galeries souterraines que, depuis longtemps déjà, j'ai fait ouvrir dans notre chère forêt.

Nota. — M. Le Gay, officier de l'Université et ancien proviseur du lycée Bonaparte, a composé sur cette grotte et sur sa légende de très-beaux vers dont nous sommes heureux de reproduire ici les suivants :

> Je descends tout à coup sous des rochers affreux,
> Qui surplombent, dressant leurs têtes menaçantes,
> Sur une salle immense, aux deux portes béantes.
> En cercle disposés sont des siéges nombreux
> Qui, nous dit-on, la nuit, quand règne le silence,
> De fantômes géants attendent la présence,
> Lorsque de la forêt les esprits protecteurs
> Délibèrent entre eux sur ses profanateurs.
> Terrible en sa justice, au ténébreux conclave
> Préside un *chasseur noir*, que son noir palefroi
> Porte, invisible, aux lieux où l'on enfreint sa loi.
> Arbitre souverain, malheur à qui le brave !...

Si le *Chasseur noir* avait la mission et la puissance que le poëte lui suppose, que de torts il aurait à redresser à quelques pas de cette grotte, dans cette gorge du Houx, autrefois d'une beauté sans taches, aujourd'hui envahie par la dévastation depuis 1860 ! Mais dans le siècle des lumières, les légendes n'ont plus cours. C'est à l'administration actuelle qu'appartient cette mission réparatrice; après avoir supprimé les mêmes abus au rocher Saint-Germain et au rocher Cuvier, elle tiendra à compléter son œuvre, en accordant une égale protection à la Gorge du Houx qui la réclame au même titre et avec la même urgence.

Continuons notre grande exploration :

En partant de la grotte du Chasseur noir, qui n'est pas l'un de nos moindres travaux, nous inclinerons brusquement à gauche pour descendre un instant et tourner à notre droite en pénétrant parmi d'autres énormes masses de grès, c'est-à-dire, dans la *galerie des Gaulois*, dont l'entrée est signalée par deux traits dont un bleu et un rouge.

Tout de suite étant entrés, nous nous trouvons entre deux formidables colosses désignés chacun d'une étoile rouge ; ce sont les rochers *Brennus et Vercingétorix*, dont leur suite, que nous allons voir en avançant dans ce sombre paysage, se compose d'hôtes d'un aspect encore assez respectable, bien que quelques-uns soient de formes bizarres.

Continuons, pour descendre un peu et nous trouver hors des grès et venir dans un instant au beau carrefour de Franchière étoilé par de nombreuses routes et sentiers bien ombragés. Ici nous retrouvons notre voiture, qui va nous transporter, en quatre ou cinq minutes, au carrefour du Mont-Aigu. Mais auparavant, nous allons donner une petite explication :

Du carrefour de Franchière, nous pourrions nous rendre à Fontainebleau en une bonne demi-heure, en nous privant d'aller voir la saisissante grotte du Serment et de faire l'intéressante ascension du Mont-Aigu. A cet effet, voir page 115, l'itinéraire du carrefour de Franchière à Fontainebleau, en une demi-heure.

Autrement, si nous pouvons ajouter cinq quarts d'heure de plus, allons à la grotte du Serment et au Mont-Aigu en nous dirigeant d'après les indications suivantes :

Étant remontés en voiture, nous traversons le carrefour de Franchière en laissant un sentier et une route à notre gauche. Celle que nous prenons, indiquée par notre signe bleu et par un écriteau de l'administration, nous conduira en quatre ou cinq minutes au carrefour du Mont-Aigu en en traversant un moins beau et sablonneux.

Le carrefour du Mont-Aigu, situé non à son sommet, mais bien tout à fait à sa base, en plaine, pour ainsi dire, est étoilé par sept routes bien ombragées. Nous le traverserons en laissant à notre gauche un large sentier et deux routes, puis, à notre droite, deux routes. Celle que nous prenons est doublement indiquée et par un signe bleu et par un écriteau administratif très-bien expliqué. C'est la *route de l'Émérillon*.

L'ayant suivi environ trois cents pas, elle se termine en un petit carrefour d'où partent trois sentiers, dont celui à droite, signalé par une petite flèche bleue, se nomme le *sentier des Atlantides*.

Ici nous quitterons la voiture pour la retrouver sur un autre point peu éloigné, après que nous aurons accompli très-agréablement deux petits kilomètres d'une très-intéressante exploration d'une heure, en allant peu vite. A cet effet, voir page 20, ligne 4, commençant par ces mots :

« Ayant parcouru cette route environ trois minutes, c'est-à-
« dire jusqu'à la rencontre de nouveaux rochers, nous incline-
« rons à droite, en prenant le *sentier des Atlantides*. »

C'est précisément le sentier dont nous voyons l'entrée en descendant de voiture. Il faudra le prendre et se diriger, conformément aux marques bleues et aux indications décrites, de cette page 20, ligne 4, jusqu'à la page 26, ligne 4, où l'on retrouve la voiture sur un petit carrefour de six routes, y compris le sentier par lequel on descend du Mont-Aigu.

Le cocher, pour se rendre à ce carrefour signalé par une étoile rose imprimée sur l'écorce d'un pin, se dirigera tout simplement de la manière que voici :

En quittant l'endroit où nous venons de mettre pied à terre, là, près l'entrée du *sentier des Atlantides*, le cocher fera faire demi-tour à ses chevaux, en reprenant la route de l'*Émérillon* pour revenir en un instant au beau carrefour du Mont-Aigu. En y arrivant, il en traversera un petit coin en laissant seulement une route à droite; celle qu'il prendra est signalée par une marque rouge [1]. Elle contourne la base des rochers du

---

[1]. Nos marques rouges, comme nos marques bleues, forment moins souvent des flèches que de simples petites lignes et ne figurent généralement que sur des arbres ou sur des roches, puis, quelquefois, sur des pierres plantées en guise de bornes et, rarement, sur les poteaux indicateurs de l'administration.

Toutefois que sur un carrefour ou sur un simple croisement de sentiers on rencontre des signes indicateurs de différentes sortes, de diverses couleurs, il ne faut avoir égard qu'à nos indications assez bien comprises.

Mont-Aigu. Il la suivra deux minutes, pour parvenir sur le petit carrefour dont nous venons de parler et où nous le retrouverons en descendant de notre gentille ascension du Mont-Aigu. Redisons que ce petit carrefour est signalé par une étoile rose et que six routes, y compris le sentier par lequel nous descendrons, y aboutissent.

Donc, étant descendus sur ce carrefour et remontés en voiture, nous le quitterons en laissant à notre droite l'étoile rose et deux routes, bien que la deuxième ait son entrée marquée de notre signe bleu sur une pierre. C'est la route de la promenade uniquement à pied. Celle que nous prenons est désignée par une marque rouge, également sur une pierre.

En moins d'une minute, cette route nous conduira sur un vaste carrefour, à l'entrée duquel le cocher tournera court à droite en prenant la première route qui est celle du *Coq*. Elle va se dessiner légèrement en trois courbures, formant un trajet d'environ 500 mètres jusque vers le sommet du Mont-Fessas.

Étant parvenu à ce sommet, notre automédon nous conduira en vingt minutes à Fontainebleau, par la *route Denecourt*, et ensuite la route de Milly.

### Itinéraire du carrefour de Franchière à Fontainebleau, en une demi-heure.

Maintenant, pour les personnes qui, en revenant des gorges de Franchard, n'auraient pas le temps nécessaire, pour aller voir la grotte du Serment et faire l'ascension du Mont-Aigu, nous allons abréger d'environ une heure et demie le trajet.

Étant remontés en voiture, nous traverserons le carrefour de Franchière en laissant à notre droite quatre routes de chasse; celle que nous prenons est désignée par notre signe rouge. L'ayant suivie quelques centaines de pas en apercevant deux ou trois belles masses de grès, elle se divise en deux; suivons à notre droite, ainsi que l'indique la marque rouge, et à cent pas plus loin la lettre G, imprimée sur un grès à notre droite, va nous signaler un sentier qui aboutit à l'instant même au *rocher de Mazagran*, masse de grès la plus curieuse de la forêt. Nous l'apercevons de la voiture, mais elle gagne beaucoup à être vue de près en en faisant le tour.

Continuons notre route encore une centaine de pas pour parvenir sur un vaste carrefour que nous traverserons, en laissant une route de voiture à droite ; celle que nous prenons est la *route du Coq*, désignée par notre signe bleu. Elle va se dessiner en trois légères courbures pour arriver, en dix minutes, vers le haut du Mont-Fessas et de là à Fontainebleau, en moins de vingt minutes, par la route Denecourt et la route de Milly.

---

Après avoir décrit l'itinéraire de cette grande et si intéressante promenade, que tant de fois nous avons parcourue pour en combiner les sentiers et les faire ouvrir, disons un mot sur l'origine de Franchard, sur ce qu'il a été et sur les causes de sa destruction.

### Un mot sur Franchard.

L'abbaye de Franchard, jadis si considérable et si renommée par les pèlerinages qui s'y faisaient, a dû son origine à un pauvre anachorète nommé Guillaume, qui, par une dévotion plus que fervente, était venu s'isoler là, dans l'endroit le plus désert, le plus aride de la forêt de Fontainebleau. Cet ermite sortait de l'abbaye de Saint-Euverte d'Orléans ; mais, ce qui donne la mesure de son austérité et de sa ferme résolution, c'est que déjà plusieurs autres anachorètes, ses devanciers, avaient été assassinés précisément où il venait s'installer. Ce triste et sauvage désert n'offrait alors contre l'intempérie des saisons, comme contre le fer homicide des brigands, d'autre sûreté que les antres et les cavernes formés par l'entassement désordonné des rochers.

Ce n'est que sur le déclin de l'âge de l'ermite Guillaume, et vers la fin du douzième siècle, que les fondations du monastère dont on voit encore les vestiges, furent jetées et placées, par ordre de Philippe-Auguste, sous l'invocation et le patronage de *Notre-Dame de Franchard*, dont nous venons de voir tout à l'heure l'image. Mais cette espèce de chartreuse, malgré son importance, malgré ses hautes murailles et ses créneaux, n'en fut pas moins envahie bien des fois, et ses pieux hôtes égorgés, tant l'esprit de brigandage était dominant dans ces siècles d'ignorance et de barbarie, siècles que certaines personnes se plaisent encore à appeler « le bon vieux temps !... »

Ce monastère lui-même s'était, à différentes époques, transformé en un repaire de voleurs et de bandits, qui commettaient toutes sortes de crimes et d'abominations. Ce seraient là, affirme l'abbé Guilbert dans son *Histoire de Fontainebleau*, les causes qui déterminèrent Louis XIV à le faire raser, ainsi que le belvédère dont nous avons vu tantôt les quelques vestiges parmi lesquels on remarque, gravé sur une pierre, le millésime 1667.

Ce n'est que vers le commencement du règne de Napoléon I$^{er}$, qu'on raccorda sur les ruines de Franchard, un poste forestier pour un simple garde, dont le corps de logis fut établi dans les murs démantelés de la chapelle même.

Depuis, on y ajouta de nouvelles constructions, de manière à pouvoir y loger un agent de plus, c'est-à-dire un brigadier, ou garde-chef.

Outre les fondations encore très-apparentes du mur d'enceinte qui jadis protégeait le monastère, et dont le développement était considérable, on voit debout, entre le jardin et le champ du garde-chef, un pan de muraille d'une certaine épaisseur et passablement élevé : c'est un reste du corps d'habitation du couvent.

Ainsi donc, de l'ancienne abbaye de la forêt de Fontainebleau, et de tous les faits et événements qui s'y sont rattachés, il ne reste guère que la date de sa fondation, celle de sa destruction, puis les pâles débris qui viennent d'être mentionnés.....

Cependant, une tradition, une vieille coutume de Franchard, s'est conservée : c'est le pèlerinage, ou plutôt la fête qui s'y tient le mardi de la pentecôte. Les habitants de Fontainebleau, comme ceux des pays circonvoisins, et même les Parisiens ne manquent pas d'y arriver en foule. Des marchands, des boutiques, des jeux, viennent s'y installer, et les danses, les plaisirs, s'y prolongent pour ainsi dire toute la nuit, abrités par des tentes ou tout simplement par les chênes et les charmilles qui avoisinent cette humble ruine et le restaurant édifié là depuis 1848.

### Un mot sur le Cèdre de Franchard.

Ce cèdre près duquel nous avons passé et que j'ai nommé le *cèdre d'Hélène* en souvenir de la réception infiniment bienveilveillante dont j'ai été l'objet de la part de M^me la duchesse d'Orléans, tout près de cet arbre, le 14 mai 1847. Je n'oublierai jamais l'exquise affabilité avec laquelle cette infortunée princesse m'a accueilli et me fit offrir ses services, par M. Marrier de Boisd'hyver, alors inspecteur de la forêt de Fontainebleau. Et pourtant elle n'avait vu de mes travaux que la plus minime partie, car à cette époque ils étaient loin d'avoir acquis l'importance que je leur ai donnée depuis. Mais M. de Boisd'hyver s'était fait un plaisir de diriger dans mes pittoresques sentiers l'auguste veuve accompagnée de ses enfants et de lui dire le sentiment qui me les avait inspirés. Voilà pourquoi M^me la duchesse d'Orléans se proposa de me faire obtenir une fonction rétribuée que je n'acceptai point; car il eût fallu renoncer à ma tendre mission et dire adieu à ma chère forêt. Je n'en conserve pas moins un souvenir de profonde et respectueuse reconnaissance envers M. Marrier de Boisd'hyver comme envers la noble duchesse d'Orléans qui fut si cruellement éprouvée par le malheur !...

## PROMENADE AUX TROIS FONTAINES

SOIT UNIQUEMENT A PIED OU A L'AIDE DE VOITURE

Parcourable en trois heures.

### ITINÉRAIRE [1].

Disons que cette promenade, dont nous venons de doubler l'attrait par nos récents travaux, est l'une des plus intéressantes de la forêt et la plus riche en très-jolis points de vue, bien que les sites qu'elle sillonne aient considérablement perdu de leur beauté par l'exploitation des grès qui les a pour ainsi dire mutilés et ravagés partout, quand on pouvait facilement s'en dispenser, puisque de tous côtés en dehors de nos superbes rochers, dans la forêt même, il existe en très-grande quantité d'excellents grès.

Heureusement que nos chers sentiers, nos grottes, nos belvédères, nos fontaines et notre nouvelle découverte sont venus, quoiqu'en disent nos détracteurs, désenlaidir ces ruines et en faire, je le redis, l'une de nos promenades de prédilection, que l'on peut effectuer en trois petites heures tout en marchant peu vite et en se reposant quelquefois.

On se rend tout d'abord à Notre-Dame-de-Bon-Secours, petite chapelle située au bord de la route de Melun, à 400 mètres au-delà de la barrière. On y parvient en partant de Fontainebleau, soit par la Grande-Rue, soit par la plaine ou la vallée de la Chambre.

Cette chapelle, sorte d'Oratoire, a été construite par suite d'un vœu dont le motif, représenté au plafond, a été peint par Blondel, sous le règne de Louis XVIII.

---

1. Nous allons commencer par l'itinéraire destiné aux personnes qui voudront effectuer uniquement à pied cette très-intéressante promenade; ensuite nous indiquerons la manière de la parcourir à l'aide de voiture.

Voici ce qu'en dit le professeur Jamin, dans sa *Notice historique* du palais de Fontainebleau :

« Vers la fin de novembre 1661, un sieur d'Aubernon, gen-
» tilhomme ordinaire du prince de Condé, venait rejoindre la
» Cour à Fontainebleau ; en descendant la montagne, son che-
» val s'emporte, le renverse, son éperon droit est pris dans
» l'étrier, il est traîné jusqu'à l'endroit où est maintenant la
» chapelle. Dans sa frayeur, il invoque le secours de la Vierge ;
» le cheval s'arrête sur-le-champ, et le cavalier se relève sain
» et sauf.

» En action de grâces, d'Aubernon fit placer une image de la
» Vierge sur le tronc d'un gros chêne, à l'endroit où son cheval
» s'était arrêté ; plus tard, on y construisit un oratoire, qui fut
» détruit pendant la révolution, et réédifié sous la Restaura-
» tion. »

Ayant donné un coup d'œil au tableau qui décore cet humble monument religieux, nous continuerons encore quelques pas à suivre la rive gauche de la grande route, c'est-à-dire seulement jusque sur un bout de chemin pavé, chemin qui s'appelle *route de la Bonne-Dame*.

Une petite croix rouge peinte, sur un arbre, nous dit de ne pas la dépasser. Ici, traversons la grande route pour prendre immédiatement à notre gauche, ainsi que l'indiquent nos marques bleues, une route de chasse.

Nous cheminons alors sur un sol doux et assez bien ombragé, principalement par des chênes, mais qui, tout à l'heure, sera moins ombré et plus accidenté, plus mouvementé.

Presque tout de suite, nous allons couper un chemin et laisser un sentier à notre gauche, sans égard pour la marque bleue qui en indique l'entrée. Suivons directement notre large chemin indiqué alors par des marques rouges auxquelles vont dans un instant, en montant un peu, succéder nos marques couleur du ciel.

Notre chemin perd de sa largeur et va se diviser en deux sentiers, dont celui à gauche est le plus rapide et le plus graveleux. Préférons celui à droite, dont l'entrée est désignée par notre signe peint sur l'écorce d'un pin maritime des plus anciens de la forêt. Puisse-t-il vivre encore longtemps. Nous en rencontrerons encore quelques autres.

Le commencement du site, à peu près complétement dépourvu des rochers qui jadis le décoraient si pittoresquement, ne nous offre guère d'attrait.

Mais, comme nous l'avons dit plus haut, la main du temps et nos humbles sentiers ont rendu à ces parages, ainsi qu'à bien d'autres de nos sites, un certain aspect.

Deux minutes après avoir laissé derrière nous ce très-beau pin maritime que nous appelons le *Charles Wuhrer*, nous rencontrerons quelques débris de rochers et des mouvements de terrain plus accentués, avec quelques échappées de vue.

Nous parcourons le flanc oriental d'une colline maigrement ombragée de chétifs chênes, de quelques chataigners, et çà et là des pins.

Mais prenons un peu patience, car il est rare que le commencement de nos promenades soit attrayant.

Un peu plus loin, le site que nous gravissons par une pente toujours assez douce, va nous offrir un fond de gorge en amphithéâtre, décoré de plusieurs parties de rochers assez remarquables. Le n° 1 annonce que nous abordons la base du *petit Simplon*, dont le principal groupe de rochers que nous frôlons à notre gauche abrite la *grotte de Raffet*, que nous avons pu rendre accessible sans y laisser paraître les traces de la main de l'homme.

Notre sentier va monter en lacet pour arriver, en peu d'instants, à l'avant-dernier étage du site en coupant quelques chemins ou sentiers, mais suivons bien nos marques bleues à travers ces terrains bouleversés. Nous voici à la carrière de la Ravine, signalée par le n° 2, et d'un aspect sévère par la teinte que les années ont donné à ses parois et à ses grès déchirés.

Prenons à droite, conformément à nos marques, pour longer la base de ces déchirements, en pénétrant tout d'abord parmi d'énormes quartiers de grès et passer devant la *grotte de la Ravine*, taillée dans le roc et désignée par la lettre A.

Continuons notre marche entre les masses de grès que nous voyons, pour longer encore pendant deux ou trois minutes la base de ce formidable rideau de pierre, en négligeant tout sentier, toutes issues que nous verrons à notre droite et, à l'extrémité duquel, après avoir entrevu une seconde échappée sur Fontainebleau, nous inclinerons tout court à notre gauche, ainsi que l'indiquent nos marques bleues; nous avons, dès lors le banc de grès à notre droite, et nous allons monter, en passant en contre-bas d'un grand pin, dont les racines sont singulièrement agencées.

Nous voici, à l'instant même, sur le haut-bord du site, d'où nous jouissons d'une des plus belles vues sur la ville et la vallée de Fontainebleau. Mais nous allons voir mieux encore, suivons seulement une trentaine de pas ce haut-bord, en négligeant tous sentiers à notre gauche, pour aborder le sommet de quelques roches signalées par la lettre B et d'où l'on se trouve comme détaché du bord escarpé et comme suspendu dans l'espace. C'est alors que l'on découvre parfaitement la ville et le château, baignés dans un lac de verdure, entourés de monts et de collines également boisés.

En quittant ce très-beau point de vue, que nous avons nommé le *belvédère de la Ravine*, à cause des nombreux ravins qui existent dans presque toutes les descentes du site, nous voyons plusieurs sentiers qui se croisent dans diverses directions, et dont un est signalé par des marques rouges; il conduit à la *grotte Louise*, vaste souterrain près de la croix d'Augas. Laissons-le à notre gauche et dirigeons-nous, conformément à nos marques bleues, jusqu'à nouvelle information, sans nous préoccuper de tous autres chemins ou sentiers qui en sont dépourvus.

Nous cheminons sur le plateau du Calvaire, sol rocailleux, couvert d'humbles bruyères et médiocrement ombragé de pins, de quelques blancs bouleaux et de jeunes et maigres chênes.

Trois minutes après avoir quitté le point de vue de la Ravine, nous couperons une petite route de chasse assez droite; puis bientôt nous apercevrons à notre gauche une clairière et des mouvements de terrain résultant de l'exploitation de sables blancs. Mais ne perdons pas de vue qu'en ce moment nous voici sur le travers d'une espèce de faux chemin à peine apparent et en présence de deux sentiers, dont un en face de nous, indiqué par notre signe bleu, conduit au belvédère du point de vue de Paris, que l'administration impériale a nommé le *fort l'Empereur*. Ne le prenons pas, quoique muni de notre signe familier.

Prenons le sentier à droite, désigné par la marque rouge, pour traverser tout de suite la modeste avenue du Calvaire, bordée de pins du Nord, à l'écorce bronzée et presque dorée.

Après avoir coupé cette avenue, nos marques bleues, que nous venons de retrouver, vont, en un instant, nous conduire dans une petite descente non rapide et tout à l'heure flanquée à notre gauche par une suite de roches singulièrement accidentées, de trous, d'excavations et de formes bizarres. Puis, tout aussitôt, nous allons nous trouver à l'entrée d'une grotte nouvellement découverte en faisant extraire des grès pour l'achèvement de la fontaine Isabelle, laquelle grotte deviendra la plus remarquable de la forêt, si le destin veut bien me laisser encore assez de vie active pour en mener à bonne fin les travaux.

Bien que mes ressources pécuniaires ne m'aient pas permis de poursuivre le déblaiement de ce souterrain, il est néanmoins accessible. Nous avions pensé l'appeler la *grotte Belle-Eau*, vu que tout d'abord après sa découverte et au commencement des fouilles dans son sol, nous avons trouvé de l'eau très-limpide. Toutefois, avant de consacrer ce baptême, nous attendrons le résultat des moyens que nous emploierons pour lui en mériter un conforme à nos vœux.

En attendant, nous l'appellerons la *Nouvelle-Grotte*. Disons que, par un premier travail, elle vaut déjà la peine d'être visitée. Elle est suffisamment éclairée, et bientôt on pourra s'y tenir parfaitement debout plus de trente personnes [1].

---

[1]. Si je parviens à réussir dans ce nouveau travail, la promenade que nous parcourons, déjà si riche du récent titre qu'elle porte, le deviendrait bien plus encore par celui de : *Promenade aux quatre fontaines*.

En effet, ce titre serait chose extraordinaire dans une forêt où l'eau manque pour ainsi dire partout.

En sortant de cette nouvelle grotte, non achevée, nous gravirons à notre gauche, et le sentier nous amènera tout de suite sur le plateau pour nous diriger, conformément à nos marques bleues, à l'ombre d'un bois de chênes, en coupant tout à l'heure une route de chasse puis, un peu plus loin, un chemin moins large et voir à notre gauche des exhaussements de terrains remués.

En un instant, nous nous trouverons sur une croisière de six chemins et sentiers que nous traverserons en en laissant deux à notre droite, y compris celui désigné par une marque rouge; il conduit en cinq à six minutes à la *fontaine Dorly*, que nous verrons dans un quart d'heure, en passant par la *fontaine Désirée* et son admirable point de vue. A cet effet, nous laissons donc deux sentiers à notre droite en faveur de celui dont l'entrée et la suite sont indiquées par notre signe bleu.

Nous allons presque aussitôt couper un autre croisement de chemins et sentiers, en en laissant un à notre gauche, lequel pénètre parmi les terrains bouleversés pour aboutir à une carrière. Ne nous en préoccupons pas.

Nous sommes toujours ombragés par des bois de peu d'importance.

Notre sentier va tout de suite se diviser en deux, prenons à droite et nous allons apercevoir une suite de fondrières, carrières et sablières à quelques pas sur la droite du sentier.

En trois minutes, nous aboutirons au belvédère de la *fontaine Désirée* [1], plate-forme d'où l'on jouit d'un admirable point de vue vers l'est, au-delà des limites de la forêt où se montrent les riants coteaux de la rive droite de la Seine, tout émaillés de bourgs, de villages et de villas, depuis Thomery jusque vers Chartrette, tels que le Mont-Méliant, Samoreau, Vulaines, Héricy, Féricy, Barbeau, Fontaine-le-Port.

Puis, par delà cette chaîne de collines toute resplendissante

---

1. C'est sur cette plate-forme où les promeneurs en voiture mettent pied à terre pour rejoindre leur cocher au belvédère de Némorosa, après un trajet d'un kilomètre.

de paysages et des feux d'un soleil couchant, se découvrent les vastes et fertiles plaines d'où apparaissent, par un temps clair, les tours et clochers du Châtelet, de Blandy, Bombon, Mormant, Valence, etc., etc.

Après avoir contemplé ce très-beau point de vue, nous quitterons la plate-forme par l'un des deux escaliers, celui de droite, pour descendre sur le tertre en contre-bas, où se voit une rustique table formée d'un grès d'environ trois mètres de longueur.

Près de cette table se trouve une très-modeste fontaine, enclavée dans le mur de soutènement de la plate-forme supérieure. Notre intention, depuis longtemps déjà, est de la rendre plus utile et réellement digne de son nom en mettant son eau à l'abri de toute souillure et jaillissante par une goulotte, comme nous l'avons fait en créant les fontaines Dorly, Sanguinède et Isabelle; mais tant de choses, également utiles, ayant absorbé constamment nos ressources, nous ne pouvons ici, comme pour notre nouvelle grotte, qu'émettre notre intention et l'espérance de la voir se réaliser.

En attendant, disons que cette fontaine, cette table, les deux plates-formes et la route qui permet d'arriver par là en voiture, sont dues, ainsi que bien d'autres routes de promenades, à l'honorable M. Marrier de Boisd'hyver, ancien administrateur de notre bien-aimée forêt. Disons aussi que, sans sa judicieuse tolérance en faveur de mon œuvre pendant dix-huit ans, et à laquelle, plus d'une fois, il apporta un bienveillant concours, cette œuvre d'amour et de sacrifice, ces 160 kilomètres de sentiers, de promenades, qui font les délices de tant de monde, n'existeraient certainement pas et, conséquemment, notre forêt serait bien moins connue, bien moins visitée, et Fontainebleau bien moins animé, bien moins prospère.

Oui, espérons qu'il me reste encore assez de vie active et, qu'aidé par quelques nouvelles souscriptions, je ne finirai pas mon humble carrière sans rendre plus utiles et plus dignes d'être visitées, la Nouvelle-Grotte et la fontaine Désirée.

En quittant cette fontaine, nous prenons le sentier dont l'entrée, en avant du tertre, est signalée par une petite marque rouge peinte sur une pierre, à laquelle vont presque aussitôt succéder nos marques bleues. Ce sentier, ou plutôt cette voie très-irrégulière à travers des décombres et des dévastations pires que celles que, jusqu'ici, nous avons vues depuis le commencement de la promenade, nous conduira, en sept à huit minutes, au belvédère de la fontaine Dorly. Il nous offrira, néanmoins, quelques échappées de vues, puis ces affreuses dévastations elle-mêmes nous saisiront d'étonnement par leur sombre et laid aspect, qui nous fera maudir la cause de ces ruines!

Ce trajet de huit à dix minutes, que nous avons rendu d'un parcours facile, est appelé le *sentier d'Émélie et Louise*, deux personnes à qui nous le devons.

Suivons exactement nos marques bleues parmi ces collines dépecées et ravagées, sans nous préoccuper des chemins que nous rencontrons dans toutes les directions et nous ne manquerons pas d'arriver à bien, au point de vue de la fontaine Dorly.

Le n° 3, qui le précède de quelques pas, nous l'annoncera. Nous y voici; c'est un petit tertre situé au bord escarpé du site, d'où nous dominons de profondes ravines, avant-scène d'un charmant paysage composé de forêt et de riantes campagnes, encore sur les côteaux de la Seine et bien loin par delà.

De ce très-joli point de vue, nous faisons demi-tour et continuons le sentier, conformément à nos marques bleues, pour arriver, en moins de deux minutes, à la fontaine Dorly.

Cette fontaine, qu'en 1852 j'ai fait construire sous le banc de grès d'une ancienne carrière, après avoir fait creuser profondément pour réunir dans des rigoles ou caniveaux, les larmes qui s'échappaient de côté et d'autre, est d'autant plus précieuse que son eau, très-bonne et coulante, ne tarit jamais, quoique peu abondante.

Disons, par reconnaissance, que la personne dont elle porte le nom est la première qui me soit venue en aide dans les embellissements de la forêt et qu'elle n'a pas cessé d'y contribuer.

On pourrait appliquer à cette fontaine la strophe suivante

d'une Harmonie poétique de Lamartine, intitulée : *la Source dans les bois :*

> J'entends ta goutte harmonieuse
> Tomber, tomber et retentir,
> Comme une voix mélodieuse
> Qu'entrecoupe un tendre soupir !

En face de l'espèce de grotte où jaillit cette modeste naïade, on voit, enclavée dans un monceau de décombres et détritus de grès, une cabane voûtée qui fut construite par un carrier, du temps que l'on exploitait par là du pavé, et dans laquelle se tient parfois, pendant les beaux jours, une marchande de bière et d'orangine.

En quittant la fontaine Dorly, nous voyons, pendant un instant sur notre droite, tout près de nous, une suite d'imposantes masses de grès, à l'extrémité desquelles le sentier va se diviser en deux : prenons à gauche, ainsi que l'indique notre signe.

Nous sommes toujours accompagnés par des ombrages variés, mais aussi par d'affreuses ruines. Tout à l'heure, en sortant de dominer sur notre gauche une profondeur à pic, le n° 4 et une marque rouge nous engageront à nous séparer un instant de nos marques bleues, en prenant à droite un sentier coupant immédiatement un chemin et pénétrant au milieu d'autres ruines, pour parvenir en deux minutes à la *fontaine Isabelle*, précédée, toutefois, d'une végétation plus intéressante et d'un léger treillage qui enclôt une jeune plantation de divers arbres, tels que marronniers, acacias, épicéas, aubépins, blancs-bouleaux, etc., etc.

Suivons le sentier qui descend à gauche contre ce treillage, et nous allons nous trouver tout de suite en contre-bas de cette plantation, couronnant en hémicycle le sommet du banc de grès, de la base duquel s'échappe cette troisième modeste naïade, dont l'eau est tout aussi belle, tout aussi bonne qu'à la fontaine Dorly.

Ces minces filets d'eau qui, aux yeux des touristes, paraissent être une mystification, sont pourtant quelque chose de précieux dans une forêt où cet indispensable élément manque à peu près partout.

Mais pourquoi la fontaine Isabelle, et quelle est cette Isabelle? Est-ce la Catholique ou la Juive? me demandera-t-on. Je réponds d'avance : Cette Isabelle est la charmante enfant d'un artiste de mes amis, dont la mère, aussi charmante que sa fille, lui disait, il y a tantôt dix-sept ans, dans un joli petit livre qu'elle avait composé pour servir à son éducation : « Tu as quatre ans à peine, ma chère Isabelle, et ton jeune cœur ne peut comprendre encore que les tendresses de mon amour maternel. Tu sauras un jour qu'il ne suffit pas d'aimer beaucoup ses enfants, mais qu'il faut travailler surtout à assurer leur bonheur.

» Si ce petit livre, écrit entre tes baisers du soir et tes caresses du réveil, peut contribuer dans l'avenir à développer en toi les qualités qui rendent une femme heureuse, j'aurai obtenu la récompense la plus douce au cœur d'une mère. »

Ayant remonté les marches de l'encaissement où coule la fontaine Isabelle, nous suivrons le sentier qui longe le petit mur d'appui, à la fin duquel plusieurs sentiers vont s'offrir à nous. Commençons par prendre à droite celui qui tourne le treillage, pour le quitter immédiatement en inclinant à gauche, ainsi que l'indiquent nos marques bleues, encore parmi les décombres des carriers et ayant à notre droite un banc de grès dont nous allons rencontrer plusieurs énormes masses détachées, sous lesquelles nous passerons, en gravissant cinq à six marches d'escalier.

Nous sommes alors bien près de la fameuse *roche Éponge*. Avançons, en ayant toujours à notre droite le formidable banc de grès, puis, à notre gauche, un monticule de décombres, dont le sommet aplati, nivelé, est planté d'arbres de diverses espèces, lesquels, en peu d'années, ombrageront une sorte d'esplanade.

Contournons ce monticule, en nous trouvant dans un endroit plus espacé et voir devant nous un autre monticule un peu moins élevé, mais mieux décoré de végétaux, et dont la base est garnie d'épicéas.

En avançant entre ces deux buttes, nous allons passer immédiatement devant une sorte d'échoppe enclavée dans le flanc de celle de gauche et nous trouver, tout de suite, sur un petit carrefour ombragé par de gracieux et blancs bouleaux, puis, par un chêne de 60 ans, carrefour où nous voyons établis, en gazon, des bancs, des boulingrins, puis à notre droite, tout près de nous, la roche Éponge, dont voici un aperçu, extrait de la description que nous en avons faite en 1866, quelques mois après que nous l'avons découverte[1].

« Elle était ensevelie, couverte par un amas de décombres et détritus de l'exploitation des grès, lorsqu'en cherchant parmi ces décombres quelques débris de roches pour servir à la fontaine Dorly, j'entrevis tout à coup comme une petite pierre curieusement dentelée : Voulant la ramasser et m'apercevant qu'elle avait de la profondeur, je fis fouiller pour la dégager, et ma joie ne faisait qu'augmenter, car cette petite pierre devenait de plus en plus grande et plus curieuse, de sorte que pour la dégager entièrement et retirer les sables qui en remplissaient toutes les cellules, toutes les capricieuses cavitées, tous les intéressants détails, il a fallu un travail assez long et minutieux. Ensuite, pour achever sa mise en lumière et la rendre visitable, j'ai fait ouvrir plusieurs sentiers et exhausser une sorte de belvédère tout auprès afin de pouvoir en contempler parfaitement la partie supérieure qui est la plus intéressante.

» Étant parvenu en face de cette étrange roche, c'est-à-dire, à quatre pas de son côté qui regarde le nord-ouest, elle présente une masse compacte, allongée et assombrie, qui a l'air d'un monstrueux animal dont le corps, tout graveleux, tout bosselés d'aspérités, se termine, vers la partie supérieure, par une sorte de crinière dentelée en scie, comme l'arête défensive de certains hôtes de la mer.

---

[1]. Depuis cette époque la malveillance et l'imbécillité qui ne savent rien respecter en ont fait disparaître une infinité de détails qui en faisaient le principal ornement, comme on le comprendra en lisant cet extrait de description.

» Mais abordons et montons ces quatre marches abruptes que nous voyons contre nous à droite, pour perdre de vue le côté sombre et farouche de la roche, et passer immédiatement le long du côté qui fait face au midi, et dont la structure et la physionomie sont tout autres et bien différentes par le singulier agencement des détails que présente ce côté sous une infinité de formes, aussi variées que fantastiques, et dont la description attend une autre plume que la mienne.

» Avançons quelques pas encore pour gravir ces autres marches qui aboutissent sur le belvédère ombragé par deux bouleaux (il n'en reste plus qu'un, le moindre), entre lesquels nous serons bien placés pour dominer et découvrir toute la partie supérieure de la roche, et en distinguer tous les remarquables accidents, dont l'ensemble offre l'aspect d'une formidable éponge ou plutôt celui d'un assemblage d'ossements, de carcasses pétrifiées, où apparaissent des squelettes, des têtes, des figures de toutes espèces d'êtres naturels et fabuleux.

» En contemplant ces curieux et nombreux détails si singulièrement groupés, découpés, sculptés, et les interstices, les mille cellules et autres trouées plus ou moins grandes qui, dans tous les sens, perforent et semblent diviser à l'infini cette bizarre mosaïque, on a peine à croire que'elle n'est pourtant qu'une seule pierre dont toutes les parties se tiennent par des soudures, par des attaches naturelles, souvent même très-délicatement amincies. Chaque fois qu'on revient voir cette agglomération de figures et d'images si diverses, semblant sortir d'une ébullition infernale, du milieu de laquelle s'ouvrent, largement évasées, deux sortes de bouches volcaniques, votre imagination y retrouve d'autres figures, d'autres sujets que vous n'aviez pas aperçus d'abord [1].

» Disons que cette roche exceptionnelle, composée d'un grès mélangé de quelques autres substances pierreuses, a dix-huit mètres de circonférence sur environ deux mètres de hauteur. »

Aujourd'hui, elle est un peu moins volumineuse, vu les mu-

---

1. Maintenant ces détails descriptifs doivent paraître bien exagérés.

tilations dont nous avons parlé plus haut. Néanmoins, elle mérite encore d'être visitée. Aussi l'est-elle toujours de plus en plus, surtout depuis que l'administration forestière a bien voulu apporter son appoint à cet endroit naguère si ravagé, si en ruine, et qui n'offrait partout que des monceaux de décombres et des fondrières inabordables, véritables nids de couleuvres et de vipères, à cet endroit délaissé des touristes et des promeneurs, et d'où nous avons fait, à la fois, surgir cette curieuse roche Éponge et jaillir la fontaine Isabelle.

Oui, malgré le vandalisme qui a dégradé cette roche, elle est encore très-remarquable, et cet endroit qui la possède est devenu assurément le but de l'une de nos promenades les plus fréquentées[1].

En descendant du tertre de la roche Éponge, nous inclinons à notre gauche en repassant devant les boulingrins et l'échoppe du marchand, ou plutôt de la marchande, où nous pourrons nous raffraichir si bon nous semble.

De là nous continuerons la promenade en longeant à notre gauche la base du tertre de la roche Éponge, garnie d'épicéas, que nous laisserons derrière nous en traversant un espace vide et nu pour aborder tout de suite devant nous une plate-forme, entourée d'une simple et très-modeste barrière dont les issues nous permettront de passer.

Alors nous arrivons vers le bord escarpé de cette plate-forme, que nous appelons le *Belvédère de la roche Éponge*, d'où l'on jouit d'un admirable point de vue, encore dans la direction des coteaux qui encaissent la Seine; mais toujours variés de perspectives et toujours plus intéressants.

En quittant ce très-beau point de vue, nous ne dépasserons

---

1. Ne voulant pas être injuste, disons que le sieur Desnoyers, surnommé *père la Tuile*, que l'administration a autorisé à stationner en cet endroit autant dans un but de conservation que pour lui permettre de vendre des rafraîchissements aux visiteurs, a contribué de ses soins et de sa peine à embellir ce but de promenade, chose que la plupart de ses confrères de la forêt sont loin d'imiter; et pourtant ils savent bien que ce serait dans leur intérêt.

pas la modeste barrière, mais étant arrivés tout contre, nous inclinerons à notre gauche pour descendre par une douzaine de marches étroitement encaissées et aboutissant à une sorte d'impasse, dont l'extrémité à notre droite, tout près de nous, est limité par un banc de grès des plus formidables de la forêt (5 mètres d'épasseur), et par un hangar où quinze à vingt personnes pourraient s'abriter pendant une averse.

Ayant tourné le dos à cet imposant banc de grès et à ce hangar, nous allons parvenir, en un instant, sur un sentier que nous suivrons à droite et lequel nous conduira, en un quart d'heure, au belvédère de *Némorosa*, petit tertre exhaussé sur le sommet d'un rocher, d'où l'on jouit d'une réunion de vues composant le panorama le plus pittoresque de la forêt.

Mais avant d'y parvenir, notre sentier, accroché dans les plis et contours des crêtes déchirées du site, nous laissera voir une suite d'échappées de vue et de débris de rochers qui méritent néanmoins notre attention, sans préjudice des végétaux de diverses espèces qui nous protégeront de leurs verts feuillages à peu près tout le long du trajet, à suivre d'après nos marques, en négligeant tout sentier, toute issue à notre droite.

Les quelques beaux groupes de rochers qui ont échappé à la dévastation de ce site, dans ce trajet d'un quart d'heure, et contre lesquels nous allons passer, sont successivement désignés par les lettres que voici :

I, la *roche Oudry*; J, le *rocher Le Gay*; K, le *passage du rocher Cauthion* à la sortie duquel on a une échappée de vue sur le site appelé la *petite Kabylie*; L, passage plus remarquable encore, et tout de suite après, la lettre M désigne le *Jules Deville*, l'un des plus beaux bouleaux de la forêt.

Le sentier, encore suspendu au-dessus de profonds ravins, va devenir plus ombré, plus mystérieux pendant un instant pour redevenir plus éclairé, après avoir dépassé la lettre N, imprimée sur une assez grande roche. Immédiatement après, nous avons à notre droite une masse de grès bien plus formidable. C'est le rocher de *Némorosa*, au sommet duquel nous avons, il y a déjà des années, fait élever ce tertre que nous voyons flanqué de quartiers de rocher et entouré de quelques végétaux dominés par un bouleau singulièrement venu là, mais qui était en trois belles tiges; la moindre a survécu.

Mais avançons conformément à nos marques, par une courbe en pente assez douce, en inclinant tout à l'heure à droite pour gravir un peu plus et arriver au sommet du belvédère par sept marches plus abruptes. Nous avions là deux bancs que la malveillance nous a obligé, en s'acharnant à les détruire, à remplacer plusieurs fois. Il n'en reste plus qu'un.

Mais quel magnifique panorama nous environne, quoique coupé et divisé par les arbres qui nous entourent! S'il est moins vaste que celui vu du Fort-l'Empereur, n'offre-t-il pas un cercle de sites plus variés, plus pittoresques? Les coteaux de la Seine, bien que nous les ayons déjà vus de plusieurs endroits de notre promenade, ne sont-ils pas d'ici plus riants encore et plus développés vers la belle vallée de Thomery?

Héricy, Vulaines, Samoreau, tous ces bourgs, toutes ces villas, tous ces guérets, ces horizons plus lointains, ne nous apparaissent-ils pas avec un attrait de plus par les perspectives nouvelles, les aspects nouveaux sous lesquels nous les revoyons maintenant?

Mais plus rapproché et pour ainsi dire à nos pieds, c'est le monumental viaduc de Changy, où l'on voit à chaque instant filer de longues chaînes de wagons se dirigeant soit vers Lyon, soit vers Paris.

Mais plus à droite et plus éloignées, c'est la ville et la vallée de Fontainebleau, vues tout autrement que du belvédère de la Ravine, d'où nous les avons contemplées tantôt.

Vers le Nord, nous revoyons encore les agrestes coteaux, les bois et les bocages de la Petite-Kabylie et le flanc méridional de la butte à Guay. Puis, plus à droite, vers le levant, c'est le sommet du Fort-l'Empereur, c'est le rocher de Samois, et vers l'Est, au loin, ce sont encore les clochers du Châtelet, de Bombon, Mormant, etc., etc.

Ayant exploré de nos regards émerveillés la ceinture de riants et pittoresques paysages qu'offre le belvédère de Némorosa, nous en descendrons les marches et le sentier, en inclinant tout aussitôt à droite vers la *route Amélie*. Mais avant que d'aborder cette route, jetons un regard à notre droite, vers le rocher de Némorosa même, où cette reine des bois apparaît là, encastrée dans le roc, avec son énorme chevelure formant tout un buisson. Cette figure, coulée en fonte, il y a vingt et tant d'années, est due à un artiste, enfant de Fontainebleau, M. Adam-Salomon. C'est son premier essai, dont il est peu satisfait; aussi se propose-t-il de le refaire, quoiqu'on le trouve pourtant bien [1].

Mais, pour achever pédestrement la promenade vers Fontainebleau, où nous arriverons dans une toute petite heure, en allant toujours peu vite, prenons tout d'abord la route Amélie, bordée d'épicéas, que nous suivrons à droite, en montant légèrement, encore accompagnés de jolies vues.

En trois minutes, nous parviendrons vers le haut de cette route macadamisée, et nous la quitterons, quelques pas après la fin des épicéas, en inclinant à gauche par un sentier qui est celui des *Mastodontes*, dont le trajet, de sept à huit minutes, est des plus accidentés et des plus pittoresques en rochers et en points de vue. Nos marques bleues, du reste, nous dirigeront toujours bien.

Voici la lettre O, désignant le *Léviathan*, masse de grès dont la circonférence dépasse 30 mètres. L'ayant à peu près contournée, nous remarquerons à notre gauche une sorte de mausolée désigné par le n° 6, c'est la *roche Thinus*. Immédiatement nous inclinons à droite et la lettre P nous signale l'*Antre n'y entrez pas*, formé par deux pierres géantes.

Ensuite, à l'entrée du *tunnel des Mastodontes*, ces autres formidables masses de grès comme suspendues en l'air et près de nous ensevelir, ce sont les *roches de Cornélie*.

Traversons vite le tunnel, non moins saisissant, pour passer tout aussitôt parmi et contre d'énormes rochers dont la nomenclature remplirait par trop le cadre de ce mince ouvrage.

---

1. C'est ici que les personnes qui parcourent la forêt à l'aide de voiture et l'ayant quittée au belvédère de la Fontaine-Désirée, la retrouveront d'après l'ordre qu'elles auront donné à leur cocher.

Toutefois, le n° 7 va nous signaler une suite de vrais mastodontes, puis, tout à l'heure, en descendant un peu, nous allons passer, pour ainsi dire, sous la *bière* du fameux *Biéra*, qui a laissé son nom à nos beaux déserts, *forêt de Bière*. Cette énorme roche, qu'on peut mettre en mouvement avec la main, est désignée par la lettre Q.

Depuis notre entrée dans ce sentier nous dominons à notre gauche des profondeurs très-agrestes, très-pittoresques, puis, toujours à notre droite, nous longeons d'imposants rochers, soit en blocs détachés, soit en bancs très-épais.

Nous allons monter un peu, et la lettre R va nous désigner, à la fin du sentier, le *rocher des Marsouins*. Nous rentrons sur la route Amélie, bien bordée de pins du Nord en cet endroit, mais nous la quittons, presqu'aussitôt, en prenant un sentier à notre gauche, ainsi que l'indiquent nos marques bleues. Ce sentier va sillonner le haut bord d'une sorte de promontoire aérien d'où nous aurons encore de jolies échappées de vue, tout en cheminant parmi les humbles bruyères, les genévriers, les pins et autres végétaux. Suivons bien les marques bleues, et après avoir contourné l'extrémité du promontoire en revoyant Fontainebleau à travers les arbres, nous allons passer près la *roche de Ponthieu*, très-remarquable de forme, et désignée par la lettre S, elle est un peu en contre-bas du sentier. Nous dominons alors le *Val de Sainte-Marie*, gorge rocheuse qui était très-pittoresque, mais que l'exploitation des grès a horriblement mutilée.

Continuons encore quelques instants à sillonner le haut bord de ce vallon en négligeant, tout à l'heure, un sentier qui descend entre les roches, puis un peu plus loin nous en traverserons un qui descend également. Ces deux sentiers se réunissent en un seul, qu'on appelle le *sentier du Bon-Père*. Il conduit vers l'avenue du Chemin-de-Fer et est très-utile aux habitants de cette avenue lorsqu'il veulent explorer les sites que nous venons de parcourir et ceux qui nous restent à voir pour achever notre pédestre promenade.

Donc, après avoir laissé à notre gauche ces deux sentiers et suivi encore une minute celui indiqué par notre signe bleu, nous parviendrons sur un carrefour entouré d'acacias et sur lequel aboutissent plusieurs routes, entre autre celle du Calvaire et celle de la Reine-Amélie.

Traversons ce carrefour en l'effleurant et en laissant un sentier à notre gauche, et à notre droite les routes que nous voyons. Le sentier que nous prenons va nous conduire parmi des blancs-bouleaux et des chênes, puis sur les bords escarpés d'anciennes carrières.

Continuons, entre les bords de ces ruines et la route de voiture en traversant tout à l'heure un chemin, et en cinq à six minutes, nous parviendrons au Calvaire où se dresse une colossale croix en pierre. Ici s'offre à nos regards le dernier des points de vue de notre belle promenade, et certes ce n'est pas le moins beau. D'un côté, vers l'est, c'est encore la vallée de Changy et son monumental viaduc, puis la vallée et le bourg de Thomery, et les contrées lointaines vers Sens. Mais, le principal tableau, c'est Fontainebleau, son palais, baigné, comme nous l'avons déjà dit, au milieu d'un lac de verdure, entouré de monts et rochers de tous côtés, puis, au bout du parc, c'est le village d'Avon avec sa très-vieille église.

Contournons la croix en suivant la route, ayant à notre droite le bosquet d'ipicéas et à notre gauche encore une profondeur dont nous sommes garés par une balustrade, à l'extrémité de laquelle nous inclinerons à gauche par un sentier, ainsi que l'indiquent nos marques bleues.

Ayant suivi quelques pas ce sentier, nous appuyons brusquement à droite pour passer devant la *grotte du Calvaire*, formée par un imposant déchirement de rocher, où il ne serait pas prudent de s'abriter. Elle est signalée par une petite croix rouge. Passons et pénétrons dans un antre également formé par le déchirement des grès et à la sortie duquel nous voyons une suite de rochers moins déchirés, moins menaçants et encaissant assez bien une large issue ayant une chemin.

Laissons à notre droite cette issue avec son chemin et prenons à gauche, selon nos marques, pour pénétrer dans le *défilé des Cyclopes*, dont l'entrée est signalée par la lettre U. C'est une galerie encaissée de formidables rochers offrant, de ci de là, des échappées de vue, puis encore des grottes, entre autres la grotte Benjamin, petit réduit obscur désigné par la lettre X ; mais plus loin, en descendant, nous allons voir la *grotte de Cybèle*, plus grandiose et plus saisissante avec ses énormes rochers en l'air et singulièrement arc-boutés les uns aux autres. Son entrée est signalée par la lettre Y.

Continuons le sentier qui descend en se développant convenablement selon les ondulations et accidents de terrains du site. En voici tout à l'heure un autre à notre droite avec des marches d'escalier. C'est notre ancien sentier, moins agréable et un peu plus long, c'est pourquoi nous le laissons de côté en préférant celui que nous suivons à peu près directement, conformément à nos marques bleues.

Dans un instant nous allons traverser un chemin et plus loin la route de la *Bonne-Dame*, non plus accompagnés par des rochers, mais simplement ombragés par des chênes, des châtaigniers et quelques pins, puis, dans dix minutes, nous rentrerons en ville par la barrière de Melun, d'où nous sommes partis tantôt.

———

Maintenant nous allons indiquer la manière d'effectuer cette promenade à l'aide de voiture, en y comprenant le Fort-l'Empereur, c'est-à-dire le *belvédère du point de vue de Paris*, car c'est ainsi que je voulais nommer ce point culminant de notre forêt, vu que c'est de là, en le rendant accessible en 1851, que j'ai pu, à l'aide d'une simple, mais bonne lunette, découvrir et distinguer parfaitement tous les hauts monuments de Paris.

Mais l'administration, dans le but d'être agréable au chef de l'État, ayant insisté à vouloir appeler *Fort-de-l'Empereur* ce sommet aérien, c'est-à-dire le commencement de l'abrupte tour qu'on y voit et laquelle ne fut pas la moins coûteuse de mes créations, il a bien fallu me résigner à renoncer au seul et véritable baptême qui convenait à ce belvédère. Toutefois, le point de vue qu'il offre n'en est pas moins très-vaste et très-beau.

———

## PROMENADE AU PANORAMA DU FORT DE L'EMPEREUR

### ET AUX TROIS FONTAINES

En quatre heures, dont une heure à pied en allant peu vite.

### ITINÉRAIRE.

Rendons-nous tout d'abord au carrefour de la Croix-d'Augas, où nous mettrons pied à terre pendant dix minutes pour aller tout près de là, en prenant à droite de la Croix, visiter la *grotte Louise*, souterrain le plus spacieux de la forêt et dont la voûte formée d'un banc de grès de trois mètres d'épaisseur peut abriter plus de cent personnes. Cette belle caverne, déjà passablement éclairée, serait plus intéressante encore si nos humbles ressources n'avaient pas été partagées entre elle et tant d'autres de nos chers travaux.

Etant revenus à la voiture, notre cocher nous conduira en dix autres minutes au carrefour du Cèdre de la Butte-à-Guay, carrefour étoilé de cinq routes bien ombragées, et de là il nous amènera en deux minutes au carrefour de *Jean-Bart* par la route du même nom.

De ce carrefour, situé au bas de la Butte-à-Guay et à l'entrée du *sentier Guérin*, nous quitterons une seconde fois la voiture qui ira nous attendre au Fort-l'Empereur, où nous la retrouverons en moins d'un quart d'heure.

A cet effet, nous prenons le sentier Guérin indiqué par nos marques et ombragé par des pins qui, tout à l'heure vont s'entremêler d'autres végétaux plus riants, tels que : des jeunes chênes, des hêtres, des genévriers et quelques blancs-bouleaux, puis nous aurons des échappés de vue.

Mais voici que notre sentier devient une sorte de *corniche* accrochée contre les crêtes rocheuses de la colline, où nous remarquons d'assez beaux groupes de grès, puis, à notre gauche, nous dominons parfois presqu'à pic de sauvages profondeurs d'un aspect à la fois saisissant et agréable.

Nous allons arriver, toujours par une pente assez douce, près d'un dernier groupe de roches désigné par la lettre H. C'est la *grotte* du *Polonais*. De là on parvient immédiatement sur un vaste rond-point situé au pied du belvédère où nous retrouvons notre véhicule, mais gravissons les 44 marches de l'abrupte tour pour jouir d'un panorama offrant une étendue dont le contour dépasse soixante lieues, et ses points les plus lointains ne mesurent pas moins de vingt lieues de distance de Fontainebleau. Avec une bonne lunette on distingue parfaitement les grands monuments de Paris lorsque le temps est propice[1]. Les endroits, les pays de quelque importance qui s'aperçoivent plus rapprochés, sont : Melun, Brie-Comte-Robert, Tournan, Chaumes, Rozoy, Blandy, Corbeil, Montlhéry, le Châtelet, les buttes de Montereau, les côteaux des environs de Sens, etc., etc.

En 1851, lorsque je faisais élever ce belvédère, cadeau le plus coûteux parmi tous ceux que j'ai faits à ma bien-aimée forêt, je pensais que c'était là le couronnement de mes humbles créations. Combien je me trompais ! Combien d'autres sites et d'autres points de vue j'ai depuis rendus accessibles et mis en lumière ! Et cela toujours au prix de mes efforts et du produit de mon labeur, espérant qu'un jour viendrait où je serais, sinon rémunéré de mes peines et déboursés, mais du moins puissamment aidé dans l'accomplissement de mon œuvre, dont l'utilité a été souvent et hautement proclamée !

Ce jour n'est point venu, puisque cette œuvre de quarante années de persévérants efforts, à laquelle il aurait fallu si peu pour son achèvement et son entretien en bon état, j'aurai la douleur de la laisser inachevée ! ! !...

Mais poursuivons notre belle promenade, dont la partie la

---

1. Celles qu'on y voit braquées là pendant la belle saison sont passablement bonnes, mais lorsque l'air est très-pur et dégagé de toute brume, comme je viens de le dire.

plus intéressante nous reste à explorer, bien que maintenant nous venions de contempler l'un des plus remarquables points de vue des environs de Paris.

Étant descendus du belvédère et remontés en voiture, notre automédon nous conduira à la fontaine Désirée en un quart d'heure par une assez belle route, en descendant la montagne, puis, en effleurant un vaste carrefour, tout en laissant une route à droite pour gravir vers le plateau de la Butte-à-Guay, dont la route du haut-bord méridional nous offrira quelques échappées de vue assez pittoresques entre les arbres qui ombragent la route.

Étant parvenus sur la plate-forme de la fontaine Désirée, d'où l'on jouit encore d'un admirable point de vue, on quitte la voiture pour la rejoindre sur la route Amélie, au pied du belvédère de Némorosa après avoir parcouru pédestrement un trajet d'un peu plus d'un kilomètre, puis le cocher, après nous avoir rejoint au belvédère de Némorosa, nous conduira vers Fontainebleau en descendant la route Amélie et ensuite par l'avenue du Chemin-de-Fer, ou bien par la route de la Bonne-Dame, mieux ombragée.

Donc, en nous séparant de la voiture, ici, sur la plate-forme du point de vue de la fontaine Désirée, pour la rejoindre sur la route Amélie au pied de la roche de Némorosa, nous allons nous diriger par là d'après les indications décrites page 125, ligne 5, commençant par ces mots : Après avoir comtemplé, etc.

---

Sur ce, cher lecteur ou chère lectrice, l'humble et vieux Sylvain vous souhaite une bonne fin de promenade en attendant qu'il vous en trace d'autres plus intéressantes encore et parcourables uniquement à pied, dont l'itinéraire va suivre les quelques pages ci-après, pages par la lecture desquelles vous aurez une idée de la mission que lui a inspirée cette captivante forêt de Fontainebleau.

#### Comment je suis parvenu à mettre en lumière la forêt de Fontainebleau.

On sait qu'il y a cinquante ans la forêt de Fontainebleau était peu connue, peu fréquentée, et que, malgré les *cinq cents lieues* de belles routes de chasse et de chemins de toute espèce qui la coupent et la sillonnent dans tous les sens, on ne pouvait en visiter une demi-douzaine de sites sans marcher péniblement pendant toute une journée. On sait qu'il n'existait ni un livre, ni un plan, ni le moindre tracé de promenade capable de faciliter la marche du touriste et de lui permettre de pouvoir, sans fatigue et sans encombre, explorer aucune des contrées éminemment intéressantes de cette incomparable forêt. On sait que le plus grand nombre de ses beaux sites, de ses jolis points de vues et de ses belles roches étaient sans noms, et que, de tous ses arbres remarquables, il n'y avait de nommés que le Bouquet-du-Roi, le Clovis, le Charlemagne, le Henri IV, le Sully et le Chêne de la reine Blanche.

Mais si, aujourd'hui, il en est tout autrement, c'est que tout en étant venu au monde orphelin et pauvre, en 1788, dans un petit village de la Franche-Comté, et demeuré sans recevoir ni éducation, ni instruction, il m'est arrivé pourtant d'avoir le cœur facile à enthousiasmer en faveur de tout ce qui semble juste, beau et admirable, et que longtemps après avoir été deux fois attiré sous les drapeaux du premier Empire par le retentissement de nos victoires, comme par celui, hélas! de nos revers, et avoir participé à six campagnes, puis deux fois blessé sur le champ de bataille, je me suis trouvé, en 1832, fixé en qualité de modeste rentier dans ce charmant pays de Fontainebleau, où bientôt l'enchanteresse forêt m'ayant séduit et captivé, je lui ai voué mes sympathies et mon enthousiasme, comme un amant épris se voue à une maîtresse adorée. Toutefois, dans les premiers temps, bien que tout d'abord j'en explorais avec délices les admirables sites, j'étais bien loin de songer que leurs charmants attraits m'auraient épris au point de m'entraîner jusqu'à leur consacrer *quarante années d'efforts et de sacrifices* qui absorbèrent la meilleure partie de ma modeste fortune, amassée laborieusement en vingt années précédentes, dans le commerce. Mais j'étais plus loin encore de prévoir que, de mon humble initiative, il en résulterait la création de *cent soixante kilomètres* de promenades, les plus pittoresques de la forêt, et, de plus, la publication de Guides et cartes de cette forêt, moi si peu instruit. J'étais également loin de m'attendre au retentissement qui a accueilli et accueille encore ces travaux, dont l'utilité, généralement reconnue, attire de plus en plus les touristes et les artistes à Fontainebleau.

De ces travaux, voici l'énoncé des principaux :

*Cent soixante kilomètres* de sentiers, dont la moitié, au moins, fut ouverte à travers les rochers, à grands frais, souvent par l'emploi des carriers, sans compter les réparations d'entretien, bien que l'Administration y subvienne pour une part.

*Création d'une cinquantaine de grottes, tunnels, passages souterrains, fontaines, belvédères*, tels que le Fort-l'Empereur, le Belvédère de Némorosa, celui du Bas-Saint-Germain, la Grotte du Chasseur-Noir, la Grotte du Serment, celle du Parjure, la Grotte de Robert-le-Diable, la Caverne de Bertram, la Grotte d'Alice, la Grotte de Meyerbeer, le défilé des Cinq-Caveaux, le passage des Montussiennes, la Grotte de Malèna, celle de Maria Brunetti, la Caverne d'Augas, l'Antre de la fée Vipérine, la Grotte de la Biche-Blanche, la Grotte de Lucifer, celle de la fée Titiana, l'Antre de Vulcain, descente et passage des Portes-de-Fer ou du Manoir d'Obermann, Grotte du Petit-Simplon, Grotte de la Ravine, Grotte de Cybèle et celle de Benjamin, le Tunnel des Mastodontes, l'Antre de l'Enfer du Dante, Grotte de Béatrix, la Brèche de Bièra, le Rendez-vous des Druides, la Grotte de Velléda, le Tunnel des Druides, la mise en lumière de la Roche-Éponge, la Fontaine Dorly, la Fontaine Isabelle, la Fontaine Sanguinède, et une foule d'autres choses également appréciées et favorablement accueillies par les admirateurs de nos charmants déserts.

Puis aussi, les milliers de signes indicateurs, lettres, numéros imprimés soit sur les arbres, soit sur des roches.

### Comment je suis parvenu à solder tous ces travaux et leur entretien.

Ce n'est qu'en 1850, après avoir notablement amoindri ma modeste fortune à la mise en lumière de notre bien-aimée forêt, et dans l'impossibilité où je me trouvais de pouvoir continuer cette œuvre de prédilection, qu'il s'est rencontré parmi mes concitoyens plusieurs personnes assez sympathiques pour vouloir prendre l'initiative d'une souscription à l'effet de me fournir les moyens de poursuivre ma mission.

A cette souscription, qui est demeurée permanente, sont venues s'ajouter des subventions accordées par l'Administration municipale et par l'Administration forestière pour m'aider à entretenir les sentiers.

Les comptes rendus très-détaillés des sommes reçues ont été successivement insérés dans mes Guides publiés depuis 1850, et aussi dans le journal de la localité (l'*Abeille de Fontainebleau*), qui, dernièrement, dans une suite de numéros, en a publié la liste générale et nominative dont voici le résumé :

Total des souscriptions données par les habitants de Fontainebleau, depuis le 1$^{er}$ septembre 1850 au 12 juin 1873, *cinq mille sept cent quinze francs*, ci. . . . . . . . 5,715 fr.

Total des souscriptions données par la générosité de personnes étrangères à cette ville, *huit mille huit cent quatre-vingt-seize francs*, ci. . . . 8,896

Une souscription donnée en juin 1866 par l'Administration du chemin de fer de Paris à la Méditerranée, *cinq cents francs*, ci . . . . . . . 500

Total des subventions accordées par l'Administration municipale de Fontainebleau, depuis 1850 à 1873, *trois mille sept cent quatre-vingt-cinq francs*, ci. . . . . . . . . . . . . 3,785

Total des subventions en journées d'ouvriers accordées par l'Administration forestière, depuis 1846 à 1873, *deux mille cinq cent soixante francs*, ci. 2,560

Total général des souscriptions et subventions, *vingt-un mille quatre cent cinquante-six francs*, ci. 21,456 fr.

|  |  |
|---|---:|
| *Report*. . . . | 21,456 fr. |
| Quant à la part que j'ai fournie, elle consiste, premièrement, en une somme de *dix-sept mille francs*, prise sur mon avoir, ci. . . . . . . | 17,000 |
| et deuxièmement, dans le déboursé du produit de mes Guides et cartes vendus depuis 1839 à 1873, produit que, sans exagération, on peut bien estimer à 600 francs par an, ce qui, en trente-quatre années, donnerait *vingt mille quatre cent francs*, ci. | 20,400 |
| Si on comptait mon travail de quarante ans, seulement au prix de la journée d'un simple manœuvre, à 2 fr. par jour, cela monterait à plus de *vingt mille francs*, ci, pour mémoire . . . . | 20,000 |
| Total général des valeurs que j'ai dépensées à la mise en lumière de la forêt de Fontainebleau, *soixante-dix-huit mille huit cent cinquante-six francs*, ci. . . . . . . . . . . . . . . | 78,856 fr. |

dont *cinquante-sept mille quatre cent francs* du mien ; joli petit cadeau ! auquel, dans l'avenir, ne pourront croire les personnes qui n'ont pas l'idée de ce que peut l'amour du beau, du bien, et de le faire partager; cadeau que je suis loin de regretter malgré qu'il m'a coûté, avec l'amoindrissement de mon modeste avoir, bien des fatigues, bien des privations, et mis souvent dans la gêne et dans les dettes...

Non, malgré cela je ne regrette nullement ces quarante années d'amour et de sacrifice que j'ai consacrées à la mise en lumière de la forêt de Fontainebleau, parce que cette mise en lumière en a fait le rendez-vous de tout un monde d'artistes et de touristes de tous les pays, dont la présence fait la prospérité de la ville et des localités voisines ; sans compter le bel appoint ajouté aux recettes des chemins de fer et l'impôt qu'en perçoit le fisc.

Mais, en outre de ces heureux résultats, il en est un encore très-précieux, puisqu'il devient un appui des plus efficaces au bon vouloir de l'Administration forestière pour sauvegarder ce qui nous reste de nos remarquables sites, trop longtemps dévastés sans nécessité, surtout par l'exploitation des grès, mal entendue et mal dirigée; ce résultat précieux, disons-nous, c'est la formation du Comité de protection artistique, constitué et autorisé par arrêté préfectoral du 21 mai dernier (1873).

L'existence de ce Comité, composé de nombreux artistes et de savants de tous ordres et de beaucoup d'adhérents comme simples amateurs du beau, l'existence de ce Comité, dis-je, l'État, enfin éclairé sur la valeur du côté artistique et pittoresque de notre exceptionnelle forêt, ce sera une garantie certaine pour que désormais aucune atteinte ne soit portée à ce côté, et lequel, très-imparfaitement et très-incomplètement limité en 1861, ne peut manquer d'être rectifié et assimilé aux monuments nationaux et historiques [1].

Non, certes, je n'ai point à regretter cette vie d'amour et de sacrifices que j'ai consacrée à la plus belle, à la plus captivante des forêts, dont la mise en lumière a produit de tels résultats, sans compter les honorables sympathies qu'elle m'a valu, et dont les nombreux témoignages sont à mes yeux les plus précieuses décorations.

Je n'ai qu'un seul regret, c'est, je le redis, de sentir approcher la fin de cette vie d'amour et de sacrifices. Car le poids de mes 85 ans ne me permet plus de faire des tournées de cinq à six lieues dans les sentiers, soit pour me rendre compte des dégradations qui s'y produisent fréquemment, soit pour en diriger et surveiller les réparations.

Il est donc urgent, pour conserver ce réseau de sentiers, si commode pour visiter nos sites charmants, il est donc urgent que l'Administration municipale et l'Administration forestière veuillent bien aviser un moyen qui puisse alléger ma mission en me dispensant des soins à donner à cet utile réseau de

---

1. Dans notre dix-huitième édition, qui est sous presse, nous disons dans quelles mesures il est essentiel de régler le côté artistique et pittoresque de la forêt.

promenades. Ma prière sera bien accueillie, j'en ai la conviction.

Ce n'est pas à dire que, ne m'occupant plus de l'entretien de mes chers sentiers, je renoncerai à notre bien-aimée forêt et me reposerai. Ah! loin de moi cette triste pensée! N'ai-je pas mon principal Guide à terminer, depuis si longtemps annoncé et attendu? N'ai-je pas aussi les signes indicateurs à renouveler en plus de mille endroits de nos promenades à pied, lesquels, je le redis, servent aussi aux personnes qui parcourent la forêt en voiture et sont bien aises de mettre pied à terre de temps en temps pour pénétrer dans ceux de nos sites les plus pittoresques et pouvoir les visiter dans leurs détails les plus curieux?

Mais, n'ai-je pas, comme je l'ai dit plus haut, à achever plusieurs importants travaux, non trop éloignés de la ville, tels que la grotte nouvellement découverte, où je compte créer une fontaine de belle et bonne eau, puis à rendre la *fontaine Désirée* plus digne de son nom, et à terminer la très-vaste grotte de la croix d'Augas, dont la formidable voûte, formée d'une seule pierre, peut abriter plus de cent personnes?

Disons qu'à l'effet de me venir en aide à mener à bonne fin ces trois travaux qui, je l'espère, seront le vrai couronnement de mon œuvre de quarante ans, une souscription est ouverte chez M. Lacodre, libraire, place du Square.

Ne terminons pas ces lignes sans dire que nous n'avons jamais oublié la reconnaissance que nous devons aux nombreuses et généreuses personnes qui nous sont venues en aide dans cette œuvre de quarante ans. Car, sans leur sympathique concours, je n'aurais pu accomplir aussi grandement ma mission. Je les remercie donc de tout mon cœur et également les écrivains, les littérateurs qui, dans la presse, qui, dans maints ouvrages, m'ont souvent et généreusement appuyé, encouragé et honoré par d'éloquents et bienveillants articles. Je remercie de même ceux de nos administrateurs municipaux et ceux de la forêt qui m'ont témoigné leur bon-vouloir.

Merci et reconnaissance, en un mot, à toutes les personnes qui, de près ou de loin, ont bien voulu coopérer à m'aider dans cette mise en lumière de notre bien-aimée forêt.

Mais surtout, et sous peine d'être ingrat, n'oublions pas à qui nous devons personnellement de la reconnaissance pour les récompenses si précieuses et si enviées dont notre humble personne a été honorée, récompenses qui, longtemps encore après nous, constateront l'utilité de notre œuvre.....

---

## PREMIÈRE LISTE DES SOUSCRIPTIONS

*destinées à m'aider dans l'achèvement de cette œuvre, c'est-à-dire des trois choses importantes qui viennent d'être mentionnées et compléteront on ne peut mieux l'intérêt qu'offre déjà ces parages si près de la ville.*

| | |
|---|---|
| M. Léon Peclet, inspecteur du magasin général du chemin de fer de l'Ouest . . . . . . . . . | 5 fr. |
| M$^{me}$ Léon Peclet. . . . . . . . . . . . . | 5 |
| M. Léon Peclet, fils. . . . . . . . . . . . | 5 |
| M. Alfred Boutz, conseiller municipal à Neuilly-sur-Seine . . . . . . . . . . . . . | 5 |
| M$^{me}$ Alfred Boutz. . . . . . . . . . . . | 5 |
| M$^{me}$ Célestine, rentière à Fontainebleau . . . . | 2 |
| M. Maloizel, docteur-médecin. . . . . . . . | 10 |
| M$^{lle}$ Bouland, marchande de souvenirs de Fontainebleau. . . . . . . . . . . . . . . | 5 |
| M. Goulier, lieutenant-colonel du génie, à l'École d'application de l'artillerie et du génie. . . . | 10 |
| M$^{me}$ Émile Perrier, de Paris. . . . . . . . | 3 |
| M. Élie, artiste. . . . . . . . . . . . . | 3 |
| M. Jules Lecerf, agent de change. . . . . . | 40 |
| MM. Hachette et C$^{ie}$, libraires-éditeurs. . . . | 40 |
| M. le comte de Molinet, ancien directeur du génie. | 50 |
| *A reporter.* . . . | 188 fr. |

|  |  |
|---|---:|
| *Report*. . . . | 188 fr. |
| Maison Naigeon, loueur de chevaux et voitures à Fontainebleau. . . . . . . . . . . . . | 10 |
| M. Lacodre, libraire et marchand de souvenirs de Fontainebleau. . . . . . . . . . . . . | 5 |
| M. L'Herbier, restaurateur à Franchard. . . . . | 3 |
| M$^{me}$ et M$^{lle}$ Guilluy, de Paris . . . . . . . . | 20 |
| M$^{me}$ Jules Legrand, de Paris . . . . . . . . | 6 |
| Total de cette première liste. . . . | 232 fr. |

Nota. — Cette liste, avec les souscriptions qui viendront s'y ajouter, sera, comme toutes celles qui l'ont précédée, insérée dans le journal de Fontainebleau, et énoncée dans la dix-huitième et principale édition de mon Guide, dont les premières livraisons sont sous presse.

Si je donne ainsi de la publicité aux souscriptions et subventions qui, depuis tant d'années, me sont accordées, ce n'est pas seulement parce que cette publicité est l'un des documents qui constatent, de la manière la plus péremptoire, l'utilité de mes humbles créations, mais parce qu'elle est un hommage de gratitude rendu aux personnes qui ont bien voulu coopérer à cette œuvre d'utilité et d'agrément public, œuvre qui, je le redis avec peine, est à peu près terminée pour moi, sinon les trois travaux précités que, pourtant, j'espère mener à bonne fin, avec les bienveillantes souscriptions en voie de me venir, malgré l'indifférence du grand nombre et la malveillance de mes détracteurs dont les uns prétendent que j'ai abimé notre bien-aimée forêt en la mettant en lumière, et d'autres insinuent qu'elle m'a enrichi.

Oui, en effet, elle m'a enrichi, puisqu'elle m'a sorti de mon obscurité et m'a valu, comme je le disais tout à l'heure, tant d'honorables sympathies, tant de bonnes amitiés et de magnifiques récompenses, sans compter que ses beautés m'inspirent encore autant d'amour qu'au temps de nos premières fréquentations, et, qu'en amant peu jaloux, mon bonheur est de lui consacrer mes efforts jusqu'à mon dernier jour pour la faire aimer bien plus encore et augmenter le nombre, déjà grand, de ses adorateurs et adoratrices, et conséquemment de lui valoir plus de protection.

## PROMENADE AU MAIL D'HENRI IV

DÉVELOPPEMENT : 5 KILOMÈTRES

Parcourables en deux petites heures.

### ITINÉRAIRE

Pour effectuer cette promenette, que naguère nous avons modifiée et rendue plus agréable encore qu'elle ne l'était, il faut se rendre tout d'abord à la grille de Maintenon comme pour les promenades des rochers d'Avon et Bouligny, c'est-à-dire, en traversant le Palais, soit par la cour des Adieux et la cour de la Fontaine, ou bien par la cour d'Henri IV d'où l'on arrive au parterre et, tout aussitôt, à l'avenue et à la grille de Maintenon, en ayant vue sur l'étang, très-joli petit lac où se prélassent les fameuses carpes dont l'âge et la grosseur attirent tant les regards.

De l'avenue de Maintenon nous continuons notre marche directement vers la route de Moret, qui traverse le vaste carrefour de Maintenon. Nous y parvenons en peu de minutes. Traversons-le sans avoir égard aux marques bleues qui indiquent des chemins, soit à gauche, soit à droite de l'avenue. Nous voyons, en coupant ce vaste carrefour, une habitation de garde forestier à notre droite.

Ayant suivi l'avenue environ un quart d'heure, nous parviendrons à son extrémité, précisément sur le carrefour *Lemon-*

*nier*, situé au pied de la butte d'Henri IV laquelle nous offre une route large et rapide comme un toit.

Mais laissons à notre gauche cette large voie en prenant à droite notre étroit sentier dont l'entrée est signalée par une étoile rose à laquelle vont bientôt succéder nos marques bleues en pénétrant dans une petite vallée boisée principalement de pins du nord bien élancés, et à l'écorce bronzée et pour ainsi dire dorée.

Notre sentier va bientôt commencer à gravir en se dessinant en zigzags, puis, arrivé à mi-côte, il s'embranchera à un autre pour se diviser en deux un peu plus haut; alors, nous inclinons brusquement à gauche conformément à notre flèche bleue, pour gravir encore un instant et parvenir sur le travers d'un petit chemin contournant le haut bord du plateau de la butte. Ici, nous prenons tout à fait à droite, en ayant vue sur la vallée que nous venons de parcourir. Mais, patience, nous allons, tout à l'heure, voir une petite croix rouge qui nous invitera à dévier un instant, à droite, de la petite route pour jouir d'une magnifique échappée de vue sur Fontainebleau et sur les collines par delà, telles que le Mont-Pierreux, le Mont-Ussy, les rochers du Calvaire et du fort des Moulins, puis on découvre plus à droite et plus loin les côteaux de la Seine et une foule de pays, entre autres Héricy et même les tours de Blandy, lors que le temps le permet.

Cette ligne de maisons blanches et de riantes villas que nous voyons moins éloignées, ce sont les habitations de l'avenue du Chemin-de-Fer. Mais ne dédaignons pas non plus de jeter un regard encore sur cette belle plantation de pins dorés dont la cime est au-dessous de nos pieds.

Ayant dépassé ce joli point de vue, le sentier continue à contourner le haut bord de la montagne en nous offrant encore, de ci de là, des échappées de vue à travers les arbres, puis, presque aussitôt, la lettre A va nous signaler le belvédère d'*Arsène Houssaye*, endroit où se trouve un tertre en gazon entouré d'un banc circulaire de même nature et où nous allons nous reposer un peu et jouir d'un point de vue plus remarquable encore que celui qui vient de passer sous nos yeux.

C'est tout autre chose par son aspect éminemment sauvage. C'est une vaste étendue de forêt entourée d'une ceinture de monts et de rochers diversement ondulés et mouvementés; sur la gauche, peu éloignée de nous, c'est la partie occidentale de la chaîne du rocher Bouligny; plus loin, faisant suite, ce sont les chaînes de rochers du Morillon et de la Salamandre, en partie dénudées; par derrière, plus à gauche, c'est le mont Morillon, c'est le rocher des Demoiselles, puis les rochers du Mauvais-Passage et ceux de la Combe, etc., etc.

En quittant le belvédère d'*Arsène Houssaye*, nous inclinerons à notre gauche au bout de quelques pas, conformément à nos marques bleues, en prenant un sentier pénétrant tout à fait dans le bois mélangé de chênes, de genévriers et d'épines ; il nous conduira, en moins de trois minutes, sur un sentier plus large allant immédiatement aboutir sur le mail d'Henri IV, vaste et beau rond-point du milieu duquel s'élève un cèdre d'une quarantaine d'années, déjà beau.

En abordant ce vaste rond-point, dirigeons-nous à gauche au bord de la descente d'où nous reverrons la ville, le château, puis, seulement, une partie des collines qui l'avoisinent vers le nord. C'est le point de vue du mail.

En le quittant, nous allons passer contre le cèdre en traversant le plateau, et avoir sur le bord opposé une échappée de vue toute différente sur le rocher Bouligny, séparé de nous seulement par une étroite et profonde gorge. Ensuite, inclinons de quelques pas sur notre gauche pour quitter le rond-point du mail en prenant un sentier dont l'entrée est indiquée par notre signe bleu. Ce sentier contourne le sud du plateau et va nous offrir une suite d'autres échappées de vue encore sur le rocher Bouligny.

Le site que nous parcourons, y compris l'ensemble de la montagne, se nomme le *Petit-Mont-Chauvet*. Nous allons couper un chemin au moment où nous rencontrons une étoile rose peinte sur l'écorce d'un arbre. De cet endroit on découvrait autrefois un très-beau point de vue vers l'est-sud, vers la Malmontagne, le Haut-Mont et, bien loin par de là les limites de la forêt; espérons que l'administration actuelle nous le rendra en débarrassant la valeur de quelques stères de bois.

Après avoir traversé le chemin, nous aboutissons presque tout aussitôt sur un autre que nous suivrons dans le sens où nous y arrivons. C'est une petite route cavalière; elle va descendre tout à l'heure, mais en pente douce, appuyée au flanc de la colline. Nous revoyons des échappées de vue à travers les arbres. Voici une petite croix rouge qui nous dit qu'on aperçoit au loin une longue ligne blanchâtre, c'est l'aqueduc des eaux de la Vanne, le plus étendu et le plus monumental dans sa traversée de notre forêt, car il n'a pas moins de trois kilomètres hors de terre à une grande hauteur, du rocher Brûlé au rocher Bouligny.

Suivons encore une trentaine de pas la cavalière, après avoir aperçu l'aqueduc, alors nous la quitterons en prenant à droite notre sentier conformément à notre signe bleu.

Nous continuons à descendre. L'ayant suivi à peine deux minutes, il tournera brusquement à droite pour incliner ensuite à gauche et déboucher à l'instant sur une autre cavalière que nous suivrons toujours en descendant le Petit-Mont-Chauvet pour nous amener en moins de deux minutes sur le carrefour *Gabrielle* traversé par la route de Montigny.

Coupons cette route macadamisée de l'autre côté de laquelle nous en laisserons une à droite pour suivre la route *D'Estrées* pendant un instant seulement, c'est-à-dire, jusqu'au premier sentier qui va s'offrir à notre gauche. C'est le *sentier* des *Châtaigniers*. Prenons-le ainsi que l'indiquent nos marques bleues qui en cinq à six minutes nous conduiront au carrefour de de *l'Octogone* en passant contre l'*Abri d'Agar* signalé par la lettre U.

En arrivant au carrefour de l'Octogone, effleurons-le seulement, en laissant une route à notre droite. Celle que nous prenons, signalée par une flèche rouge, est une jolie petite cavalière, encore assez bien ombragée de pins, de chênes et de bouleaux. Elle va directement aboutir, en trois minutes, à la première section du rocher d'Avon, précisément sur le travers de la promenade spéciale de ce très-beau site, et en face le *banc de Cécile*, modeste roche désignée par la lettre E. En arrivant là, négligeons le sentier à notre droite, malgré notre marque bleue, et préférons celui à notre gauche que nous suivrons à peu près directement en en laissant, tout à l'heure, un à notre gauche encore.

Celui que nous prenons va cotoyer le flanc d'une colline dont les crêtes rocheuses nous dominent à notre droite, tandis que nous dominons à notre gauche une petite vallée également rocheuse et ombragée par des pins. Nous allons y descendre en pente très-douce en contournant un très-remarquable pêle-mêle de roches formant une foule d'issues et de réduits; c'est le *rocher de Chenavard*.

Suivons bien le contour de ce beau groupe de grès par le sentier indiqué par nos marques bleues en passant près la lettre D et en négligeant tout autre sentier, tout autre issue.

En quelques minutes, nous parviendrons à l'entrée de la grotte de la *Biche-Blanche*, désignée par la lettre C, et dont il est déjà fait mention dans ce livre.

La grotte de la Biche-Blanche est remarquable d'abord par le groupe de roches qui la forme et l'environne; il en est une à gauche, près de l'entrée, qui a l'aspect d'un énorme tronc d'arbre, mais la plus formidable est celle qui couvre la grotte et qui est singulièrement arc-boutée sur d'autres masses de grès.

En sortant de cet abri, que nous venons de restaurer et de rendre d'un aspect plus intéressant et plus naturel, nous poursuivrons notre marche en prenant à gauche et, en moins d'une minute, nous passerons entre *l'homme qui veille*, à notre gauche au bord du sentier et *la femme qui dort*, vis-à-vis, sur le bord opposé, à notre droite et désignée par la lettre B.

A cinquante pas plus loin, nous traverserons le *rocher Lapito*, très-beau groupe de grès signalé par la lettre A.

Ensuite notre sentier va descendre un peu et se réunir à un autre pour arriver tout de suite sur un chemin plus large, que nous couperons étant encore accompagnés de rochers et toujours ombragés soit par des pins, soit par de jeunes chênes et quelques autres menus végétaux.

Dans quelques minutes nous allons aboutir sur un assez

beau carrefour de sept routes. Nous le traverserons en en laissant deux à notre droite et trois à notre gauche. Celle que nous prenons est la *route de Condé;* elle nous conduira en moins de trois minutes au vaste carrefour de Maintenon, point de départ et de retour de la promenette que nous venons d'effectuer. Nous rentrons donc en ville par la grille de Maintenon et le Palais.

---

## PROMENADE A PIED

## AUX ROCHERS ET BOCAGES DE LA SOLLE

En quatre heures

ou

en six heures si on veut aller jusqu'au rocher Saint-Germain.

On sera à même d'en décider en se dirigeant d'après l'itinéraire que voici

### ITINÉRAIRE.

Le point de départ de cette double et charmante promenade est la barrière de Paris, c'est-à-dire, le vaste et beau carrefour de la Fourche qui en est contigu. On s'y rend de la ville par diverses issues, mais principalement par la rue de France, dont la sortie en est le plus rapprochée (environ trois cents pas).

De cette sortie, qui se termine par la grille d'un joli parc, il faudra continuer directement en prenant la contre-allée qui longe la droite de la route, ainsi que l'indiquent nos marques bleues.

Étant parvenus près du vaste carrefour de la Fourche, ne l'abordons pas, traversons une route y arrivant, laquelle est un nouveau boulevard. L'ayant coupée, nous suivrons un instant la contre-allée ceintrée pour la quitter en coupant une route moins large allant aboutir aux Abattoirs, que nous voyons à notre droite très-près de nous, (beaucoup trop près, assurément), du point de départ de nos principales promenades, et surtout trop près de la ville.

Quelques pas après avoir coupé ce chemin des Abattoirs, nous appuierons à droite, conformément à nos marques bleues, en prenant un sentier tracé sur le gazon, et pénétrant immédiatement en forêt.

Ce sentier, que pendant sept à huit cents pas nous allons parcourir parmi des jeunes repousses de chêne, c'est-à-dire, en plein découvert, a été ainsi dépossédé de ses ombrages protecteurs par une sorte de pillage dont la cause fut cette maudite guerre, si follement déclarée et entreprise plus inqualifiablement encore, on ne saurait trop le rappeler!...

Après avoir suivi, à peu près directement, notre sentier légèrement sinueux parmi ces jeunes repousses, en coupant de ci de là plusieurs chemins, nous cheminerons ensuite à l'ombre d'un bois de chênes et de pins, tout en gravissant, en pente non trop rude, le flanc méridional du Mont-Pierreux, vers le sommet duquel nous arriverons vingt minutes après notre sortie de la rue de France.

Près d'atteindre ce sommet, nous passerons presque au bord escarpé d'une vaste et profonde carrière de sable blanc, à l'extrémité de laquelle apparaissent trois sombres entrées de cavernes.

Ne nous approchons pas trop de cette carrière, vu que le bord, en surplomb, à pic sur l'abîme, pourrait très-bien nous y entraîner en se détachant du sol par notre propre poids. D'ailleurs, nous allons, tout à l'heure, en inclinant à notre gauche par un sentier signalé par des marques rouges, nous trouver placés de manière à bien voir non-seulement la carrière, mais, ce qui vaut mieux, un remarquable point de vue sur toute la partie méridionale de la vallée de Fontainebleau.

— 156 —

Cette partie de vallée, bien que la ville ne s'y trouve pas, est très-étendue et entourée par plus de quinze collines, dont les principales sont : le Mont-Merle, le rocher Fourceau, le montoir de Saint-Hérem, le Mont-des-Ipréaux, le montoir de Recloses, les rochers des Demoiselles et du Mauvais-Passage, la montagne de Souvray, le Mont-Enflammé, le rocher de la Salamandre, le rocher du Long-Boa ou Long-Boyau, le Mont-Aigu, le Mont-Faissas, les montoirs de la Fosse-à-Rateau et de la Tête-à-l'Ane, puis le Mont-Pierreux, d'où nous apercevons tous ces monts et rochers.

En quittant ce point de vue, nous continuons un instant à suivre les marques rouges pour rejoindre notre sentier aux marques couleur du ciel, lequel, en une minute, nous amènera sur un sentier plus large, c'est-à-dire, sur une jolie petite route cavalière bien droite et se prolongeant à perte de vue sous une voûte de verts feuillages. Nous la suivrons dans le sens où nous y arrivons, et accompagnés, à notre droite, par un bois d'une cinquantaine d'années, mélangé de chênes, de charmes et de hêtres; puis, tout à l'heure, de quelques blancs-bouleaux. Mais à notre gauche c'est une futaie plus splendide, mêlée aussi de charmes, de hêtres et de chênes, dont les plus âgés ont de deux à trois cents ans; tels, par exemple, ceux contre lesquels nous allons passer, notamment la *Chaise de Christine de Suède*, chêne en trois tiges formant une sorte de siége, tout au bord de notre chemin, et désigné par la lettre A, nouvellement refaite pour la quatrième ou cinquième fois, car la malveillance, qui depuis un certain nombre d'années avait épargnée ces innocentes lettres, s'est remise à les effacer avec acharnement au fur et à mesure que je les rétablissais, surtout dans cette promenade-ci et dans celle de la Tillaie. Tout en ne me rebutant pas, j'ai pris le parti de ne les renouveler que dans les endroits les plus essentiels, comme jalons, afin que l'on puisse bien comprendre et reconnaître le trajet que l'on parcoure.

Nous sommes donc ici contre la Chaise de la terrible Christine de Suède. Un peu plus loin, sur le même côté de notre droit chemin, se dressent les *Quatre-Amis*, réunion de chênes bien droits, bien élancés, également âgés de deux à trois siècles. Un instant après nous déboucherons sur le carrefour de la Butte-aux-Aires, appelé depuis plusieurs années *carrefour de Louis-Philippe*.

La futaie que nous venons de longer à notre gauche appartient à la Butte-aux-Aires.

Ici, sur ce rond-point magnifiquement entouré et ombragé, nous sommes à deux bons kilomètres du centre de la ville. La futaie du *Gros-Fouteau* que nous allons traverser dans sa partie méridionale, exige un peu plus d'une demi-heure de marche pour parvenir à son extrémité vers les rochers de la Solle.

A cet effet, traversons le carrefour Louis-Philippe, en laissant deux routes à notre gauche et trois à notre droite, y compris la longue et droite route qui traverse toute la futaie. Le sentier que nous prenons à gauche de cette route est largement ouvert et signalé par une flèche bleue. Ses légères sinuosités, qui ne l'empêchent pas d'atteindre à peu près directement les hauteurs de la Solle, et toujours sur un terrain uni, coupent de ci de là plusieurs chemins et routes de chasses, puis deux carrefours seulement. La première section, d'environ quatre cents pas, que nous entamons, est peuplée, en grande partie, de hêtres très-élevés et de quelques vieux chênes non moins admirables. On reconnaîtra les plus remarquables de ces arbres qui bordent le sentier de cette section, non-seulement par leur beauté, mais aussi par les traces de la malveillance qui en a effacé les lettres indicatrices. Nous avons passé une couche de peinture sur ces signes ravagés, toutefois, en en rétablissant seulement dans les endroits les plus indispensables, comme nous l'avons dit tout à l'heure.

La lettre B, que nous allons voir à droite du sentier un instant après avoir quitté le carrefour Louis-Philippe, désigne le *Spindler*, très-beau hêtre; ensuite, du même côté, c'est le *Henri Walter*, chêne de trois cents ans; puis, en avançant, nous remarquerons le *Bartoloméo*, le *Jean Cousin*, hêtres superbes; et ensuite, c'est le *Frédéric Baur*, très-beau chêne qui dépasse trois cents ans et termine la section. Il est désigné par la lettre C.

Tout aussitôt après ce rustique burgrave, nous allons aborder un beau carrefour d'où s'élève le *Superbe*, chêne des plus majestueux de la forêt, que l'administration impériale avait débaptisé en l'étiquetant du nom de *Bouquet de l'Impératrice*. On comprend que c'est avec plaisir que je lui ai rendu le nom qu'en 1842 je lui avais donné.

Traversons ce beau rond-point en laissant à notre gauche une route et deux à notre droite, ainsi que ce gigantesque chêne qui n'a pas moins de cinq cents ans et plus de cinq mètres d'envergure, pour prendre la suite de notre sentier qui longe d'assez près une route, et d'où nous verrons, à notre gauche comme à notre droite, soit de près comme à quelque distance, une foule de chênes qui méritent bien aussi notre attention, tels, par exemple : le *Jean-Bart*, le *Mola*, le *chêne de Watelin*, le *Chevilliard*, l'*Anatole Nancy*, le *chêne Deltil*, le *Jules Decaisne*, le *Louis Hébert*, le *Hanoteau*, le *Nazon*, le *Édouard de Molinet*, le *chêne de Marius Granet*, le *Paul Delaroche*, le *Théodore Gudin*, le plus rapproché du sentier et désigné par la lettre D. Mais j'en omets une foule d'autres non moins dignes de notre admiration, le tout compris dans un trajet de quelques minutes, au bout duquel nous abordons sur un carrefour également gardé et entouré par de fiers et magnifiques géants.

Traversons-le, ce carrefour, en laissant à notre droite trois routes et deux à notre gauche, dont une va aboutir à la route de Paris, que nous apercevons.

Notre sentier, et les marques bleues qui en indiquent le parcours, et que la malveillance a eu l'indulgence pourtant de ne pas maltraiter autant que nos infortunées lettres, vont nous conduire en vingt minutes au pied du *chêne du Houx*, en cheminant constamment parmi de superbes burgraves, bien que d'aucuns d'entre eux soient horriblement mutilés par la foudre.

A peine avons-nous fait quelques pas dans le sentier, que la lettre E nous désigne le *Daguère*, chêne qui dépasse trois siècles, et qui est veuf de sa chère moitié. A cent pas plus loin, nous verrons à notre gauche le *Jules Romain*, chêne de quatre cents ans, mais qui a perdu aussi la moitié de lui-même. Un peu plus loin, à six pas du sentier, également à notre gauche, c'est la *Loge-de-Robinson*, chêne éventré, de manière à abriter un promeneur.

Deux minutes plus loin la lettre F nous désignera l'*Honoré Bonhomme*, chêne bien droit, bien portant et superbement élancé, avec ses deux belles tiges sympatiquement rapprochées.

En face de ce beau chêne, sur la rive opposée du sentier, nous en frôlons un encore très-beau, mais plus jeune, c'est l'*Étienne Jamin*.

Continuons environ cinq cents pas les sinuosités de notre étroit et doux méandre, toujours délicieusement ombragé par une luxuriante végétation de chênes et de hêtres, pour passer au pied du *Pisano*, chêne colossal et penché, qui rappelle la tour de Pise et son architecte.

A une centaine de pas au delà de ce colosse incliné, nous arriverons près du *chêne du Houx*, que nous aurions volontiers appelé le *chêne d'Eugénie*, vu que c'est une aimable personne de ce nom qui nous a fait remarquer le houx qui s'est avisé de croître au milieu de la ramure très-élevé de ce chêne. Afin qu'on puisse bien l'apercevoir, nous avons fait ouvrir un bout de sentier sur la gauche, lequel, après une courbe d'une trentaine de pas, rejoint le sentier primitif.

Cette explication suffira pour attirer l'attention sur cette curiosité et la faire connaître. Néanmoins, ce chêne du Houx est désigné par la lettre G.

A cent autres pas au delà, c'est le *Girodet*, chêne penché comme le Pisano.

Deux minutes après nous passerons contre l'*Auguste Couder*, dernier des très-vieux chênes de la futaie, il est marqué de la lettre H. Un instant après, notre sentier va se diviser en deux, précisément vers la fin du Gros-Fouteau, où nous voyons se manifester une clairière.

Ces deux sentiers conduisent également à la double promenade de la vallée de la Solle et du rocher Saint-Germain.

Celui à gauche, par la *fontaine Sanguinède* et la *vallée de Rachel*, et celui à droite, par le très-pittoresque sentier de l'*Amitié*. Néanmoins, les personnes qui séjournent un certain laps de temps à Fontainebleau, et qui tiennent à voir tous nos sites remarquables, feront bien de parcourir les deux trajets. Dans ce cas, elles auront recours à l'Itinéraire, page 184.

Quant à nous, qui pour aujourd'hui préférons accomplir la promenade dans ce qu'elle a de plus attrayant, nous allons nous diriger de la manière que voici :

Des deux sentiers qui s'offrent à notre choix, nous laissons à notre gauche celui dont l'entrée est signalée par des marques rouges, et nous continuons notre promenade par le sentier à droite, c'est-à-dire, directement, conformément à nos marques bleues.

Dans un instant nous allons couper la *route à la Reine*, chemin macadamisé. Dès lors, la scène change du tout au tout ; car nous abordons les rives rocheuses des hauteurs de la Solle, parmi les houx, les genévriers, les humbles bruyères, puis encore quelques vieux chênes, des charmes et des hêtres, sans exclure les vertes fougères.

Le sentier que nous allons parcourir de l'autre côté de cette route macadamisée, est l'un des plus délicieux parmi les plus intéressants de la forêt. Il sillonne, pendant sept cents mètres, plus ou moins en contre-bas, plus ou moins sur le bord déchiré du plateau, une suite de sites en miniature, offrant, à chaque pas que vous avancez un nouveau tableau, un nouveau point de vue toujours plus joli et plus ravissant, et dont l'aspect enchanteur vous charme et vous rend heureux ! Et, en effet, je l'étais heureux en en traçant les courbures et sinuosités à travers ce captivant pêle-mêle d'arbres et de rochers, de riantes et pittoresques petites gorges avec leurs petites montées et descentes.

O oui ! j'étais si heureux, si content, en ajoutant ce fil d'Ariane à tant d'autres, que je l'ai nommé le *sentier de l'Amitié*. En décrire les mille curieux et charmants détails, cela dépasserait par trop le cadre de notre itinéraire. Nous laisserons à la sagacité et au bon goût de nos lecteurs le plaisir d'apprécier les beautés de ce site de prédilection. Ils en parcourront d'autant plus facilement, d'autant plus agréablement les sept cents mètres, que nul autre sentier, nulle autre issue ne vient s'y mêler, ou simplement aboutir, à ce trajet si bien décoré, si coquettement ombragé par la nature !

Toutefois, nous en avons signalé, comme principaux jalons, les trois plus vastes points de vue par trois lettres, au risque de les voir encore une fois effacées.

Le premier de ces points de vue, nous allons le voir tout à l'heure, après avoir un peu descendu sous la feuillée d'un mystérieux bocage et pénétré, pendant une minute, dans le joli pêle-mêle de rochers et de végétaux ; la lettre A, sur une roche en forme de balcon, nous dira que c'est là le *belvédère de Nicolas Poussin*, d'où l'on jouit d'un ravissant point de vue de près, sur les rochers, et au loin, sur la vallée de la Solle, puis par delà.

La lettre B, que nous rencontrerons après avoir parcouru plusieurs petites descentes et montées sillonnant une suite de charmantes petites gorges et collines, nous signalera le point de vue d'*Ingre*, non moins beau, que nous aborderons à quatre ou cinq pas sur les rocs, à notre gauche, d'où l'on découvre une seconde vue sur la Solle, mais avec une différence marquée.

De cette lettre B, nous parviendrons en quelques minutes à la fin du sentier de l'Amitié, qui se termine par une modeste petite plate-forme que nous avons disposée, munie d'un banc en gazon appuyé contre une petite roche sur laquelle est appliquée la lettre C, qui nous apprend que nous sommes arrivés au *belvédère Lavoisier*.

Du bord escarpé de ce belvédère, en partie ombragé par quelques tiges de hêtres, nous dominons à pic le contre-bas du plateau rocheux, et nos regards planent sur toute la vallée de la Solle et sur les monts et rochers qui l'environnent pour ainsi dire complètement. Au nord, en face de nous, c'est la chaîne du rocher Saint-Germain ; à l'est, ce sont les monts et rochers du grand Cassepot ; au midi, ce sont ce qu'on appelle les *hauteurs de la Solle*, y compris le mont Chauvet et les *ventes aux Postes;* à l'ouest, ce sont les reins de la Solle, ou plutôt les *monts de Guise*, à cause de Guise *le Balafré*, l'un des généraux de la Ligue, qui a fait ouvrir une route sur les hauteurs de cette colline pour le passage de son armée qu'il conduisait vers Larchant, que les protestants assiégeaient, et laquelle route a recouvré, sinon son nom primitif de *chemin des Ligueurs*, mais celui de route des Ligueurs.

Disons que la plaine dénudée, que nous apercevons dans la vallée de la Solle, est l'hippodrome servant aux courses deux fois par an. Une partie de ce terrain est destinée aux grandes manœuvres des garnisons de Melun et de Fontainebleau, et sert aussi de polygone à l'École d'application.

Mais quittons ce beau point de vue, dernier jalon, comme nous l'avons dit, du sentier de l'Amitié, dont nous venons de parcourir si agréablement les pittoresques détours; quittons-le en descendant quelques pas à la rencontre de plusieurs sentiers, dont nous prendrons celui qui incline tout à fait à notre gauche et va nous faire pénétrer dans l'*Antre de Raoul*, passage imposant entre d'énormes rochers, dont l'abord est signalé par notre marque bleue.

En sortant de ce passage si formidablement encaissé, le sentier, qui dès lors prend le nom de *sentier de Coralie*, va, en descendant la colline, se dessiner en zigzags, ou autrement dit en lacet, dont les plis et replis étagés nous feront revoir le site sous d'autres aspects, sous d'autres perspectives toujours très-variées. Nous revoyons des roches de toutes formes, des végétaux de toutes espèces, des chênes, des hêtres, des houx, des genévriers., etc., etc.

Nous allons passer contre la *roche des Trois-Amies*, Marguerite, Henriette et Marie, désignée par le numéro 2. Ensuite se dresse le *Menhir* de la Solle, pierre haute et droite, désignée par une étoile.

Continuons à descendre encore un instant, et nous arriverons tout à fait au bas de la colline, en passant dans une espèce d'antre à la sortie duquel notre sentier se divise en deux. Celui qui est désigné par la marque bleue est le sentier de *Fernand*

*Desnoyers* (1). Il conduit vers le *rocher Malignon* et aux gorges de la Solle, laissons-le à notre gauche, en prenant à notre droite le *sentier de Biéville*, dont l'entrée est désignée par une marque rouge ; il va nous faire traverser tout de suite un chemin et cotoyer la base du *mont Jussieux*, trajet encore très-pittoresque et délicieusement décoré de rochers et d'ombrages.

La lettre D va nous signaler un groupe de roches assez remarquables de formes, dont une s'élève et se dresse fièrement au-dessus des autres avec un air fantastique ; c'est la *Thérésa*.

Dans deux minutes, notre fil d'Ariane va encore se diviser en deux, à l'endroit où nous rencontrerons la lettre E. Le sentier qui se poursuit directement en descendant, et encore muni de marques rouges, est destiné aux personnes qui veulent ajouter à la promenade de la vallée de la Solle deux petites heures de plus pour explorer la plus intéressante partie du très-pittoresque rocher Saint-Germain.

Voir à cet effet, page 177, l'itinéraire de ce précieux appoint.

Quant à nous, qui pour aujourd'hui sommes très-heureux de pouvoir limiter notre promenade aux sites charmants de la vallée de la Solle, nous allons prendre, à droite de la lettre E, le *sentier de Flavie et de Laure*, à l'entrée duquel nous retrouvons nos marques bleues. Mais avant que d'y pénétrer, remarquons encore plus à notre droite, vers le haut de la colline, à une trentaine de pas, une roche plus volumineuse et plus saillante que les autres qu'elle domine. On peut la mettre facilement en mouvement rien qu'en la poussant avec la main. Nous l'avons désignée par une étoile.

Mais continuons notre promenade conformément à nos marques bleues, et dans un instant le sentier nous amènera

---

(1) Je n'oublie et n'oublierai pas que ce jeune poëte de la Bohême la plus Bohême, fut un ami dévoué de la forêt et de son Sylvain, et que ce fut lui qui prit l'initiative pour l'une des plus glorieuses récompenses de mes travaux.

sur une route de chasse qui est la *route de l'Amitié*. Nous ne savons pas si ce baptême, venu longtemps après celui de notre sentier de l'Amitié, a été inspiré par le même motif, toujours est-il que cette route, qui prend naissance à la descente des gorges de la Solle, est des plus pittoresques. Nous la suivrons pendant une ou deux minutes, entre un bois ordinaire à notre gauche et encore la base du mont Jussieux à notre droite, avec ses roches décorées de vertes mousses et toujours pittoresquement ombragées, surtout par des hêtres, dont les plus remarquables en vue sont tout d'abord, à la sortie du sentier l'*Hippolyte Regnault;* puis ensuite se succèdent le *Fontenay*, le *Boulogne*, le *Pierre Dupont*, désigné par la lettre G.

Un instant après avoir dépassé le dernier de ces arbres séculaires, nous traverserons un petit carrefour en laissant deux routes à notre gauche, y compris celle de l'Amitié. Celle que nous suivons est toujours la plus délicieuse à parcourir. C'est la *route Amélie*, conduisant aux tribunes du Champ de courses. Nous ne la suivrons qu'une ou deux minutes, en ayant encore à notre droite la base du mont Jussieux, puis de beaux hêtres, tels que le *Vandame*, le *Joubert* et le *Catinat*.

Étant parvenus près de ce dernier, qui, ainsi que les précédents, porte les traces de la malveillance, mais sur lequel nous avons rétabli un signe indicateur (la lettre H), nous inclinerons à droite vers un sentier qui, tout aussitôt, va se diviser en deux; préférons celui à notre gauche, lequel est le *sentier de Stéphanie* et *d'Auguste*.

Dès lors, nous pénétrons dans les bocages du Tivoli de la Solle, pour cheminer parmi des chênes et des hêtres dont les plus remarquables en vue, pendant un trajet d'un quart d'heure, sont : le *Villaret-Joyeuse*, le *chêne de Saint-Hilaire*, le *Jules Janin*, l'*Aristide Dauvin*, le *Charles Deslys*, le *Talma*, le *Bouquet de la Solle* (le plus majestueux de tous et désigné par la lettre I), ensuite, c'est le *Charles Comte*, le *Burty*, les *deux David*, entre lesquels nous passerons pour arriver presque aussitôt aux *trois Vernet*, trois formidables chênes réunis et terminant la splendide décoration du sentier de Stéphanie et d'Auguste.

Ici, au pied de ces trois géants, nous sommes au cœur des beautés de la Solle, presqu'à la base des rochers du mont Chauvet, précisément sur un petit carrefour étoilé par cinq délicieux chemins ou sentiers. Arrêtons-nous un instant pour jeter un regard sur chacune des issues qui nous environnent et en contempler les pittoresques tableaux. Que de bien beaux arbres encore, dont le plus grand nombre, il est vrai, sont en dehors de notre chemin et voilés par d'autres gracieux ombrages, les plus remarquables sont : le *Monge*, le *Carnot*, le *Berthollet*, le *Delalande*, le *Télémaque*, le *Vauquelin*, le *Cabanis*, le *Biot*, le *Blouet-Abel*, etc., etc.

Coupons ce délicieux carrefour en laissant trois chemins ou sentiers à droite, c'est-à-dire, en prenant le chemin tout à fait à notre gauche, lequel va soudain nous amener à l'entrée de la *Salle de Bal*, endroit des mieux ombragés par les hêtres, et où, jadis, la bourgeoisie de Fontainebleau venait, en sociétés nombreuses, se récréer et danser dans les beaux jours d'été.

Mais ne suivons pas plus loin la jolie route ; quittons-là en prenant à droite, conformément à notre flèche bleue et la lettre J, le sentier non moins délicieux de *Gabriel et d'Élisabeth*, où nous reverrons des rochers décorés de vertes mousses, et également abrités par une splendide végétation. Nous apercevons tout d'abord à notre droite quelques chênes plusieurs fois séculaires, entre autre le *Bertholon*, tout près de nous, derrière une roche.

Puis, tout à l'heure, vers la lettre K, au moment où le sentier incline plus court à droite, nous apercevons, à quelques pas à notre gauche, le *Charles Rivière*, hêtre superbe en trois tiges.

Notre sentier devient des plus sinueux, des plus tourmentés, et le site des plus accidentés, des plus pittoresques, des plus curieux et des plus agréables à parcourir ; c'est un pêle-mêle d'arbres et de rochers aussi charmant que celui sillonné par le sentier de l'Amitié, mais avec des variétés de perspectives toutes différentes, et dont les mille ravissants détails me seraient tout aussi impossible à décrire. Je me bornerai donc à désigner quelques-unes des principales choses qui, du Tivoli de la Solle à la fontaine du mont Chauvet, forment les jalons du trajet dont le développement est d'environ six cents mètres.

Ces principales choses sont :

Le *Michel-Ange*, chêne colossal, en face la lettre L (1).

Le *Richard-Lenoir*, chêne également formidable, à quelques pas plus loin, et désigné par la lettre M.

La lettre N nous engage à nous diriger encore directement devant nous quatre ou cinq pas dans une jolie petite impasse, et de revenir ici, à cette lettre N, pour continuer à suivre le sentier, après avoir vu parfaitement le *Walter-Debussy*, chêne de plusieurs siècles, très-remarquablement agencé avec les grès.

De la lettre N, nous passons immédiatement dans un charmant petit site admirablement bien encaissé; c'est l'*oasis de Léon Cogniet*. Suivons bien les sinuosités de notre fil d'Ariane selon nos marques bleues, en inclinant tout à l'heure tout court à droite dans un encaissement moins spacieux, mais non moins intéressant, et lequel va tout de suite nous faire incliner à gauche pour aboutir sur le travers du sentier de *Léon et Pauline*, que nous suivrons à droite; il est signalé par la lettre O.

Quelques instants après avoir laissé derrière nous cette lettre O et longé la base d'imposants rochers bien ombragés, nous parviendrons tout à fait au pied du mont Chauvet, où la lettre P nous invitera à jeter un regard à notre gauche pour voir une gigantesque roche, avec une ouverture béante aux formes étranges. C'est la roche et la grotte de la *Dame Blanche*.

---

(1) La malveillance, ainsi que nous l'avons déjà dit, s'attaque bien moins à nos lettres imprimées sur les roches qu'à celles sur les arbres. C'est pourquoi nous en retrouvons dans ces parages et aussi dans nos autres sites rocheux.

Quant aux simples flèches et petites marques indiquant le parcours de nos sentiers, nous sommes du moins heureux de ne plus les voir effacées.

Nous allons gravir un peu rudement, bien que tout récemment nous ayons amélioré de notre mieux le sentier. Nous en avons pour six à huit minutes avant d'arriver à la fontaine du mont Chauvet, en passant successivement parmi ou près les *roches Colombel*, désignées par la lettre Q; le repos de *Mira Brunet*, roche désignée par la lettre R; le *val de Knyff*, signalé par la lettre S; l'oasis d'*Alfred et Marie*, désigné par la lettre T. Arrivée au sommet des rochers et point de vue sur la Selle, U.

En gravissant cette imposante colline du mont Chauvet par notre sentier en zigzag si tourmenté, dont les plis et replis nous ont permis de voir et d'admirer le site dans ses aspects les plus remarquables et les plus saisissants, nous avons pu reconnaître que les masses de rochers isolés ou groupés, penchés ou renversés, et présentant un dédale d'issues et d'accidents plus curieux les uns que les autres, et le tout décorant, en amphithéâtre, les ondulations et tous les mouvements du site, nous avons pu reconnaître, disons-nous, que ce site est sans contredit l'un des plus intéressants de la forêt, et dont la description demande également de l'espace et une autre plume que la nôtre.

Du point de vue où nous venons d'arriver, petite plate-forme au sommet des rochers où nous voyons une table en gazon au pied d'un hêtre qui l'ombrage, nous sommes tout près de l'humble fontaine du mont Chauvet, protégée de son vieux et caduc chêne. Il se tient là quelqu'un autorisé, comme on en voit sur d'autres points de la forêt, à vendre des raffraîchissements et divers autres articles. Dans le nombre de ces vendeurs, il en est de très-peu convenables, sinon ici, mais sur d'autre point.

En quittant ce site, ou plutôt cette station, lieu de rendez-vous très-animé par les promeneurs en voiture comme par les piétons, nous descendrons quelques pas vers la fontaine, espèce de citerne en contre-bas de la route des promeneurs en voiture, et dont l'eau est très-bonne. Puis, au lieu de monter vers la route, nous pénétrerons, selon nos marques bleues, parmi les roches en passant tout d'abord au pied d'un chêne à notre droite, et aussitôt la lettre V, à notre gauche, nous désignera une modeste roche dont la cavité a ses parois incrustées d'inscriptions qui datent du règne de Louis XIV.

Suivons notre étroit et tortueux sentier encore quelques pas, en négligeant pour un instant une issue à notre gauche et en descendant un abrupte escalier, pour pénétrer un peu plus avant dans cet imposant chaos de rochers et voir la grotte de *Paul et Victorine*, deux infortunées créatures que nous avons connues.

Nous passons, pour y arriver, contre le *Char-des-Fées*, désigné par la lettre X. Cette énorme masse de grès, on l'a surnommée la *Roche qui remue*, parce qu'elle bouge un tant soi peu lorsqu'une personne, montée sur sa base saillante, y saute à coups redoublés. Bien d'autres roches, dans la forêt, sont mises en mouvement avec moins d'efforts, ainsi que nous l'indiquons dans plusieurs de nos promenades. Mais cheminons deux pas de plus en frôlant le Char-des-Fées, et nous verrons à notre gauche, au milieu de ce saisissant bouleversement de rochers, la grotte de Paul et Victorine, dont l'inscription, d'une trentaine d'années de date, est gravée sur le fronton abrupt de la formidable roche qui en forme la voûte.

Revenons sur nos pas, en remontant ces quelques vilaines marches, pour prendre immédiatement à droite l'issue désignée par une étoile. Dès lors, nous pénétrons dans le sentier communiquant de la fontaine du mont Chauvet au rocher des Deux-Sœurs. Son développement, d'environ un kilomètre, est si pittoresque et si intéressant, qu'en le traçant et en le faisant ouvrir, j'ai éprouvé plus de plaisir encore qu'en créant le sentier de l'Amitié, surtout dernièrement, lorsque je l'ai complété en en comblant une lacune, laquelle, depuis bien des années, me tentait. On le trouve si charmant et si délicieux à parcourir, ce sentier complété, que je me suis décidé à l'appeler le *sentier des Délices*.

Toutefois, disons que la première section, d'un peu plus de deux cents mètres, qui se termine au *chêne de Samson*, est loin d'être la plus attrayante. On y voit quelques vestiges de l'exploitation des grès qui font tache, bien que le temps, en y posant son cachet, ait déjà beaucoup désenlaidi ces traces de vandalisme, lesquelles ne nous empêcheront pas d'être accompagnés de belles touffes de genévriers, des blancs-bouleaux, des houx, quelques vieux chênes et autres végétaux, puis, encore des échappées de vue, des fondrières où apparaissent quelques beaux restes de rochers.

Notre sentier va se diviser en deux en arrivant près du *chêne de Lacan*, désigné par la lettre Y. Prenons à droite pour ne pas aborder la route de voiture, et nous allons tout de suite frôler à notre gauche, le *Samson*, dont la chevelure est formidablement repoussée depuis la trahison de la perfide *Dalila*.

En passant contre ce colossal chêne, nous dominons à notre droite un petit chaos de rochers dans une petite gorge.

Immédiatement après avoir dépassé le Samson, notre sentier se divise de nouveau. Celui qui descend à droite va, en quelques pas, aboutir à l'entrée d'une grotte que nous venons de découvrir et que nous rendrons accessible dès que nous en aurons les moyens, car elle en vaut la peine. Ce sera la *grotte du mont Chauvet*.

Continuons notre ravissante promenade, en suivant les sinuosités très-tourmentées de notre fil d'Ariane parmi les grès, pour passer presque aussitôt au pied d'une belle étude de chêne, qui est le *Bouquet de Ary Scheffer*; en le quittant nous voyons un autre burgrave posé sur une roche : c'est le *Frapaze*.

Notre sentier va descendre en zigzag et dominer imposamment les profondeurs d'une gorge mystérieusement ombragée; puis, tout de suite, la lettre Z nous dira que le charmant petit chaos de rochers, que nous allons franchir, est l'*oasis de Lefebvre*, d'Avon, nom de l'un des principaux et fidèles collaborateurs de nos travaux.

En sortant de là, le trajet devient de plus en plus pittoresque. La lettre A, en recommençant la série alphabétique, va tout de suite, après une belle échappée de vue, nous signaler le passage du *rocher du Libérateur*, passage à travers d'imposantes masses de grès. La section que nous parcourons est celle que, récemment, nous venons de rendre accessible.

En sortant du rocher du Libérateur, c'est encore une échappée de vue à notre droite, et toujours sur la vallée de la Solle ; puis, par delà, les limites de la forêt. A notre gauche, nous sommes constamment dominés par les crêtes plus ou moins élevées, plus ou moins rocheuses de la colline, mais presque toujours délicieusement ombragées.

Voici la lettre B, à l'approche du *rocher de Jules Grévy*, très-remarquable assemblage de roches à l'extrémité desquelles nous allons pénétrer sous la voûte verdoyante des hêtres splendides qui ombragent l'*oasis des Trois-Amies*, Camille, Caroline et Marthe.

Le premier, contre lequel nous allons passer, est le *Cazeneuve*. Ici, arrêtons-nous une ou deux secondes pour contempler à notre gauche, vers le sommet ondulé de ce joli petit site, le *Béranger* et les *Unis-comme-Eux*, hêtres des plus majestueux de la forêt.

Ayant à peine dépassé le Cazeneuve, nous passerons près d'un vieux chêne et verrons tout de suite, à quelques pas en contre-bas du sentier, une autre ruine de même espèce, mais d'une forme singulière et vraiment fantastique ; c'est le *Lagardère*.

Continuons notre méandre en gravissant, en pente assez douce, le flanc de la colline toujours pittoresquement ombragée, en dominant, à droite, des profondeurs et des échappées de vue.

Dans deux minutes nous aurons gravi et descendu un peu pour pénétrer dans la troisième et dernière section du sentier des Délices ; mais quelle est riche de curieux accidents et de surprises cette section ! Ces quelques centaines de mètres qui nous restent à parcourir pour parvenir au rocher des Deux-Sœurs, sont si multipliés d'intéressants détails, à travers une suite de pêle-mêle de rochers de toutes formes et d'arbres qui les ombragent si pittoresquement ; puis le sentier si doux, si agréable à suivre dans ses sinuosités, dans ses petites montées et descentes, qu'en vérité je ne saurais exprimer tout le plaisir qu'on éprouve en l'explorant, ni en décrire toutes les choses qui, au fur et à mesure que vous avancez, vous charment davantage.

Je me bornerai donc ici, comme pour le sentier de l'Amitié, à ne signaler que quelques-unes des principales choses.

Voici, pour commencer cette merveilleuse section, la lettre C qui fait face à une très-belle échappée de vue. Un instant après, la lettre D nous dit que nous pénétrons dans l'*oasis de Charles et d'Henriette*, charmant petit site d'où se dresse, au milieu des rochers, un chêne de trois cents ans, c'est le *Vallot (Alphonse)*.

Tout de suite après, c'est encore une échappée de vue, ensuite, c'est le *rocher de Larminat*, désigné par la lettre E, très-belle masse de grès.

Dans un instant la lettre F va nous signaler la *descente des Houx*, puis toujours d'autres végétaux plus respectables et d'imposants rochers à notre gauche ; puis d'autres, tombés pêle-mêle dans les profondeurs que nous dominons à notre droite. Parmi quelques vieilles ruines de chênes, nous rencontrons le *Montalembert*, signalé par une croix rouge.

Tout de suite après, la lettre G nous signale l'entrée de la galerie de *Marrier de Boisdhyver*, passage montant entre d'énormes rochers, que la personne de ce nom, ancien conservateur de la forêt, a fait ouvrir, à notre prière, il y a trente et des années.

A la sortie de cet étroit et imposant passage existe un vieux hêtre, c'est l'*Actéon*. Dès lors, le sentier incline à gauche en descendant, pour incliner tout à l'heure brusquement à droite ; sans nous préoccuper d'un sentier qui monte à notre gauche ; continuons en descendant encore. Le site forme une gorge en fond de cuve un peu irrégulier et accidenté, mais pittoresquement décoré d'arbres et de roches ; c'est le *val des Deux-Sœurs*.

Continuons à descendre jusque vers la lettre H, à l'endroit où le sentier va commencer à monter légèrement, et d'où nous pourrons voir à notre droite un admirable chaos de rochers amoncelés, superposés en amphithéâtre sur le flanc de cette colline, où il ne manque, pour compléter l'attrait du site, qu'une seule chose, une chute d'eau, une cascade, dont notre belle forêt manque hélas!

Continuons à suivre notre sentier, toujours conformément à nos marques bleues, en en laissant un à notre droite, qui descend rapidement dans une gorge étroite, qui est la suite du val que nous quittons, en montant un peu pour passer tout de suite entre deux chênes, dont un fortement penché sur l'étroite gorge que nous dominons, pour arriver immédiatement vers la lettre I, où le sentier se divise en deux. Celui à droite conduit de plein pied, en une minute, au rocher des Deux-Sœurs, et celui à gauche, en montant des marches abruptes, y conduit en trois ou quatre minutes, y compris le temps d'admirer le dernier point de vue de la promenade. C'est le *belvédère des Deux-Sœurs*, d'où l'on descend de l'autre côté pour arriver tout de suite au pied du rocher de ce nom, qui porte l'inscription suivante, gravée en lettres apparentes :

### ROCHER DES DEUX SŒURS
#### 1829

Bien que ce nom prête au romantique et au mélodrame, son origine n'a pourtant rien de tragique. En voici la simple et courte histoire :

M. de Larminat, éminent forestier, conservateur de la forêt de Fontainebleau depuis 1815 jusqu'en 1830, ayant marié sa seconde fille, en 1829, à M. de Saint-Venant, capitaine aux hussards de la Garde royale, en garnison à Fontainebleau, ce dernier voulut célébrer son mariage dans l'un de nos sites jusqu'alors inexploré. Ce site fut celui où nous nous trouvons. Deux petites salles de festin et de danse furent aplanies autant que les accidents de terrain pouvaient le permettre, dont celle où nous venons de descendre, et l'autre au-dessus des pas de marches que nous allons gravir. M. de Saint-Venant grava de sa main l'inscription que nous voyons, en l'honneur de mesdemoiselles Anaïs et Félicie de Larminat, dont il épousait la cadette. Voilà l'origine et toute l'histoire du rocher des Deux-

Sœurs, dont la mise en lumière et celle de l'*Antre des Druides*, aux gorges de Franchard, n'ont pas peu contribué à m'inspirer les sentiers par l'ouverture desquels je suis parvenu à rendre accessibles à peu près tous les sites de la forêt.

Ayant gravi les sept à huit marches et traversé la plateforme au-dessus, nous allons aborder un espace plus vaste, où viennent les cochers avec leur voiture pour faire mettre pied à terre à leurs voyageurs ou pour les attendre. A cet endroit se tient également quelqu'un qui est autorisé à vendre des raffraîchissements.

En abordant cet espace, nous y voyons une table en gazon et des bancs, près d'un hêtre. Dépassons cette table de quelques pas pour prendre, à notre droite, ainsi que l'indiquent nos marques bleues, un sentier dont l'entrée est largement ouverte parmi les genévriers et les houx. Nous le suivrons en négligeant successivement deux sentiers à notre droite, pour arriver, en quelques minutes, sur un carrefour où se montrent deux épicéas d'une quarantaine d'années, déjà beaux.

Traversons ce carrefour, en laissant une route à notre droite et deux à notre gauche, pour retrouver immédiatement notre sentier en coupant tout de suite un chemin. C'est le sentier traversant la partie nord de la futaie du Gros-Fouteau, bien plus belle encore que la partie sud que nous avons parcourue tantôt en ne signalant que quelques-uns de ses plus formidables géants. Nous agirons de même à l'égard de ceux, encore plus remarquables et plus nombreux, que nous allons voir, et cela pour les mêmes causes que nous avons expliquées. C'est-à-dire, que la malveillance s'attaque davantage à nos signes qui désignent les arbres qu'à ceux qui signalent les rochers.

Trois kilomètres sans rochers, sans montées ni aucun accident de terrain, nous séparent de Fontainebleau ; mais les ombrages de la magnifique et imposante futaie du Gros-Fouteau, et la physionomie sévère de ses gigantesques burgraves nous en dédommageront amplement.

Suivons le sentier dans ses douces et faciles sinuosités, toujours d'après nos marques bleues, sans nous préoccuper des routes et chemins que nous rencontrerons. Un instant après avoir pénétré sous la voûte verdoyante de la futaie, une croix rouge nous désigne le *Richelieu*, chêne un peu penché et grincheux. Deux minutes plus loin, sur la gauche de notre sentier, c'est un jeune et joli hêtre bien droit, et se terminant en bouquet, c'est le *Erhard-Guillet*.

Nous allons couper un chemin et cheminer plus délicieusement ombragés par un amoureux taillis protégé par des arbres séculaires, hêtres, charmes et chênes, plus vieux et plus gigantesques, tels que le *Florian;* tout à l'heure, à notre droite, puis tout de suite après, également à notre droite et à deux pas de notre méandre, c'est le *Chardin*, chêne de quatre cents ans, désigné par une étoile.

Une minute après le Chardin, nous allons passer entre le *Charles Vincent* et le *Charles Coligny*, deux chênes moins vieux et pleins d'avenir ; en leur disant au revoir, nous traversons une route de chasse pour aller passer presque aussitôt au pied du *Franklin*, chêne dont l'âge dépasse trois cents ans ; il est désigné par la lettre J.

Nous voyons en même temps, à quelques pas sur la gauche du sentier, d'autres géants, dont le principal a perdu récemment un membre, enlevé d'un coup de tempête. C'est le *Jolivard*.

Tout à l'heure, nous allons traverser plusieurs chemins et passer contre deux chênes voisins, trois fois séculaires, dont un est marqué de la lettre K ; ce sont les deux bons amis *Champollion-Figeac* et *Genettet*.

Un instant après, sur la gauche du sentier, c'est un chêne tout enguirlandé d'un beau lierre, qui n'a plus longtemps à le décorer, car quelque malavisé y a laissé des traces de son passage en le coupant à sa base.

Une minute après, au moment de couper un joli chemin, nous avons à notre droite un chêne de cinq à six cents ans, c'est le *Sylvain*. Lorsque j'ai baptisé ce colossal chêne, il y a trente ans, je ne savais pas que je lui donnais le nom qui, dix ans plus tard, me fut donné ; sans quoi je l'aurais nommé autrement, assurément.

Ayant dépassé le Sylvain et traversé le chemin, nous rencontrons le *Brizard*, chêne de trois cents ans, désigné par la lettre L. Dès lors, nous allons cheminer parmi la plus nombreuse pléiade de géants du Gros-Fouteau, dont le *Brascassat*, sur l'écorce duquel on voit encore la place où était sa lettre indicatrice, est l'un des plus formidables, il est situé sur la rive gauche du sentier.

A cent pas plus loin, nous verrons du même côté, mais à dix pas du sentier, le *Gabriel Leroy*, chêne de trois cents ans, se divisant en deux belles tiges majestueusement élancées ; puis, à droite du sentier, c'est le *Théophile Lhuillier*, chêne également respectable, désigné par la lettre M.

Plus loin, sur le bord du sentier à notre droite, la lettre N désigne le *Lombard*, et tout de suite à notre gauche, au bord du sentier, c'est le *Martinus*, tous deux d'au moins quatre cents ans.

Aussitôt après avoir dépassé ces deux géants, nous en admirons deux autres, dont un, à quinze pas sur notre gauche, est le chêne d'*Émile Faure*, et l'autre, à notre droite, tout à fait au bord du sentier et désigné par la lettre O, est le *Louis Picard*, qui nous rappelle le plus fécond, le plus gai et le plus célèbre de nos auteurs comiques.

A quelques pas plus loin, en continuant à suivre notre fil d'Ariane aux petites lignes bleues, nous allons cheminer parmi des hêtres superbement élancés, dont les plus beaux, les plus élevés, sont le *Charles Nodier*, le *Casimir Delavigne* et le *Léon Gozelan*, désigné par le numéro 4.

Voici, après avoir coupé une route de chasse, un chêne de quatre ou cinq cents ans, désigné par la lettre P, c'est le *Châteaubriand*.

Ayant frôlé ce géant à notre droite, nous en voyons un à dix pas sur notre gauche, c'est le *Fénelon*. Mais, presque aussitôt, voici le chêne le plus formidable de la futaie, désigné par une étoile, c'est le *Voltaire*.

Un instant après nous passerons également contre son contemporain, le *J.-J. Rousseau*, désigné par une étoile souvent effacée et renouvelée, ainsi que la précédente, malgré leur innocence.

Mais que d'autres remarquables arbres encore nous voyons à notre gauche comme à notre droite!

Voici de nouveaux chemins à traverser où notre cher et doux méandre se confond et devient un large chemin pendant quelques centaines de mètres, par la faute de certains cochers peu soucieux des piétons. Mais dirigeons-nous bien d'après nos marques bleues, et tout à l'heure nous verrons, à trois pas sur notre droite, un chêne bien droit, bien élancé, c'est le *Arthur de Circourt*, nom qui nous rappelle un des fidèles et généreux collaborateurs à nos travaux. Jetons un regard sur notre gauche, à cinquante pas, pour apercevoir le *chêne de saint Hubert*, d'environ six cents ans.

Continuons, et nous en verrons d'autres encore très-remarquables, soit chênes, soit hêtres, mais des chênes surtout, tels que le *Jazet*, tout à l'heure à vingt pas sur notre droite, et le *François Hardy*, à quinze pas sur notre gauche, au moment où nous allons couper une route qui descend au Nid-de-l'Aigle.

Notre sentier se continue encore largement, continuons-le sans égard pour celui plus étroit et plus tentant que nous allons tout de suite rencontrer à notre gauche, dont l'entrée est signalée par une marque rouge. Suivons nos marques bleues pour passer tout à l'heure contre le dernier des remarquables chênes de la futaie du Gros-Fouteau, c'est le *Rustique*, de quatre à cinq cents ans, désigné par le numéro 5.

Un instant après, nous quitterons le large sentier en inclinant à droite par un sentier plus étroit, pour couper presque aussitôt une route de chasse et dire adieu à la majestueuse futaie en pénétrant dans un taillis d'une quarantaine d'années. Ce taillis, nous le traverserons en sept à huit minutes pour aborder la *route du Roi*, que nous suivrons par une pente assez douce pendant quatre à cinq cents pas et encore assez bien ombragés à notre gauche par des chênes, et à notre droite par des pins.

Après ce trajet de quatre à cinq cents pas, nous rencontrerons un sentier à notre droite, dont l'entrée est désignée par notre signe bleu. Il est destiné aux personnes qui logent au canton sud de la ville, tandis que celles qui logent au quartier nord devront continuer à suivre la route du Roi jusqu'à l'entrée de la rue de la Paroisse.

Quant à nous, qui logeons dans la direction du château, nous allons prendre le sentier à notre droite et le suivre conformément à nos marques en coupant tout à l'heure une route de chasse ; puis, plus loin, un carrefour en laissant deux routes à notre droite, et un instant après, le nouveau boulevard pour arriver, en trois minutes, à l'entrée de la rue de France d'où nous avons commencé la promenade.

ITINÉRAIRE

DE LA

## VALLÉE DE LA SOLLE AU ROCHER SAINT-GERMAIN

Ainsi que nous l'avons dit à la page 163, au moment où l'on parvient à une bifurcation du sentier, près la lettre E, à la base du *Mont-Jussieux*, il faudra, lorsqu'on voudra ajouter deux heures de plus à la très-jolie promenade de la vallée de la Solle, pour aller explorer les sites non moins charmants du rocher Saint-Germain, d'un tout autre aspect encore, il faudra, disons-nous, laisser à notre droite la lettre E et le sentier de ce côté pour continuer directement, en descendant, celui aux marques rouges. Il va nous conduire, en moins d'une minute, sur une route de chasse qui longe la base des rochers du Mont-Jussieux (1).

---

(1) De cette route, que nous allons couper, le trajet d'un kilomètre pour parvenir à l'entrée du rocher Saint-Germain, et celui pour en revenir, après mille délices, par le travers du Champ de courses, sont le pain bis de la promenade. Il n'en fera que mieux apprécier les beautés.

Coupons cette route pour suivre le sentier qui s'offre à nous et retrouver, presque aussitôt, nos marques bleues. Nous cheminons à l'ombre d'un bois ordinaire et de plain-pied, parmi des chênes tout à l'heure mêlés de blancs-bouleaux, de genévriers et de quelques pins.

Après avoir suivi sept à huit minutes ce sentier, nous déboucherons sur un modeste carrefour de trois routes. Traversons-le directement en en laissant une à droite et une à gauche, en prenant la suite de celle de l'*Union*, dont les bords, des deux côtés, sont flanqués de quelques roches, plus accentuées sur la gauche, en décorant une colline que nous appelons les *monts de Guise*.

Cette route de l'Union longe le côté occidental de la vallée de la Solle. Elle va en quelques minutes traverser un vaste carrefour. Continuons à la suivre en laissant deux routes à notre droite. Un peu plus loin nous traverserons l'une des pistes du Champ de courses, d'où nous apercevrons sur notre droite, au loin, les tribunes.

A deux cents mètres au delà de cette piste, nous couperons directement un carrefour, en laissant une route à droite et deux à notre gauche, pour retrouver notre sentier entre la route de l'Union et un poteau indicateur. Ce sentier, ombragé par un épais taillis mélangé de chênes, de hêtres et de pins, puis plus loin de blancs-bouleaux, va nous conduire en peu d'instants au pied de notre cher rocher Saint-Germain, dont l'extrémité occidentale s'étend jusqu'au plateau de la Belle-Croix, et l'extrémité orientale jusque vers la route de Melun. C'était, il y a cinquante ans, avant que les carriers ne l'aient mutilée, la plus belle chaîne de sites que possédait la forêt. Pendant bien longtemps, nous avons en vain fait entendre nos doléances, surtout sous le second Empire, pour en éloigner les carriers. Ce n'est qu'en 1865 que nos vœux furent exaucés, grâce à l'appui que nous a donné toute la grande presse de Paris.

Disons en bonne justice que l'administration impériale, dans les dernières années de sa gestion, après tant de réclamations, nous est venue efficacement en aide à sauvegarder les beaux débris de sites qui nous restent, notamment au Long-Rocher et ceux que nous allons explorer. Disons surtout que M. Paul Domet, sous-inspecteur, est l'un des agents forestiers qui ont agi avec le plus de sollicitude pour arrêter ces dévastations du côté artistique de la plus belle des forêts.

Mais abordons le rocher Saint-Germain en traversant le chemin qui nous en sépare et qui s'appelle la *route de Luxembourg*. Notre sentier, étroit et des plus tortueux entre les grès, va tout de suite nous faire passer au pied d'un formidable chêne, c'est le *Rossini*.

La lettre F va nous inviter à diriger nos regards vers le haut d'une colline en face de nous, et bien digne de notre attention. Continuons entre les rochers notre étroit et sinueux sentier on ne peut mieux ombragé et pour ainsi dire perdu dans les genévriers séculaires. Il va tout à l'heure se diviser en deux en arrivant au pied du *hêtre de Mathilde*, désigné par la lettre G.

Laissons à notre gauche le sentier aux marques bleues, et prenons à droite celui désigné par les marques rouges, auxquelles vont tout de suite succéder nos marques habituelles, c'est-à-dire, en pénétrant dans une voie plus large, une sorte de vallon affreusement ravagé, mais dont les hautes collines, pourvues d'imposants rochers, sont d'un aspect à la fois sévère, riant, sauvage et pittoresque, avec cette végétation variée, tous ces genévriers rageurs.

Suivons bien nos marques bleues parmi ce chaos bouleversé, pour en sortir dans cinq minutes, en passant contre l'un des très-beaux genévriers et rentrer sur la route de Luxembourg, que nous suivrons à notre gauche entre la chaîne de rochers et un bois taillis pendant deux cents pas, pour arriver à une clairière, sorte de carrefour près le Champ de courses, dont on entrevoit les tribunes à travers les arbres.

Cette jolie clairière, avec son pittoresque entourage et les deux blancs-bouleaux qui en décorent le milieu, quittons-la en prenant à notre gauche un chemin abrupt qui pénètre dans les rochers, et dont l'entrée est signalée par nos marques.

En une minute le n° 2 nous invitera à quitter ce chemin en

prenant à notre droite l'étroit sentier bien plus agréable qui nous amènera immédiatement sur le travers d'un autre sentier et tout de suite à la *station du roi Robert,* très-remarquable endroit entouré d'imposants rochers, ombragé par un colossal chêne et un beau hêtre appelé le *Joseph-Georges.* Cet endroit est signalé par la lettre O. Traversons-le, comme l'indiquent nos marques, en passant dans un antre saisissant, pour continuer notre marche parmi une suite d'encaissements délicieux et des plus pittoresques de la forêt, notamment l'oasis d'*Emélie et Noémie* signalé par une étoile, et tout aussitôt le défilé se poursuit en passant contre le *Charles V,* chêne de quatre cents ans orné d'une énorme barbe.

Un peu au delà, le sentier se divise en deux : prenons à gauche en continuant à cheminer à travers un déluge d'arbres et de rochers surtout en arrivant vers la lettre P, qui nous signalera l'entrée de la *grotte de Robert-le-Diable,* dont l'abord seul est déjà saisissant ; mais, pour décrire cet autre chaos d'énormes rochers amoncelés et à travers lesquels je suis parvenu à faire le vide sans trop laisser voir les traces de la main de l'homme, il faudrait ici, comme en tant d'autres endroits de notre exceptionnelle forêt, une plume autre que la mienne, je me bornerai donc aux quelques lignes suivantes :

Nous pénétrons par un étroit couloir ouvert entre d'énormes grès et aboutissant immédiatement dans la grotte de Robert-le-Diable, dont la voûte est en partie à ciel ouvert et en partie formée de pierres géantes qui semblent prêtes à vous ensevelir sous leurs effroyables masses! Rassurons-nous par la manière, quoique singulièrement étrange, dont elles sont arc-boutées, agencées les unes avec les autres. Quant aux parois de cette formidable grotte, ils offrent à nos regards étonnés d'affreuses anfractuosités, des antres profonds, mais surtout un repaire plus sombre et plus saisissant encore, c'est-à-dire, la *Caverne de Bertram.* Vous en voyez l'entrée qui semble être un soupirail de l'enfer.

Les profondes fissures, les éclats aigus de ces grandes roches foudroyées, cette caverne ténébreuse, dont la voûte est formée d'une seule pierre, tous ces rocs ruineux et meurtris, mais superbes et imposants par leur masse et leur aspect sombre et menaçant, forment un tableau à la fois grandiose et sinistre, qui est en parfaite concordance avec les noms que nous avons donnés à cette grotte et à son annexe.

Quant à l'image que nous voyons peinte sur la paroi de ce grand rocher, j'ignore encore qui en est l'auteur. Il y avait cinq à six ans que j'avais créé cette grotte et inséré son nom dans des milliers d'exemplaires de mes *Guides*, lorsqu'un jour, en passant par ici avec plusieurs de mes amis de Paris, je fus tout étonné, non-seulement en voyant cette image établie dans un lieu si satané, mais surtout en voyant l'inscription suivante en lettres bien faites et très-apparentes, tracées à côté du tableau :

GROTTE DE LA SAINTE-VIERGE.

Mes amis, plus qu'étonnés, me conseillèrent d'effacer et l'inscription et le tableau. Je me suis contenté d'envoyer un ouvrier pour effacer seulement l'inscription qui n'était rien moins qu'une usurpation.

Mais, par un mal entendu, l'ouvrier effaça en plus les versets latins qui se lisaient dans l'intérieur du tableau.

L'auteur s'est contenté, à son tour, de réparer son œuvre sans refaire l'inscription par laquelle il s'était avisé de débaptiser ma grotte de Robert-le-Diable.

Mais quittons cette solitude assombrie pour passer tout à l'heure, en suivant nos marques, dans une grotte plus nouvellement créée et un peu moins spacieuse, mais mieux en lumière et d'un style élégant et doux qui contraste avec la sombre grandeur de la précédente. Nous l'avons nommée la *Grotte d'Alice;* c'est le nom que porte, dans l'opéra de *Robert-le-Diable*, la jeune villageoise qui est le bon génie de Robert et qui le ramène au bien ; mais, de notre part, le choix du nom d'Alice est un hommage que nous offrons à une jeune dame dont le père est un de nos bons amis, un de nos zélés souscripteurs pour nous venir en aide dans l'achèvement de notre œuvre sylvestre.

L'entrée de la grotte d'Alice est désignée par notre étoile

rose. Après l'avoir traversée, remarquons le rocher qui la couronne et qui affecte la forme gracieuse d'un dôme.

En moins de trois minutes, les jolis détours de notre sentier, toujours délicieusement encaissé de rochers et de végétaux très-pittoresques, nous amèneront au *défilé des cinq caveaux*, signalé par la lettre Q. Disons que ce souterrain à travers un pêle-mêle d'énormes masses de grès superposées, est, après la grotte et la galerie du Serment, la chose la plus hardie et la plus saisissante que j'aie osé entreprendre.

A la sortie de cette sorte de galerie druidique, notre sentier et nos marques bleues nous conduiront encore parmi une forêt de vieux et remarquables genévriers, de houx, de bouleaux, de chênes et surtout de hêtres superbes, puis encore parmi d'innombrables rochers.

A peine aurez-vous quitté le dernier des cinq caveaux et descendu un instant que vous passerez sous l'*Arche de Caliban*, passage entre deux rochers, dont les sommets se joignent. En sortant de là, le sentier est passablement tourmenté et les genévriers aussi ; mais votre trajet n'en est pas moins pittoresquement ombragé et les grès décorés de vertes mousses. Voici la lettre R qui désigne le *Goldshmith*, hêtre assez beau, d'environ deux cents ans. Un peu plus loin, vous passerez au pied du *Palissot*, autre hêtre situé au milieu d'un joli petit chaos de rochers et de genévriers dont un, le plus vieux de tous, est le *Mathusalem;* vous passerez tout contre, après avoir laissé derrière vous le hêtre. Ensuite, notre méandre descend un peu plus ombragé et encaissé par d'assez formidables roches, dont la plus remarquable est la *roche d'Eugène Courmeaux*. Tout à l'heure, vous allez couper un chemin à ornières. Jusqu'ici, vous avez souvent aperçu, à votre gauche, les sommets et les flancs hérissés d'une colline rocheuse, sorte de falaise escarpée qui semble vous suivre comme pour vous abriter contre les frimas du Nord.

Un instant après avoir franchi ce chemin à ornières, vous rencontrerez successivement, à peu de distance l'un de l'autre, trois beaux hêtres, surtout le premier, qui est signalé par la lettre S, c'est l'*Abraham Lincoln;* le second, appuyé sur un rocher, est le *Richard Cobden* et le troisième également appuyé sur un très-beau rocher, est le *Richard Walace*, trois noms assurément aimés et honorés.

Immédiatement après ce dernier beau hêtre, notre sentier se subdivise : celui à notre gauche, continuant à être indiqué par nos marques bleues, prolonge la promenade jusqu'au belvédère du bas Saint-Germain. Laissons-le, vu qu'aujourd'hui nous nous contentons de notre exploration de six heures. Dès lors, prenons à notre droite le sentier désigné par une marque rouge précédée d'une étoile auxquelles vont tout de suite succéder nos marques bleues en abordant sur le travers d'un autre sentier et presqu'en face une ruine de hêtre. Suivons-le à droite : c'est le sentier de *Philippine-Antoinette*, d'où nous allons apercevoir le Champ de Courses.

Voici les lettres A. P. C. gravées sur un rocher que nous contournerons pour voir parfaitement le *solitaire du rocher Saint-Germain*, hêtre très-beau et imposamment entouré.

Continuons en passant tout à l'heure contre la *roche Méta*, très-élevée. Dans un instant nous allons traverser un chemin, puis notre sentier sillonnera encore deux minutes de trajet assez pittoresque, parmi les roches ombragées de riants végétaux.

Ensuite, nous couperons la route peu régulière de Luxembourg, pour en laisser une autre immédiatement à notre droite en faveur de celle désignée par notre signe bleu, et laquelle traverse directement la Vallée de la Solle du nord au sud, trajet d'un bon kilomètre qui est loin, je le redis, d'être le plus agréable de la promenade, d'autant moins que ses ombrages ont disparu par l'établissement du Champ de courses, qui sert de champ de manœuvres et même de polygone.

La route que nous parcourons est à peine visible. Elle va nous faire couper directement le carrefour de la Solle, et plus loin, en pénétrant dans la partie boisée, elle prend le nom de *route des Deux-Sœurs*, pour aller aboutir en cinq minutes, au *carrefour Amélie*.

Nous sommes alors dans un site délicieux et entourés de magnifiques végétaux, hêtres, chênes et genévriers.

Coupons le carrefour Amélie en laissant deux routes à notre droite pour prendre le sentier de *Léon et Pauline*, dont l'entrée est à quatre pas du *Télémaque*, très-beau hêtre que nous avons à notre gauche, désigné par la lettre M. Nous revoyons des rochers tapissés de vertes mousses et de lichens. Malheureusement les carriers ont passé par ici. Hâtons-nous de fuir leurs traces.

Il y a à peine quelques minutes que nous avons quitté le carrefour Amélie et déjà nous avons dépassé le *Bonington*, chêne colossal à l'écorce rugueuse, désigné par la lettre N.

Continuons encore une ou deux minutes les sinuosités tourmentées de notre sentier, pour en laisser un que nous allons rencontrer à notre droite et la lettre O à notre gauche.

Ici, pour continuer et achever notre grande et belle promenade, nous prions nos lecteurs de passer à la page 166, ligne 23 et suivantes, commençant par ces mots : Quelques instants, après avoir laissé derrière nous cette lettre O.....

ITINÉRAIRE

## DU GROS-FOUTEAU A LA VALLÉE DE LA SOLLE

### ET MÊME AU ROCHER SAINT-GERMAIN PAR LA FONTAINE SANGUINÈDE.

Donc, à l'endroit où le sentier se divise en deux à la fin de la futaie, ne continuons pas directement celui où les marques bleues se poursuivent, mais dirigeons-nous à gauche, par celui qui est signalé par des marques rouges, auxquelles, au bout de quelques pas, va reparaître notre signe bleu.

Nous cheminons sur un sol plus agreste, plus éclairé après les grands bois mieux fournis et plus sombrement ombragés, bien que nous revoyons encore de ci, de là, quelques burgraves, quelques genévriers, puis des tapis de bruyères ; mais dans un instant, nous allons aborder une route et tout aussitôt un carrefour que nous traverserons en laissant trois routes à notre gauche et deux à notre droite, y compris celle de l'Amitié qui descend dans les gorges de la Solle.

Nous prenons le sentier, dont l'entrée rocheuse est signalée par nos marques bleues et nous pénétrons parmi les genévriers, les aubépins et les houx, pour passer immédiatement sous la feuillée d'un carré de charmes et de hêtres, dont l'abord est signalé par une étoile.

Ici, nous allons franchir de très-modestes vestiges de fondations, vestiges en menues pierrailles, formant un carré à ras du sol et à compartiments. Les quatre façades de ce carré ont chacune de 30 à 32 mètres; on les distinguait bien depuis longtemps sans y attacher aucun intérêt, car ces menues pierrailles ne paraissaient guère autre chose que ce que vulgairement on qualifie de murget. Ce n'est que depuis peu, qu'en déracinant une souche d'arbre, on a découvert, dans cet endroit, des tuiles d'une forme très-ancienne; puis, par suite de quelques fouilles, on y a trouvé, dit-on, une ou deux pièces de monnaie de l'époque romaine.

Il est probable qu'on ne s'en tiendra pas à ces quelques fouilles, d'autant moins que cet endroit est désigné sur une carte de 1624, sous le nom singulier de *Menpehous*, ainsi que le dit M. Paul Domet dans son intéressante histoire de la forêt de Fontainebleau.

Traversons ces pâles vestiges d'antiquité pour passer immédiatement sur une plage d'un tout autre aspect, avec plus d'air, plus de ciel, bien que les végétaux aussi riants que variés y foisonnent. Notre méandre va se diviser en deux, prenons le plus apparant, à droite, et tout de suite nous allons passer près la *roche Perceval*, grès naturellement percé et désigné par la lettre J.

Dans un instant, nos marques bleues nous amèneront à la buvette de la Fontaine Sanguinède, endroit assez bien ombragé, où nous voyons des tables, des bancs, des boulingrins. La Fontaine est en contre-bas du tertre sur lequel nous arrivons. Son eau, un peu blondée par les terres de bruyères, peut se laisser boire, mais il faut la recevoir de la goulotte qui la verse dans l'intérieur du récipient et non pas de la goulotte à l'extérieur où elle en sort (1).

Nous continuerons, conformément à nos marques, en passant contre la lettre K, pour arriver tout de suite au point de vue d'où l'on découvre très-bien la vallée de la Solle, ainsi que les sites qui l'environnent et bien loin, par de là, les limites de la forêt. Il va sans dire qu'on découvre le Champ de courses.

De ce point de vue situé au bord escarpé des roches, nous ferons demi-tour en prenant le sentier, d'où nous dominons, pendant quelques pas, le ravin à notre droite, ainsi que l'indiquent une suite de marques rouges auxquelles vont succéder nos marques bleues, après avoir passé contre le *Lavabo* désigné par le n° 2. Négligeons toute issue à notre gauche, pour effleurer, du même côté, le bord d'une petite mare appelée *Mare des Ligueurs*. Tout aussitôt après l'avoir laissée derrière nous, nous passons parmi des roches diversement remarquables, entre autres le *Capuchon du Révérend Père Dan*, désigné par une croix rouge.

A quelques pas plus loin, le sentier va incliner à gauche en descendant et en passant tout d'abord entre un beau genévrier et la *roche d'Adrienne Lecouvreur*, très-remarquable et désignée par la lettre M. Sa voisine, non moins remarquable, est la *roche de Joséphine Duchesnois*.

Le sentier devient une délicieuse petite galerie d'où nous sommes dominés d'une manière plus élevée encore à notre gauche par d'autres roches, puis, à notre droite, nous dominons une gorge peu spacieuse, mais très-pittoresque : C'est la *vallée de Rachel*, véritable petit paradis, où nous allons descendre ; elle est très-agréablement ombragée et mystérieusement entourée.

Voici la lettre N à notre gauche qui nous engage à jeter un regard à notre droite, vers une cépée de hêtres curieusement

---

(1) Le nom que j'ai donné à cette fontaine me rappelle un généreux collaborateur à mes chers travaux.

agencée sur une roche, c'est le *bouquet de Marie-Antoinette Raucourt*.

Continuons à descendre ce joli vallon, si coquettement décoré et ombragé, pour voir tout de suite, à notre droite, une étoile qui nous désignera la *roche de Marguerite Georges*, complétant parfaitement le vallon de Rachel, qu'on pourrait appeler le *vallon des Tragédiennes*.

Étant parvenu tout à fait au bas de ce site de prédilection, à quinze pas au delà d'un hêtre assez respectable, marqué du n° 3, notre sentier se divise en deux ; celui à droite conduit, au plus court, à la vallée de la Solle, nous le prendrons, mais auparavant disons que celui à gauche, ou plutôt directement, et dont l'entrée est signalée par notre signe rouge, est destiné aux personnes qui voudraient, d'ici, se rendre au rocher Saint-Germain pour en explorer la principale et la plus intéressante partie, en ajoutant deux petites heures de plus à la très-jolie promenade de la Solle. A cet effet, elles n'auront qu'à suivre ce sentier aux marques rouges, en négligeant tout autre chemin pendant huit ou dix minutes, c'est-à-dire, jusqu'à un carrefour de quatre chemins, y compris un sentier. Étant parvenu à ce carrefour, elles prendront le chemin à gauche, qui est la suite de la route de l'Union, dont l'entrée est signalée par notre marque bleue. Dès lors, pour continuer leur marche vers le rocher Saint-Germain, elles auront recours à la page 178, ligne 13, commençant par ces mots : « Cette route de l'Union longe le côté occidental de la vallée de la Solle. »

Mais, quant à nous qui, pour aujourd'hui, voulons bien nous contenter de nos quatre heures de promenade à la vallée de la Solle, nous allons, comme je viens de le dire, prendre le sentier à droite, désigné par notre signe bleu et qui se continue parmi les rochers toujours pittoresquement ombragés par une variété de végétaux, hêtres, pins, bouleaux, genévriers, etc.

Dans cinq à six minutes, nous parviendrons ainsi au carrefour des gorges de la Solle, situé au milieu d'un admirable site, ma foi !

Traversons ce carrefour en laissant une petite route à notre gauche et deux à notre droite, en faveur de *la route de l'Amitié.*

Dès lors, nous sommes ombragés, à notre gauche, par un bois de chênes d'environ quarante ans, et à notre droite, par des hêtres centenaires qui ombragent, en même temps, les rochers qui forment la base du *mont Jussieux.* Parmi ces hêtres, il en est d'assez remarquables, qu'il serait trop long d'énumérer et de signaler par des lettres, d'autant moins que la malveillance se complait plus que jamais à les effacer. Cependant, nous persévérons encore à les refaire, sinon partout, mais de ci, de là, comme nous l'avons déjà dit.

Le premier de ces beaux hêtres que nous voyons, c'est le *Dumont d'Urville,* désigné par la lettre E, et le dernier, un instant avant d'arriver sur un carrefour de quatre routes, c'est le Pierre Dupont, désigné par la lettre G.

Étant parvenus à ce petit carrefour, nos lecteurs sont priés, pour continuer la promenade, d'avoir recours à la page 164, ligne 13, commençant par ces mots : « Un instant après avoir dépassé le dernier de ces arbres séculaires, etc. »

---

En se dirigeant attentivement, d'après les indications qui précèdent, on ne peut manquer d'arriver à bien et d'effectuer parfaitement et très-agréablement la double et charmante promenade de la vallée de la Solle et du rocher Saint-Germain.

---

## PROMENADE AU NID-DE-L'AIGLE ET AU MONT-USSY

DÉVELOPPEMENT : 10 KILOMÈTRES (1)

Parcourable en quatre heures.

### ITINÉRAIRE.

Dans cette promenade, que naguère j'avais nommée la *plus belle parmi les belles,* et qui depuis est surpassée par une rivale

---

(1) Aux personnes qui voudront abréger cette très-jolie promenade,

dont l'itinéraire précède celui-ci ; on voit néanmoins et toujours avec le plus grand plaisir, sept magnifiques chaos de rochers et autant de grottes ; puis, plusieurs majestueuses futaies, une infinité de belles études, des paysages et des points de vue très-variés. Pour l'effectuer parfaitement et très-agréablement, il faut la parcourir d'après les indications suivantes :

Rendez-vous tout d'abord au carrefour du Mont-Pierreux, soit par la rue de la Paroisse, soit par la rue Guérin, soit même par la rue de France ou par la rue des Bois, selon le quartier où vous demeurez. Mais indiquons le départ par la rue de la Paroisse qui est la plus centrale et la plus suivie, malgré la monotonie de ses longs murs.

Étant parvenus à la sortie de cette rue, nous prendrons, conformément à nos marques bleues, la contre-allée à notre gauche, laquelle est ombragée d'un côté par des pins principalement et à droite, par une rangée d'acacias qui bordent la route.

Dans deux minutes, cette contre-allée nous conduira au bord d'une route qui est le nouveau boulevard, que nous traverserons pour prendre le sentier qui s'offre à nous de l'autre côté : l'absence de ses ombrages renouvelle nos pénibles souvenirs de cette maudite guerre de 1870 !

Nous allons parvenir, en deux ou trois minutes, au carrefour du Mont-Pierreux. Traversons-le en laissant trois routes à notre droite, pour prendre le *sentier de Rosalie*, dont l'entrée, indiquée par notre marque bleue, est contiguë au point de départ de la troisième route, qui est celle de *Léopold*.

Dès lors, nous gravissons le Mont-Pierreux par une pente moins rapide que celle de la route que nous venons de laisser à notre droite. Le sol que nous sillonnons, est quelque peu graveleux et accidenté de trous et de faux sentiers. Toutefois, celui que nous suivons est le plus prononcé et le mieux en état.

---

nous indiquerons, en temps et lieu, le moyen de rentrer en ville, sans être obligé de l'effectuer complètement, c'est-à-dire après deux heures et demie de marche, peu vite.

Étant parvenus en cinq à six minutes au sommet du Mont-Pierreux, nous cheminons plus agréablement ombragés par un taillis de chênes et de hêtres, mais surtout de hêtres.

Ayant suivi pendant quelques instants les courbures du sentier conformément à nos marques bleues et laissé derrière nous tous ces trous, tous ces creux, il va se diviser en deux : prenons à droite le *sentier d'Augusta*, dont l'entrée est indiquée par des marques rouges auxquelles vont immédiatement succéder les marques bleues, pour cheminer tout à l'heure au bord d'une suite d'autres trous, d'autres creux, dont l'aspect est désenlaidi par les hêtres qui les décorent.

Nous sommes de mieux en mieux ombragés, toujours par des hêtres et quelques chênes. Nous allons, en moins de deux minutes, couper une route de chasse et voir de suite, à notre gauche sur le bord du sentier, la *gerbe de Thècle*, remarquable cépée de hêtre en quinze tiges réunies. Avançons, et dans quelques minutes le n° 2 va nous désigner le *bouquet de Lucie*, très-beau chêne en trois superbes tiges, bien droites, bien élancées.

Immédiatement, nous allons couper un sentier qui correspond de la rue des Bois aux futaies des *Fosses-Rouges*, de la *Butte-aux-Aires* et du *Gros-Fouteau*.

Un instant après avoir traversé ce sentier, le nôtre va, en descendant, nous faire passer entre l'*Adrien Moreau* et le *Beyle*, deux chênes plus que centenaires, pour nous embrancher dans un autre sentier qui nous permettra, toujours en descendant, de contempler, dans sa partie la plus splendide, la magnifique futaie des Fosses-Rouges, ainsi nommée à cause de la teinte rougeâtre que présentait le sol remué de ces trous, de ces creux, d'où l'on avait jadis extrait de la pierre calcaire.

Voici à sept ou huit pas, sur la gauche du sentier, les *Trois Mathieu*, (Lansberg, de la Drôme et de la Nièvre), trois chênes de trois cents ans bien réunis, bien élancés et désignés par une étoile.

Tout de suite et tout au bord du sentier, ce sont les *Deux Crébillon*, deux autres chênes non moins respectables.

Continuons la descente en pente très-douce et le n° 3, imprimé sur un hêtre à notre gauche au bord du sentier, nous invitera à jeter un regard du côté opposé, pour apercevoir, à vingt pas de nous, le *de Penne*, hêtre le plus beau et le plus élevé de la futaie.

Ensuite, nous allons voir, à droite comme à gauche, plus ou moins éloigné du sentier, une foule d'autres beaux et superbes géants, tels que le *Castellani*, le *Margeridon*, le *Labbé*, le *Degallaix*, le *Becker*, l'*Orgiazzi*, le *Colinet-Métais*, le *Jules Dacquin*, le *Pierre Joigneaux*, puis bien d'autres encore plus en dehors de notre méandre, tels que le *Washington*, le *Lafayette*, le chêne de la *Tour d'Auvergne*, le *Biard*, etc., etc.

Tout à l'heure, nous allons couper une route et retrouver tout de suite notre sentier, pour parvenir à la fin de cette luxuriante futaie des Fosses-Rouges, terminée de ce côté par le *Turner*, hêtre encore superbe et désigné par la lettre D. Mais s'il nous eût fallu nommer tous ceux qui le méritent et que nous avons plus ou moins aperçu, plusieurs pages n'auraient pas suffi (1).

En quittant cette majestueuse futaie, notre sentier se divise en deux en traversant deux routes de chasse très-rapprochées l'une de l'autre et allant aboutir sur un carrefour que nous voyons à vingt pas sur notre droite. Aussitôt que nous aurons coupé ces deux routes par le sentier de droite, nous pénétrerons sous les ombrages de la futaie du *nid de l'Aigle*, futaie non moins belle, non moins splendide, et peuplée, si non de géants d'un seul pied, mais bien de superbes cépées, formant autant de magnifiques bouquets, composés chacun de nombreuses tiges formant autant d'arbres s'élevant en faisceaux diversement évasés et épanchés.

Parmi ces pompes végétales, qu'en cheminant vous contemplerez à droite comme à gauche du sentier, jusqu'à une cer-

---

(1) Dans l'itinéraire de la promenade qui précède celle-ci, j'ai dit les causes qui m'avaient obligé à devenir sobre en fait de désignation d'arbres et de roches par des lettres ou par des numéros.

taine distance, dans le haut comme dans le bas de la colline gracieusement ondulée et mouvementée, vous verrez se montrer successivement tant d'arbres dignes de fixer votre attention, que je ne pourrais les nommer tous sans rendre inintelligible cet itinéraire. Je suis donc obligé de me restreindre ici, comme dans la futaie que nous venons de traverser, et de ne mentionner que les plus remarquables, tels par exemple, dans cette première section du Nid-de-l'Aigle, tout en l'abordant, nous passons contre le *Bouquet de Thomas-Marancourt*, luxuriante cépée de hêtre.

A cent pas plus loin, nous voyons à quatre pas sur notre gauche, le *Bouquet d'Octave Saunier*, cépée plus élégante encore et formée de dix arbres.

Avançons, et tout à l'heure, au bord du sentier, le n° 4 nous désignera le *Bouquet d'Auguste Böhm*, formidable cépée de chêne. Mais ne la dépassons pas sans diriger nos regards à très-peu de distance sur notre droite, pour voir deux autres cépées également très-remarquables, ce sont les bouquets de *Victor Galland* et de *Brigault*.

Cheminons pour en apercevoir bien d'autres, mais sur la gauche du sentier et à quelque distance encore, tels que le *Bouquet de Spinosa*, celui de *Paul Peters*, celui d'*Alphonse Bouchard*, etc., etc.

Après avoir parcouru ce sentier, d'environ trois cents pas, vous débouchez sur une route et en face la plus belle et la plus remarquable de ces majestueuses cépées : c'est le *Bouquet du Nid de l'Aigle*, désigné par la lettre A; traversez la route en retrouvant notre sentier au pied de cette merveille végétale, composée de dix arbres partant de la même souche et s'élevant hauts et droits comme les épis d'une gerbe gigantesque : en la contournant, vous remarquerez deux de ses belles tiges singulièrement réunies par une espèce de bras, à environ quatre mètres au-dessus du sol.

Le sentier de quelques centaines de pas que vous allez parcourir, offrira à vos regards déjà émerveillés, une foule d'autres beaux arbres, dont un surtout est encore plus majestueux que celui que vous quittez; mais cheminons, pour voir successivement le *chêne de Méduse*, désigné par une étoile et qui, hélas, a perdu quatre de ses colossales branches depuis que nous le connaissons; ensuite et successivement, nous verrons le *Victor Rousseau*, le *Théodore de Banville*, le *Philibert Audebrand*, le *Armand Blandin*, le *Charles Boissay*, et tout de suite après le *Porgeron*, désigné par la lettre B.

A peine avons-nous dépassé ce dernier colossal chêne, qu'en voici un autre à vingt pas en avant, qui les surpasse tous; il est tellement remarquable par son immense et majestueuse ramure, qu'on ne sait quel nom lui donner. Les uns l'appellent la *Girandole*, les autres le *Bouquet du feu d'artifice*. Quant à nous, parrain de tant de baptêmes, nous l'appelons le *Bouquet de Saint-Jean*, en mémoire du célèbre peintre de fleurs.

Du pied de ce très-beau chêne, notre sentier se divise en deux; prenons celui qui incline à gauche, pour couper tout de suite un double chemin et nous trouver aussitôt en face d'une cépée de quatre chênes de deux à trois siècles. Ce sont les *quatre Mercey*.

Ne suivons pas le sentier à gauche de ce quadruple chêne, mais bien plutôt celui à droite, conformément à notre signe bleu. Il nous conduira, en moins de deux minutes, au pied du Mont-Ussy, en traversant un chemin macadamisé appelé *route de la Fontaine*, route au-delà de laquelle nous arrivons tout de suite, sur le travers d'un chemin moins large et en face l'entrée d'un sentier désigné par une marque rouge et pénétrant, en gravissant, parmi les rochers du Mont-Ussy.

Ne prenons pas ce sentier, bien qu'il conduise à des sites également très-intéressants, mais suivons à gauche le chemin sur le travers duquel nous venons d'aborder et qui est pourvu de marques bleues. Il va nous amener au pied du *Charlemagne*, l'un des trois chênes les plus anciens de la forêt et dont l'âge se perd dans la nuit des siècles: Le court trajet que nous allons parcourir pour parvenir près de ce vénérable doyen, est passablement abrupt et sujet à être dégradé par les pluies torrentielles; mais nous venons de le remettre en état. Avançons en pénétrant dans une étroite gorge qui va tout aussitôt s'élargir, puis, en arrivant près d'une étoile peinte sur un grès, nous

nous arrêterons un instant pour contempler les collines qui nous entourent, car nous sommes au beau milieu du *vallon des paysagistes*, qu'on appelle parfois la *vallée de Ronceveaux*.

C'était jadis le plus beau site du Mont-Ussy, mais la malencontreuse exploitation des grès l'a horriblement mutilé et ravagé sans nécessité, comme en tant d'autres beaux endroits de notre chère forêt; on ne saurait trop le redire. Veuf de presque tous ses imposants rochers, il n'est plus remarquable que par ses admirables mouvements de terrain et surtout par les précieuses études d'arbres séculaires qu'on y voit encore, tel surtout le vénérable Charlemagne, situé à quelques pas de nous, assis sur un roc, sans terre végétale pour ainsi dire. Sa circonférence est de sept mètres, son front chauve et vermoulu, plusieurs fois frappé par la foudre, atteste son antiquité. La seule maîtresse branche encore vivace qui lui reste, menaçait de se détacher du tronc. Nous l'avons fait consolider au moyen de l'appareil en fer qu'on y voit, d'après les conseils d'un riche artiste, hôte assidu de nos déserts, qui a payé le tiers de cette dépense que nous nous sommes imposée de bon cœur comme si nous eussions été artiste peintre nous-même, bien que déjà tant obéré pour ma bien-aimée.

Quatre sentiers aboutissent au pied du Charlemagne : le *sentier des ruines*, venant de l'ouest-nord ; le *sentier du Val des peintres*, venant du sud, (celui par lequel nous venons d'arriver) ; le *sentier de Blanche de Melun*, venant de l'est ; et le sentier du *chaos de Roncevaux*, qui est celui par lequel nous allons nous diriger vers le nord.

Nous avons donné le nom de *chaos* à ces innombrables roches mises à nu, détachées, roulées et entassées pêle-mêle sur les flancs des côteaux et jusqu'au fond des vallées, par le dernier cataclysme diluvien, qui date de combien de milliers d'années?.....

Enfin gravissons, en pente douce, le sentier du chaos de Roncevaux en disant au revoir au vieux Charlemagne et à ses trois voisins moins formidables, le *Jean Bérard*, le *Hobbéma*, et le *Roland*, contre lequel nous allons passer en quittant leur doyen, ainsi que l'indique nos marques bleues.

Tout de suite vous voyez, à quelques pas sur votre gauche, deux chênes mi-enterrés dans les décombres : ce sont : le *Jean-sans-Terre* et le *Tannegui du Châtel*. Ensuite, vous passez près du *Sauvager* et du *Dufour* mieux encore ; puis à l'instant nous allons gravir la partie la plus intacte des rochers ; vous voyez les masses de grés, telles que la main du déluge les a amoncelées et superposées. Les deux sommets qui vous encaissent sont décorés de mousses, de fougères, de bruyères et de végétaux plus importants, tels que des houx, des genévriers, des bouleaux, et quelques superbes chênes, notamment le *Vitikind* et le *Chêne d'Antonin*, se dressant fièrement sur le sommet de gauche.

Étant parvenus au-dessus de ce joli pêle-mêle de rochers et d'arbres, premier des sept beaux chaos de la promenade du Mont-Ussy, vous vous trouvez à l'entrée d'affreux décombres, mais nous les fuyons en inclinant à droite un instant pour revenir à gauche en descendant un peu ; après quoi la lettre K vous désigne le *charme d'Hélène*. Nous avons ainsi nommé cet arbre, parce qu'au pied est une modeste roche où madame la duchesse d'Orléans s'est reposée en visitant notre sentier, le 15 mai 1847, peu de temps après sa création. Nous aimons à évoquer ce souvenir d'une princesse dont l'existence fut si cruellement éprouvée, et qui a daigné encourager, par le don d'un magnifique présent, et, mieux encore par de bonnes paroles, le culte que nous avons voué à notre chère forêt, et la mission que nous nous plaisons à remplir pour en célébrer les beautés.

En quittant le charme d'Hélène, vous voyez à votre gauche une clairière, puis immédiatement vous allez en apercevoir une plus vaste et plus agreste, à votre droite. Vous cheminez alors sur un point de la platière occidentale du Mont-Ussy, et dans le sentier des Fées (1).

---

(1) Ce nom de *platière*, maintenu sur les cartes de la forêt et employé encore de nos jours par l'administration comme par les habitants du pays, signifie plateau rocheux, dont les grès sont peu élevés au-dessus du sol.

Voici deux autres vieux chênes, dont le principal, désigné par la lettre L, est le *Philippe Benoist*, qui nous rappelle un artiste distingué de Fontainebleau, l'autre est le *Desgoffes*.

De là vous pénétrez sous les ombrages d'un jeune taillis de courte traversée, et à la sortie duquel vous revoyez mieux la clairière de droite, et même quelques échappées de vue au loin. Ensuite, le sentier rentre sous bois pour un instant et revient prendre sa direction au milieu des grés qui nous apparaissent d'un aspect plus sévère et plus sauvage, surtout lorsque nous approchons de la lettre M, qui va nous signaler en même temps le *Salvator Rosa*, très-vieille ruine de chêne étrangement mariée avec les grés.

Nous cheminons alors dans les mystérieux et saisissants replis du sentier du *chaos des fées*, dont les mille curieux détails nous charmeront de plus en plus au fur et à mesure que nous avancerons. Ne pouvant les mentionner tous, je me bornerai à ne signaler que les choses les plus saisissantes. Rien du reste ne peut échapper à l'admiration du touriste amateur, car ici, comme partout dans nos charmants déserts, nous avons tracé le sentier de manière à voir l'ensemble aussi bien que les détails de ce site à la fois âpre, sauvage et pittoresque. Sa descente et sa montée en pente très-douce forment un dédale des plus étrangement accidenté, dont le parcours n'excède pourtant pas cinq cents mètres de marche.

Les choses les plus remarquables que nous allons voir pendant ce court trajet sont désignées par les lettres suivantes : N, la *roche Deumier*; O, l'*Oasis d'Armand et Armandine*; P, *l'antre de la fée Vipérine*, presque au bas du chaos.

Après avoir traversé cet antre mystérieux et la toute petite enceinte qui la suit, retournez-vous pour considérer le farouche rocher qui la surplombe et qui est marqué de la lettre Q. Sa masse altière et sa face grimaçante sont bien l'emblème de la mauvaise fée dont cette grotte étroite et sombre porte le nom.

Nous allons passer au pied du *François* 1er, chêne au ventre creux et vermoulu, désigné par la lettre R imprimée sur un grés. Près de lui, après avoir descendu deux pas d'abruptes marches, se voit le *chevalier Bayard*, chêne moins colossal que son royal voisin, mais aussi plus sain. Il ombrage un grâcieux réduit qui est la retraite de la *Fée candide*, la bonne marraine. L'entrée est désignée par une étoile.

A quelques pas plus loin encore, en descendant, le sentier vous conduira devant un groupe de grés, signalé par la lettre S; groupe très-remarquable par lui-même, qui doit surtout sa célébrité à l'un des deux chênes qui le couronnent et le décorent. C'est le premier, le plus rapproché de vous ; on l'appelle le *chêne des Fées*, la merveille des curiosités végétales de la forêt. Ne dirait-on pas qu'un pouvoir magique a présidé à sa croissance ? Cet arbre, vigoureux et touffu, semble n'avoir ni souche, ni racines. Son tronc, comme un fût de colonne dressé sur un socle, pose tout entier sur une roche dont la surface est lisse et très-inclinée ; on croirait qu'il va glisser sur cette pente ; mais les fées qui le protègent l'ont soudé à une roche voisine qu'il envahit progressivement, au moyen d'une énorme excroissance d'écorce et d'aubier dont il enveloppe la partie saillante du bloc, comme s'il voulait l'engloutir et l'absorber tout entier dans son tronc.

Ce chêne enchanté, son compagnon également dressé sur le roc, et tout le groupe de grés qui leur fait cortége, forment un tableau saisissant et très-renommé.

En laissant à droite ce phénomène de végétation, le sentier commence à gravir une colline, d'où vous apercevez le revers du groupe que vous venez d'admirer.

En continuant à monter, bientôt, comme un ogre affamé, la roche de *Merlin l'enchanteur*, roche géante indiquée par la lettre T, va se dresser devant vous et vous barrer le passage. Dans cette solitude sont établis quelques bancs rustiques, c'est là que siège l'assemblée des fées, et c'est à *Titania*, leur reine, qu'est dédiée la jolie petite grotte située en contre-bas du sentier, et dont quelques gradins vous facilitent l'accès.

De tous côtés, votre marche semble arrêtée et circonvenue par de hautes murailles ; mais la lettre U vous désigne une issue formée par le déchirement et la chute du *rocher d'Himely*.

Après avoir franchi ce tunnel effrayant, vous achèverez de gravir la colline, et nous dirons adieu à cette enchanteur chaos des fées, si digne d'être exploré malgré les traces de vandalisme qui, par là aussi, déshonorent la forêt.

Nous allons tout à l'heure couper un croisement de petits chemins ; celui que nous prenons, conformément à nos marques, est le sentier de *Victor* et de *Céleste*.

Aux arbres, aux rochers, aux paysages qui jusqu'ici ont passé sous nos yeux, vont succéder une suite non interrompue d'autres tableaux non moins intéressants et toujours variés. Tout à l'heure, dans ce nouveau sentier, nous allons contempler entre les bouquets d'arbres plusieurs échappées de vue sur la ville et la vallée de Fontainebleau, précisément en arrivant vers la lettre V, tout à fait au bord escarpé et rocheux du plateau.

De ce point culminant, en faisant face à la ville, le sentier va presque aussitôt incliner à gauche parmi les genévriers et les grands pins maritimes, pour descendre ensuite à droite, dans une étroite petite gorge, et nous trouver en présence de deux sentiers, et, à quelques pas sur notre gauche, nous apercevons la *roche de Fontange*, désignée par la lettre A, et formant une sorte d'abri, avec un banc rustique où l'on peut se reposer.

Ici, cher lecteur ou chère lectrice, permettez-moi de vous dire que le sentier que nous voyons à notre droite et dont l'entrée est désignée par une marque rouge, est le *sentier Leistner*, destiné aux personnes qui, pour une raison ou pour une autre, ne pouvant pas continuer plus loin la promenade, voudraient rentrer en ville par le trajet le plus court, c'est-à-dire, en trente ou quarante minutes. Dans ce cas, voir page 208 l'itinéraire de la roche Fontange à Fontainebleau, par la grotte des Montussiennes.

Quant aux personnes qui désirent continuer la promenade du Mont-Ussy, dont la fin est, pour le moins, aussi intéressante que ce qui précède, elles n'auront qu'à se diriger de la manière suivante :

Donc, pour continuer la charmante promenade que nous décrivons, laissons à notre droite le sentier désigné par la marque rouge, et prenons celui qui nous fait face, lequel est la suite du sentier de Victor et Céleste, toujours désigné par les marques bleues. Il serpente en rampe, comme suspendu entre la crête des rochers et d'imposantes profondeurs. La lettre B vous engage à donner votre attention un peu à chacune des choses remarquables qui, de tous côtés s'aperçoivent, telles que nouvelles échappées de vue, nouveaux mouvements et accidents de terrain, nouveaux paysages de végétaux divers et de rochers de toutes formes et de toutes grandeurs, notamment à votre gauche, les plus rapprochés du sentier, telles que les roches de *Caroline Montaubry* et de *Pauline Chollet*, sans oublier celle du *Postillon de Lonjumeau*, groupe de grès des plus remarquables du site. En contournant la base de ce pittoresque groupe, vous dominez à droite la pente d'une autre colline également bien décorée de roches et d'arbres ; la plus saillante, à quelques pas en contre-bas du sentier, ayant l'aspect, par sa forme et sa hauteur, d'un monument druidique ; c'est la *roche de Lucie Mabire* ; elle est désignée par une étoile.

À peine aurez-vous laissé derrière vous cette pente et ce promontoire que vous contournez, qu'une suite d'autres jolies perspectives, d'autres jolis sites se dérouleront sous vos regards toujours de plus en plus charmés.

Après quelques minutes de marche, nous longerons, à très-peu de distance à notre droite, une belle petite chaîne de rochers qui se rapprochera plus près de nous au fur et à mesure que nous cheminerons.

Étant parvenus à l'extrémité de cette chaîne, notre sentier incline fortement à droite pour passer entre les roches qui la terminent, dont une est marquée de la lettre C. Dès lors, nous ne tarderons pas à déboucher sur un chemin de voiture, qui, à l'instant même, nous amènera à l'un des deux principaux point de vue du Mont-Ussy, que nous appelons le *belvédère de Montespan*, d'où vos regards planeront largement sur la ville et la vallée de Fontainebleau, et plus loin encore.

Ayant admiré ce beau point de vue, nous retournerons exactement sur nos pas pendant un tout petit instant seulement, c'est-à-dire, quelques pas, pour incliner ensuite à notre gauche par un sentier signalé par de petites lignes rouges et lequel va descendre en contournant la base du point de vue. Cette base, composée de formidables rochers, est l'une des plus imposantes murailles cyclopéennes de notre forêt. En la contournant, nous dominons, à notre droite à travers les arbres, de profondes et sauvages solitudes.

Après deux minutes de marche entre ces grands rochers et ces profondeurs non moins saisissantes, en ayant négligé à notre gauche un passage étroit, nous dominerons une autre vallée rocheuse, d'un aspect moins sombre et plus pittoresque.

A nos marques rouges succèdent nos marques bleues ; suivons-les bien sans préférer aucune issue qui en serait dépourvue. Le sentier que nous parcourons va descendre un instant et déboucher sur un plus large que nous suivrons seulement trois ou quatre pas pour retrouver, à droite, en pénétrant parmi quelques jeunes et maigres chênes, notre méandre, qui, dès lors, s'appelle le *sentier Adélaïde*. Il va nous faire descendre à travers un intéressant pêle-mêle de rochers. C'est le *Chaos du Tasse*. La lettre D va nous l'annoncer ; on y voit des pins maritimes et quelques vieux chênes s'élançant d'entre les masses de grès, et dont une, le *Bézou*, est bien près de sa fin.

Les masses de grès les plus considérables de ce remarquable chaos, sont : le *rocher de Godefroy de Bouillon*, la *roche de Clorinde* et de *Tancrède*, le *rocher Derancourt* et celui de *Cléomadès*.

Après avoir suivi les zigzags du sentier pendant trois ou quatre minutes, nous nous trouverons à peu près descendus au bas de cette avalanche de grès et près d'une étoile qui nous avertit qu'ici le sentier se divise en deux. Celui qui incline brusquement à droite, et dont l'entrée est signalée d'une marque rouge, en descendant encore, nous conduirait en ville en une demi-heure, sans voir grand chose d'intéressant, tandis qu'en suivant celui qui est désigné par l'étoile rose, et se poursuit un instant directement pour monter, va nous faire parvenir tout d'abord vers l'un des sites les plus remarquables de la forêt, c'est-à-dire, le *chaos de Victor Hugo*.

Nous avons à peine gravi deux minutes, et nous nous trouvons à la base de ce site, précisément sur un petit espace bien ombragé et où viennent aboutir six chemins, y compris nos sentiers. Ce petit espace est l'oasis des deux sœurs *Gabrielle* et *Élisa*, d'où l'on aperçoit un petit abri qui est la grotte d'*Antonia*.

Donc, de cet endroit, nous abordons le chaos de Victor Hugo, que j'aurais volontiers appelé le *chaos des grands Titans*, tellement les masses de grès y sont imposantes et gigantesques, surtout vers le sommet de la colline.

Nous mentionnerons seulement quelques-unes des plus formidables de celles que nous rencontrerons dans notre marche ; car la nomenclature de toutes celles qui mériteraient une mention serait par trop longue, et également l'énoncé de tous les curieux accidents formés par cet admirable bouleversement diluvien.

La lettre E, que nous frôlons pour ainsi dire à notre droite, marque la base de ce magnifique amphithéâtre de rochers. Notre sentier, pourvu çà et là de quelques rustiques marches, va se dessiner en lacet parmi les énormes blocs dont les flancs de la montagne sont hérissés, notamment les rochers de *Remy le Marin* et de *Lapotaire des Bordes*.

Dans quelques minutes nous pénétrerons dans l'*antre du Déluge*, que j'appelle aussi le *Passage de Ferdinand Lesseps*, dont l'abord est désigné par la lettre F. C'est le passage le plus saisissant de la promenade. On croirait voir, dans les montagnes de la Thébaïde, la retraite d'un anachorète passant sa vie au pied d'une croix, sans autre société que celle d'un lion apprivoisé, couché près de lui sous un palmier.

Mais comme ce blanc et respectable bouleau, emprisonné là, sur une roche, ajoute bien au tableau ! La sortie de ce formidable encaissement, plus imposante encore que son entrée, forme une arcade composée de deux grands rochers, appuyés l'un sur l'autre, et que nous appelons l'*Arche de Noé*.

En sortant de là, vous respirez plus à votre aise, vous avez plus d'air, plus de vue autour de vous et vers le ciel. Voici un autre encaissement moins sauvage et moins saisissant, indiqué par la lettre G, c'est l'oasis de *Marion Delorme*. Immédiatement après avoir passé devant ce magnifique réduit, vous pénétrez dans la chambre de *Lucrèce Borgia*, désignée par la lettre H.

Ensuite, vous cheminez en dominant les flancs de la montagne et le long d'une corniche, composée encore de gigantesques Titans qui se dressent à pic et presque alignés comme des guerriers prêts à livrer bataille. Parmi ces autres grandes masses de grès nous nommerons : le *Han d'Islande*, le *Angelo*, le rocher d'*Ernani*, la roche de *Marie Tudor*, les *Burgraves*, etc.

En quittant la dernière de ces pierres géantes, vous allez passer sur le *Viaduc des Dames*, espèce de chaussée assez élevée que j'ai fait établir là, comme en bien d'autres endroits, pour aplanir autant que possible les obstacles de la marche.

Enfin, le couronnement de toutes les merveilles du chaos de *Victor Hugo* est le deuxième grand point de vue du Mont-Ussy, ou *Belvédère de Lavallière*, où vous arriverez en ayant d'abord à votre droite de belles échappées de vue et ensuite après avoir décrit à votre gauche une petite courbe pour donner un dernier coup d'œil sur le site que vous venez de gravir.

Le Belvédère de Lavallière, désignée par la lettre J, est, comme celui de Montespan, formé d'une plate-forme située tout à fait au bord des rochers, mais il diffère de celui-ci en ce que la perspective s'étend plus loin vers la gauche. Il embrasse non-seulement la ville et une grande étendue de la forêt, mais aussi des contrées par delà ses limites, vers la Bourgogne.

De cette plate-forme, avancez tout à fait au bord des rochers et prenez, conformément à nos marques bleues, le sentier assez étroit et tortueux qui descend.

Poursuivons notre marche parmi ces masses de grès, penchées et renversées les unes sur les autres, jusque dans les profondeurs du site qui s'appelle ici le *val de Georges Sand*, autre chaos de rochers d'un aspect non moins saisissant et non moins beau que le magnifique chaos que nous venons de quitter, mais d'une toute autre façon, dans ses détails comme dans son ensemble et dont les beautés les plus saillantes qui s'offrent à nos regards sont :

La roche d'*Isidore*, le rocher de l'*Homme de Neige*, le rocher du *Maître Sonneur*, la roche *Adriani*, le rocher de *François le Champi*, le rocher *Tévérino*, la roche *Consuelo*, le rocher de *Villemer* et surtout les rochers qui enferment la grotte de *Maria Brunetti*, l'une des plus remarquables de la forêt, c'est-à-dire, aussi belle que sa marraine.

Parmi les inscriptions qui se voient sur les rochers de cette grotte, nous reproduisons avec plaisir le quatrain suivant :

> Elle a la beauté du visage,
> Tout en elle est charmant et doux,
> Et s'ils entendaient son ramage
> Les rossignols seraient jaloux.
>
> LORD BYRON.

En sortant de cette jolie grotte, deux sentiers s'offrent à vous : l'un qui descend à droite étroitement encaissé dans les rochers et se dirige au plus court vers Fontainebleau (en vingt minutes), et l'autre à gauche, que nous allons prendre pour continuer notre belle promenade, en traversant le haut de la gorge du ravissant chaos de George Sand et contourner le sommet du versant nord de la vallée de Montheau.

Nous cheminons maintenant dans le sentier de Gabrielle d'Estrées, où nous allons avoir à admirer d'autres sites, d'autres jolies échappées de vue, et dominer d'autres gorges rocheuses, d'autres profondeurs, d'autres pêle-mêle d'arbres et de rochers toujours variés, toujours différents de forme et de perspective, quoique toujours de même nature.

Voici la lettre K, désignant les dernières roches du chaos de George Sand. Plus loin, la lettre L nous annonce que le sentier va contourner et aborder le chaos de Shakespeare. Vous y remarquerez tout d'abord un vieux chêne, puis ensuite, de ci, de là, quelques beaux pins maritimes; puis le sentier serpente, en dominant de nouveau les profondeurs du site et en ayant à votre gauche de nouvelles falaises en contre-haut, où se remarquent d'imposantes masses de grès, telles que le rocher

Othello, le rocher Hamlet, la roche Macbeth, la roche Ophélia, le rocher de Juliette et de Roméo, et la roche d'Anne de Boleyn. Mais remarquez surtout, vers la lettre M, à la fin de ce chaos, ces deux sortes de Minotaures qui semblent s'entretenir et s'étonner en vous voyant passer si près d'eux. Ayant contourné la base de leurs volumineuses masses, vous apercevrez aussitôt un autre chaos ; mais avant d'y arriver, vous cheminerez un instant sous les ombrages d'un amoureux taillis pour vous reposer un peu la vue et aussi les jambes, si cela vous est agréable. Ce taillis, mélangé de chênes et de blancs-bouleaux, puis les humbles bruyères qui le séparent des rochers, constituent en effet un petit lieu de repos que nous avons nommé l'oasis de *Marthe et Marie*.

Voici la première partie du *chaos de Schiller*, signalée par la lettre N. Vous passerez entre un assez beau bouleau et un groupe de roches dont vous en remarquerez deux de même forme, assez élégantes et posées l'une près de l'autre sur leurs piédestaux. Ce groupe est le *rocher des deux Ortmans*.

Un instant après, le sentier incline passablement à droite et décrit une courbe tortueuse et très-accidentée parmi les grès de toutes formes et de toute grandeur. Mais ayant dépassé une roche de forme bizarre, désignée par la lettre O, le chaos de Schiller se développe dans sa partie la plus étrange. Contemplez le site dans ses profondeurs et en suivant les contours du sentier pour le revoir encore plus saisissant, notamment après avoir laissé derrière vous la lettre P. Alors vos regards plongent plus profondément dans les ravins, dans les bas-fonds plus étroitement encaissés, assombris entre deux collines hérissées de grès et presque partout voilées par une mystérieuse végétation. Ne vous semble-t-il pas voir quelque scène de brigands, là, sur ce grand chemin tortueux qui ressemble au lit desséché d'un torrent?

Les plus remarquables des masses de grès plus ou moins voilées, plus ou moins accessibles, qui se trouvent sur les flancs de ces collines et dans les profondeurs, et auxquelles, sans partialité, nous avions donné le nom des œuvres du plus célèbre des poëtes de l'Allemagne ; en voici l'énoncé :

Le *rocher des Brigands*, le *don Carlos*, le *rocher de la guerre de Trente-Ans*, le *rocher de Guillaume Tell*, le *rocher Wallenstein*, la *roche de la fiancée de Messine*.

Après avoir contemplé les différents aspects de ce site à la fois si sauvage et si pittoresque, vous allez, dans un instant, traverser la Chambre de *Gabrielle d'Estrées*, dont l'entrée est signalée par la lettre R. En sortant de ce beau groupe d'imposants rochers qui s'est si bien et si largement ouvert pour nous laisser pénétrer dans ce lieu jadis interdit, comme tant d'autres, nous allons incliner presqu'aussitôt à droite pour couper un chemin de voiture, c'est la route de *Louise*. A peine l'aurons nous traversée, que nous passerons à quelques pas du *Gutenberg*, hêtre des plus remarquables comme étude et comme tableau, avec les curieuses roches qui l'accompagnent, dont le ton et les formes s'harmonisent, on ne peut mieux, avec ce bel arbre désigné par la lettre S à notre gauche.

Nous parcourons alors le sentier d'*Amédée et Sophie*.

Continuons notre marche en passant entre deux rochers et au pied du *Gil Pérès* et du *Joly de la Vaubignon*, deux autres belles études de hêtre. Un peu au delà, c'est le *Charles Jourdan*, arbre encore plus beau, baptisé en 1857 alors que son cher parrain, à peine adolescent, est venu dans ces parages. Ensuite nous avons une échappée de vue sur la *gorge Lavallière* dont les collines rocheuses et diversement boisées encaissent si bien la *route Louise*.

Voici, tout aussitôt, un peu en contre-bas de notre sentier le *Alphonse Hennet*, autre très-belle étude de hêtre. Dans deux minutes, après un circuit à notre gauche, nous allons descendre et passer contre le *Centaure*, désigné par la lettre T, masse de grès passablement volumineuse et étrange de forme. Mais avant que d'y arriver, admirons les profondeurs du site que nous dominons pour ainsi dire à pic, et dont l'aspect magnifique et saisissant nous rappelle certains paysages des Pyrénées.

Immédiatement après le Centaure, nous allons arriver à la *grotte Maléna*, que nous sommes heureux d'avoir pu ouvrir;

de même que celle de *Maria Brunetti*, sans y laisser trop voir les traces de la main de l'homme.

En quittant cette grotte, on continue à descendre la colline, dont la pente, rude et hérissée de blocs, est adoucie par les contours du sentier qui, en même temps, permettent de voir le site sous tous ses beaux aspects.

Après avoir descendu une ou deux minutes les courbes aiguës du sentier, vous vous trouverez à peu près comme entouré d'une enceinte de rochers ; c'est l'*oasis des Faunes* ; la lettre V vous le dit et indique en même temps qu'à l'aspect virginal du joli chaos de la grotte Maléna succèdent soudainement de hideuses ruines, parmi lesquelles pourtant on aperçoit encore de ci de là quelques roches remarquables.

Nous allons apercevoir à quatre ou cinq pas sur la gauche de notre sentier la *Dame du Mont-Ussy*, désignée par la lettre X. On l'appelle aussi la *roche Louise* ; un peu plus loin étant descendu presque tout à fait au bas de la colline, le n° 2 nous signale le *rocher d'Hercule*, énorme masse de grès formant un antre avec l'appui d'un grès moins formidable.

Immédiatement après avoir franchi cet antre nous inclinerons à notre gauche en contemplant la face méridionale d'Hercule et ensuite nous frôlons la *roche d'Omphale*, dernière masse de grès de la promenade. A peine l'aurons nous dépassée de quelques pas qu'il faudra nous diriger à notre droite conformément aux marques bleues pour aborder tout de suite une route.

Ici, s'est terminé le très-joli sentier de Sophie et d'Amédée et le chaos de la grotte Maléna, dont nous avons omis de décrire une foule de curieux détails par les raisons alléguées plus haut. Toutefois, de ces curieux détails, contentons-nous, comme pour les autres chaos, d'en nommer quelques belles choses, telles par exemple :

Le *rocher Farinato*, le *rocher d'Abeilard*, le *rocher d'Édouard Plouvier* et de *Valérie*.

La route que nous allons traverser en laissant derrière nous un tout petit canton de chênes centenaires, sépare le Mont-Ussy de la *vallée de la Chambre*, vallée non rocheuse, mais boisée de chênes mêlés de pins et de blancs-bouleaux. Nous allons donc y pénétrer tout en traversant la route et en prenant le sentier d'*Émile* et d'*Alexandrine* dont l'entrée est désignée par notre signe. Il nous conduira en quelques minutes sur un croisement de routes que nous franchirons en en laissant une à notre gauche et deux à notre droite. Alors nous pénétrons dans un bois où les pins du Nord, à l'écorce bronzée et dorée, vont dominer.

Cet endroit est appelé la *vallée des Tombeaux*, parce que là, autrefois, était le cimetière de Fontainebleau, et que, sur notre droite, à peu de distance de la route que nous suivons, existe encore le cimetière des israélites, dont le mur de clôture, tout nouvellement construit, s'aperçoit à travers les arbres.

En cinq minutes, nous aurons traversé et laissé derrière nous cette vallée des Tombeaux, en continuant notre route directe qui nous conduira, en un quart d'heure, à l'entrée de la rue des Bois, mais non plus protégés par des ombrages, vu que par ici, comme à la sortie de la rue de la Paroisse, d'où nous sommes partis pour commencer notre promenade, les conséquences de l'affreuse invasion, c'est-à-dire, le pillage, a laissé de déplorables traces ; car, au lieu de suivre cette route poudreuse, flanquée d'un laid rideau de maçonnerie, nous avions sous bois, latéralement à cette route, un sentier délicieusement ombragé jusqu'à l'entrée de la rue des Bois. Néanmoins, suivons nos marques bleues.

Enfin, nous voici arrivés à l'entrée de cette rue des Bois, précisément sur le boulevard qui longe la ville du côté nord et ouest.

Les personnes qui habitent le canton Nord rentreront en ville par la rue des Bois ; celles qui demeurent au centre de la ville, ou bien plus à droite dans la direction du château, suivront à droite le boulevard pour rentrer soit par la rue de la Paroisse, soit par la rue Guérin, soit par la rue de France ou même par la rue Royale.

ITINÉRAIRE

## DE LA ROCHE DE FONTANGE A FONTAINEBLEAU

PAR LES MONTUSSIENNES.

---

Cet itinéraire est destiné aux personnes qui, ayant accompli la promenade du Mont-Ussy jusqu'à la roche de Fontange, signalée par la lettre A, ne désirent pas aller plus loin et préfèrent revenir en ville par le trajet le plus court.

A cet effet, elles devront se diriger de la manière que voici :

Donc, venant du chaos des Fées et arrivés vers la roche de Fontange, désignée par la lettre A et nous trouvant à la rencontre de deux sentiers, nous prendrons celui à notre droite qui est le *sentier Leistner*, dont l'entrée est signalée par notre signe rose, appliqué sur un grand pin maritime, tout au bord du sentier, puis, à droite, sur une modeste roche.

Malgré que le site, dont nous allons effectuer la descente en sept à huit minutes, soit l'un de ceux qui fut le plus complètement ravagé par les carriers, il offre encore passablement d'intérêt par ses admirables mouvements de terrain et par quelques échappées de vue, puis par quelques imposants restes de rochers. Notre sentier, développé en zigzag, va nous permettre de descendre en pente assez douce. Nous sommes toujours ombragés, principalement par des pins.

Nous apercevons successivement, à quelque distance vers le haut de la colline, les bancs de grès brunis par le temps, depuis que les carriers furent évincés de ces parages, trop tard malheureusement. Les quelques groupes de grès remarquables que, sur les bords du sentier, nous rencontrerons, sont : le *rocher d'Horace Bureaud*, réunion de roches la plus intéressante de cette descente ; elle est située à notre droite, tout au bord du sentier, et signalée par la lettre B. Ce baptême est mérité par la fondation du Comité de protection artistique de notre bien-aimée forêt, qui fut trop longtemps abandonnée à la dévastation de ses beautés.

Continuons pour voir à une centaine de pas plus loin encore au bord de notre méandre, mais à notre gauche un peu en contre-bas un autre groupe de roches, signalé par la lettre C, c'est le *rocher Delort*.

Ensuite, le sentier va descendre et nous faire approcher de roches plus nombreuses, dont les plus remarquables en vue sont : la *roche Anaïse*, la *roche Léonie*, la roche de *Ritters* et la roche *d'Adelina Patti*, l'enchanteresse. Celle-ci est désignée par une étoile rose. Puis, un peu plus bas, la lettre D nous signale la *roche de Pontos*.

Nous voici alors tout à fait, pour ainsi dire, au bas de la colline précisément sur un croisement de chemins, c'est-à-dire de sentiers dont voici la désignation : au nord le *sentier de Lestner*, par lequel nous arrivons ; à l'ouest, le sentier de *Blanche de Melun*, venant du vallon des paysagistes ; à l'est, le sentier de *Marguerite et d'Henri*, allant à la vallée d'*Hortense et Prosper Jourdan;* et, au sud-est, l'entrée de l'abord des *Montussiennes* désignée par la lettre E ; et où nous retrouvons nos marques bleues.

Dès lors la scène va changer et devenir tout autre. Nous voici tout d'abord au milieu d'énormes rochers et séparés par une mince petite haie, d'une grotte profonde et à pic, c'est la grotte des *Montussiennes*. Mais suivons le sentier pour y descendre commodément et très-agréablement, en passant tout de suite sous une imposante arcade formée par deux grands rochers, à la sortie de laquelle nous descendrons encore un peu en inclinant à droite pour pénétrer à l'instant même sous les formidables masses de grès formant la saisissante et double entrée de cette grotte, fameuse tout simplement par son aspect imposant et par la hardiesse du travail qu'elle nous a coûté. C'est l'une de mes créations les plus remarquées. Traversons la sans crainte, malgré l'effrayante rupture qui divise en deux le gigantesque rocher dont les deux masses en surplomb abritent la plus grande partie du souterrain.

Ici, comme en visitant tous nos autres importants travaux, nous nous abstenons de détails, vu que ce Guide deviendrait par trop volumineux. Étant parvenus, à la sortie de la grotte, plusieurs sentiers s'offrent à nous. Avançons directement conformément à nos marques bleues et à la lettre F, qui nous désignent l'entrée du sentier d'*Elveige* et de *Paul*, lequel, dans un instant, va nous amener au bord d'un chemin de voiture qui longe la chaîne du rocher Mont-Ussy et la sépare de la vallée de la Chambre, plaine ombragée par un bois taillis de quarante à cinquante ans, composé principalement de chênes.

Du bord de ce chemin de voiture, jetons un dernier regard derrière nous, pour dire adieu, ou plutôt au revoir, aux beaux rochers du Mont-Ussy, et ensuite coupons ce chemin, de l'autre côté duquel nous appelle notre doux sentier d'Elveige et de Paul, dont le trajet de sept à huit minutes bien ombragé nous amènera à la route Léopold, au moment où elle débouche sur le vaste et beau carrefour de la *vallée de la Chambre*, étoilé par huit belles routes.

Traversons ce beau carrefour en laissant quatre routes à notre droite et trois à notre gauche, pour prendre le sentier latéral à cette troisième route, qui est appelée *route de la Fontaine*.

Ce sentier nous conduira en moins de vingt minutes à l'entrée de la ville ; il longe d'une manière très-rapprochée la route, mais l'absence d'ombrage nous fait maudir une fois de plus les auteurs de cette horrible guerre, qui a précipité notre chère patrie dans les plus affreux malheurs !...

Nous allons dans cinq à six minutes couper un chemin pour continuer à longer plus ou moins près la route de la fontaine, mais tout à l'heure, nous allons voir un sentier à droite dont l'entrée est signalée par notre marque rouge. Il est destiné aux personnes qui habitent soit au centre, soit vers le sud de la ville. Il les conduira tout d'abord sur le boulevard, qu'elles suivront à droite pour rentrer en ville, soit par la rue de la Paroisse, soit par la rue Guérin, ou même par la rue de France.

Quant aux personnes habitant le canton Nord de la ville, elles n'auront qu'à continuer à suivre encore cinq à six minutes le sentier qui longe la route pour arriver à l'entrée de la rue des Bois.

Maintenant, nous allons continuer ce nouveau Guide par une promenade, à l'aide de voiture, au Long-Rocher, par la section orientale du rocher Bouligny.

## PROMENADE AU LONG-ROCHER

### PAR LE ROCHER BOULIGNY

DÉVELOPEMENT : 20 KILOMÈTRES

Dont 14 en voiture et 6 à pied,

En cinq heures (1).

### ITINÉRAIRE.

Bien que cette promenade ne soit pas classée au commencement de ce nouveau Guide, elle n'en est pas moins l'une des plus intéressantes de la forêt, surtout l'exploration du Long-Rocher qui offre tant de saisissants points de vue et, par dessus tout, le parcours du site appelé l'*Enfer du Dante*, où l'on admire le plus imposant chaos de rochers de la forêt.

Le point de départ de cette très-belle promenade est, comme pour celle de la Gorge-aux-Loups, la barrière de l'Obélisque

---

(1) Je dis en cinq heures, mais d'avantage si, entre l'exploration du rocher Bouligny et celle du Long-Rocher, on éprouve le désir de pousser une pointe à Marlotte pour s'y restaurer chez madame Mallet, hôtel de la *Renaissance*, endroit le plus confortable du pays, où l'on est bien traité, à des prix modérés.

Ce prolongement de la promenade est tout simplement de deux kilomètres de plus en voitures.

d'où l'on débouche sur le vaste et beau carrefour de ce nom, que l'on traverse en laissant à droite l'Obélisque, et à gauche deux grandes routes et une petite route de chasse. Celle que nous prenons est la route de La Vallière ; elle nous conduira directement, et en moins d'un quart d'heure, au carrefour du même nom, par un trajet uni et ombragé d'essences assez variées, mais où dominent les chênes et les pins. On appelle ce canton la *plaine des Pins*.

En arrivant au très-modeste carrefour de La Vallière nous apercevons, à très-peu de distance devant nous et à travers une jolie petite plantation de pins du Nord, les belles masses de grès du rocher Bouligny.

Ici, sur ce modeste carrefour, nous quittons la voiture qui fera demi-tour pour aller gagner le chemin de Marlotte, en contournant la base du côté nord du mail d'Henri IV, et parvenir jusqu'aux deux petits monuments du siphon des eaux de la Vanne, où le cocher nous attendra tout au moins une bonne heure. Quant à nous, voici comment nous allons nous diriger pour parvenir à le rejoindre, après un trajet d'un peu plus d'une demi-lieue, mais d'un trajet tellement curieux d'un bout à l'autre, qu'il nous faudra cinq ou six quarts d'heure pour l'effectuer.

Donc, coupons ce petit carrefour de La Vallière en laissant une route à notre droite. Celle que nous prenons, moins sablonneuse, moins large et mieux ombragée par un jeune taillis de chênes, est désignée par notre signe bleu. L'ayant suivie une centaine de mètres, nous la quitterons en inclinant à notre gauche, conformément à ce signe bleu, par un sentier qui, en un instant, va nous conduire sur le travers d'un autre sentier et au pied d'une superbe colline, dont les rochers, de toutes formes et de tous volumes, amoncelés ou épars et tapissés de verte et soyeuse mousses, puis légèrement ombragés principalement par des pins, décorent le site de la base au sommet. C'est un tableau magnifique et des plus pittoresques.

La lettre A, que, tout en arrivant sur ce sentier, nous voyons peinte sur une modeste roche, nous dit que nous venons d'aborder la chaîne du rocher Bouligny et le *sentier des Dames* que nous allons suivre dans le sens où nous y arrivons, c'est-à-dire, à droite pour gravir en pente assez douce le site dont les mouvements de terrain et les aspects variés nous apparaissent déjà si intéressants. Mais notre admiration ne pourra qu'augmenter au fur et à mesure que nous cheminerons, car les deux kilomètres et demi de trajet que nous avons à explorer dans cette chaîne du rocher Bouligny, surtout parmi ses crêtes sourcilleuses, offrent une suite non interrompue de curieux détails et de ravissants tableaux. A défaut de description, je vais, comme pour mes autres promenades, me contenter signaler les choses les plus dignes de fixer l'attention de mes lecteurs, pour les mettre à même d'effectuer très-facilement et sans la moindre méprise cet intéressant trajet.

Un instant après avoir abordé le sentier des Dames et gravi une centaine de pas, nous passerons contre une belle masse de grès désignée par la lettre B. C'est la *roche de Lacontrie*. Plus haut, nous aurons également, à droite, au bord de notre sinueux sentier, la *roche de lord Byron* formant un abri et désignée par une étoile.

Continuons à monter encore un peu en voyant bien mieux le site, puis nous allons tourner un peu brusquement à droite et voir tout à l'heure le sentier se diviser en deux ; laissons à notre droite celui qui continue à être signalé par nos marques bleues, et prenons celui à gauche désigné par une marque rouge, à laquelle vont succéder nos signes bleus. En un instant ce sentier va nous faire passer contre une belle masse de grès désignée par la lettre H, et dont le sommet est orné de sept à huit sortes de végétaux, arbrisseaux et plantes que ni vous, ni moi, ni aucune autre personne n'ont plantés, ni cultivés sur cette pierre aride. Nous l'avons nommée la *roche d'Auguste Luchet*, en souvenir, non-seulement d'un ami dévoué, mais en souvenir de ce qu'il a su, en 1848, empêcher la dévastation de notre bien-aimée forêt, pendant les jours d'effervescence, lorsque les classes brutes se croient tout permis.

De cette roche d'Auguste Luchet nous allons, dans une minute, couper un chemin étroit, c'est la suite de la route La

Vallière. L'ayant traversée, nous inclinons à notre gauche, conformément à nos marques bleues, le sentier qui, dans ses courbures, va nous permettre de monter en pente non trop rude en dominant à pic d'autres profondeurs, d'autres chaos de rochers.

Étant parvenus vers le haut de la montagne, la lettre I nous désignera le *banc du Sphinx* où nous pourrons nous reposer un peu, et ensuite arriver, en moins de deux minutes, tout à fait au sommet le plus élevé de la chaîne du rocher Bouligny, sommet que l'on aborde en dominant à la fois le versant du midi et le versant nord, tant la crête en fut amincie par les éléments diluviens.

Notre méandre va devenir de plus en plus sinueux, de plus en plus tourmenté, et parfois rencontrant d'autres sentiers, d'autres issues; mais ne nous en préoccupons nullement et suivons uniquement le trajet indiqué par nos marques.

Nous dominons à pic les profondeurs et les dégringalades de rochers mystérieusement ombragés par les pins.

Voici un anneau bleu sur un roc qui nous invite à jeter un regard à notre gauche, à travers une échappée de vue qui nous laisse entrevoir Fontainebleau, et sera mieux ouverte, nous l'espérons, lors que la sollicitude de la nouvelle Administration aura exaucé nos vœux, comme elle les a exaucés sur d'autres points, déjà.

Immédiatement après avoir dépassé cette mince échappée de vue, nous allons incliner à gauche en descendant en contre-bas du sommet où le sentier, accroché à une sorte de falaise, nous permettra de cheminer en dominant, sur de nouvelles et saisissantes profondeurs. L'imposante masse de grès, que nous longeons à notre droite, offre une anfractuosité plus saisissante encore. C'est le *rocher Dutschold*, désigné par la lettre F.

Un instant après avoir dépassé cette formidable pierre déchirée, le sentier tourne court à droite dans un encaissement pour nous ramener sur la crête des rochers, en nous faisant passer tout d'abord près de la *Licorne* désignée par la lettre K. Après cette licorne le sentier incline à notre gauche et se continue, toujours très-tourmenté, parmi ce déluge de rochers, mais toujours ombragé principalement par des pins et toujours doux et délicieux à suivre, malgré les hauts, les bas et les mille accidents de terrain.

Voici notre étoile rose qui nous dit que du côté opposé, c'est-à-dire, à notre gauche, tout contre le sentier, se voit la roche à deux têtes. Immédiatement après, la lettre L nous signale le *Crapaud de Bouligny* à quelques pas du sentier, du même côté. Ensuite, ce sont encore des roches de toutes formes, de toutes grandeurs et diversement bizarres.

Nous rencontrerons tout à l'heure une bifurcation de sentier dont celui à droite est désigné par une marque rouge ; négligeons le tout en remarquant à vingt pas, dans cette direction, la *roche Mongolfier*, grès qui a la forme d'un ballon gonflé prêt à s'enlever.

Prenons le sentier à notre gauche, selon nos marques bleues, en pénétrant, un peu étroitement, entre quelques roches, dont la première semble nous menacer de son boutoir. Nos regards vont de nouveau plonger sur de sombres solitudes très-profondes ; puis, à notre droite, nous longeons d'autres crêtes rocheuses, et tout de suite nous allons passer devant la grotte des *Trois-Sœurs*, Augustine, Eugénie et Félicie, désignée par la lettre M.

Un instant après avoir dépassé cette grotte dans laquelle nous avions établi un banc, que la malveillance a fait disparaître, notre sentier se divise de nouveau en deux, pour se rejoindre tout à l'heure. Nous avons à choisir : celui à gauche, désigné par la marque rouge, et qui descend abruptement, est d'un parcours moins facile, mais offre des choses plus saillantes, plus imposantes ; tout d'abord un passage sous une roche, ensuite, et surtout, le rocher et le point de vue d'*Emile de la Bédollière*, puis, tout de suite la *roche de Palizzi*, formant un abri d'où l'on jouit d'un autre beau point de vue.

Quant au sentier à droite, désigné par notre signe bleu, il est plus direct et très-facile à parcourir, il rejoint l'autre en moins de deux minutes, sans quitter le sommet du site, et en passant contre le *petit sphinx de Bouligny*, désigné par une étoile, et tout aussitôt, nous arrivons à la jonction, la lettre N nous le dit et nous signale en même temps la *Pieuvre des rochers* s'attachant d'une manière horrible à sa proie, comme vous voyez. Passons vite pour jouir immédiatement d'un très-beau point de vue sur une grande étendue de la forêt, et par de là ses limites du côté de l'est.

Continuons encore quelques minutes sur ces rocs arides et privés d'ombre par suite d'un incendie causé par d'imprudents fumeurs, et nous allons couper un étroit chemin, puis, un peu plus loin, nous laisserons le sentier direct en inclinant à notre gauche parmi de chétifs pins pour aborder de nouveau la rive escarpée des rochers, ainsi que l'indiquent nos marques.

De ce bord escarpé nous revoyons, mieux encore, le point de vue que nous venons d'admirer en quittant la Pieuvre. D'ici on croirait, en vérité, avoir vue sur un lac vert. Aussi l'ai-je nommé *point de vue du Lac-Vert*. En le quittant nous allons nous retrouver sur le sentier direct que nous suivrons à gauche, et bientôt nous aurons laissé derrière nous la fin du sol dénudé par le feu, il y a des années déjà, et nous retrouverons de l'ombre.

Voici la lettre O et à gauche le *sentier des Faunes*, sentier dont le trajet d'environ un quart d'heure, nous offrira une suite de tableaux et de détails toujours dignes de notre admiration. Une minute après, la lettre O ; c'est un encaissement où les crinolines devront se prêter un peu, et à la sortie duquel nous revoyons une échappée de vue ; puis, nous descendons parmi d'autres chaos, d'autres pêle-mêle de rochers et de végétaux. La lettre P va nous signaler à notre droite une des plus belles murailles du déluge : c'est le *rocher Farjon* (1).

Mais à notre gauche encore, que de choses saisissantes atti-

---

(1). C'est avec peine qu'ici, comme sur d'autres points de nos promenades, nous voyons les traces de certaines personnes qui ont la manie d'écrire leurs noms sur nos belles roches ou de les placarder d'inscriptions qui déparent horriblement nos sites. Nous ne pouvons que prier l'Administration de vouloir bien ordonner une active surveillance contre cette sorte de vandalisme.

rent notre attention! des chutes de rochers, des solitudes profondes et sauvages.

Notre étoile rose désigne la *roche des Nymphes*, et, en face, une jolie échappée de vue vers le nord-est.

Mais, immédiatement, quelles saisissantes ravines encore et quelles belles chutes de roches! Puis, à notre droite, sur les flancs et vers les sommets de la colline nous voyons des grès énormes comme des maisons, dont les plus remarquables sont: la *roche Chausey* et la *roche Tasset*. Mais, continuons la descente du site, de surprise en surprise.

Voici la lettre R indiquant que nous allons passer dans un étroit couloir pour descendre ensuite un peu rapidement par quelques marches d'escalier vers la lettre S d'où nos regards plongent à travers les arbres dans les profondeurs d'un petit vallon où serpente un chemin. Ce vallon, n'est rien moins que la *Gorge-aux-Hiboux*; mais, patience, nous la traverserons tout à l'heure après nous être reposés dans la grotte de *Lucifer*, qui va soudain nous apparaître. Nous y voici! Le voyez-vous ce satané chef des démons, avec ses yeux caverneux et toute sa face horrible! il se tient là, sur le côté de sa grotte et semble vous dire : N'approchez pas!

Ici, comme pour la grotte de Meyerbeer, et tant d'autres, nous avons opéré un déblai considérable de grès et de sable; puis, pour dissimuler et soutenir les parois dénudées, nous avons disposé et appliqué contre ses parois tous les quartiers de roches que vous voyez au pourtour de la grotte et dont la base forme le rustique banc où nous allons nous reposer sans craindre d'être ensevelis par l'énorme roche qui l'abrite.

Disons que pour rendre plus solide encore ce revêtissement des parois, nous allons, à l'aide des généreuses souscriptions reçues, le faire enduire de ciment romain, travail qui sera probablement terminé lorsque cet Itinéraire paraîtra.

En quittant la grotte de Lucifer nous frôlons la base de rochers plus formidables encore, surtout en passant près de l'étoile rouge, à quelques pas en descendant. Cette volumineuse pierre est le *rocher Pantagruel*. Immédiatement après, admirons du même côté une avalanche de rochers bien plus formidable et plus grandiose.

En moins d'une minute, après avoir dépassé cette étoile, notre sentier va se diviser en deux; celui aux marques bleues inclinant brusquement à gauche, se dirige vers Fontainebleau, ce qui n'est pas notre affaire; avançons directement par le sentier marqué de notre signe rouge auquel vont tout à l'heure succéder nos marques bleues.

Dès que nous allons avoir coupé la route *de la Fanfare* en traversant la Gorge-aux-Hiboux, ainsi nommée parce que j'ai, bien des fois, le soir en y passant, entendu le cri funèbre de cet oiseau de nuit; ce qui n'ôte rien à l'aspect très-sévère et très-pittoresque du site.

Ayant traversé cette gorge très-étroite et gravi un instant, le sentier va reprendre, comme de plus belle, ses ravissantes courbures et sinuosités à travers un nouveau déluge de rochers et d'arbres, mais, toujours ombragé principalement par des pins du Nord. C'est le sentier de *Georgine*.

Voici, après deux minutes de marche, la lettre T qui désigne la *roche de Louis Cheret*, masse de grès de forme remarquable.

A deux minutes plus loin nous distingons à dix pas sur notre gauche le *Men-Hir de Bouligny*, pierre géante, un peu inclinée. Ensuite, après avoir cotoyé quelques instants le haut de la colline rocheuse, en dominant le versant nord, nous frôlons l'*Auburon*, roche d'une forme étrange, désignée par la lettre U.

Le sentier toujours très-tourmenté parmi les rochers va nous faire passer un peu en contre-bas des crêtes rocheuses d'où nous continuerons néanmoins à dominer d'intéressantes vallées, notamment tout à l'heure, en arrivant vers la lettre V, qui nous signale le *val Adam Salomon* (l'artiste, bien entendu), jolie petite gorge très-pittoresquement encaissée par une guirlande de rochers que nous traversons vers le sommet ceintré en un imposant fond de cuve qui nous domine.

Ayant contourné le haut de ce joli site, nous allons immédiatement en dominer un autre non moins intéressant; c'est-à-dire le val du *Mastodonte*, ainsi nommé à cause d'une énorme masse de grès qui a la forme d'un monstrueux animal que nous allons apercevoir à quinze pas sur notre gauche en contre-bas du sentier, lorsque nous passerons contre la lettre X. Nous voyons en même temps tout l'imposant groupe de rochers auquel appartient ce mastodonte, qui est signalé par une étoile.

Notre sentier continue à monter légèrement et va décrire une courbe assez prononcée à droite, pour revenir brusquement à gauche et passer parmi les crêtes du site, dont plusieurs de formes passablement fantastiques, entre autres, la *roche du Dragon*, désignée par la lettre Y.

Ensuite, nous allons dominer encore un instant parmi d'autres roches bizarres le versant nord de la chaîne du Rocher-Bouligny, toujours ombragée de pins du Nord ; puis, un instant après notre cher méandre va incliner légèrement à droite en descendant pour aborder, un peu plus loin une petite route cavalière que nous suivrons dans le sens où nous y arrivons.

Ayant suivi à peine une minute cette petite route, qui n'est guère qu'un large sentier, nous en couperons une autre pareille pour continuer la nôtre encore quelques minutes, et voir à notre gauche un sentier que notre signe bleu nous invitera à prendre, et lequel, en moins de trois minutes, nous amènera à notre voiture, qui est venue nous attendre sur la route de Marlotte, précisément où traverse un siphon des eaux de la Vanne, ainsi que nous l'avons dit en mettant pied à terre au carrefour de La Vallière.

Donc, étant remontés en voiture, notre automédon nous conduira directement vers la *Route-Ronde*, que nous traverserons en continuant à suivre la route de Marlotte jusqu'à celle des *Ventes-Héron*, qui est la troisième après la Route-Ronde et dont l'entrée est désignée par notre signe bleu et aussi par un écriteau administratif, si toutefois il n'est pas disparu, ce qui n'arrive que trop souvent par la malveillance.

Le trajet pour arriver là depuis que nous sommes remontés en voiture, en quittant le rocher Bouligny, est d'un peu plus de deux kilomètres, que nous aurons franchi en un quart d'heure, la route étant bonne et belle. Disons que notre admiration s'y repose en la parcourant ; car elle n'offre en vue guère autre chose que des bois ordinaires, tantôt composés uniquement de chênes, tantôt de massifs de pins, tantôt mélangés de l'une et de l'autre espèce.

Cependant, vers la fin de ces deux kilomètres de trajet, nous apercevons à notre droite quelques mamelons, quelques collines, puis, un peu plus loin, ayant descendu une petite côte, c'est une plaine à peu près dénudée se prolongeant vers la Gorge-aux-Loups, et entourée, vers le nord, par les mamelons du rocher Boulain ; vers l'ouest par les hauteurs qui entourent de ce côté la Gorge-aux-Loups, et vers le sud par les rochers des Étroitures et de la Mare-aux-Fées.

Donc, étant parvenu, à la route des Ventes-Héron, que nous signale à notre gauche la marque bleue, est celle que nous devons prendre pour aller explorer la plus intéressante partie de notre gigantesque Long-Rocher, soit au retour d'un déjeuner au joli hameau de Marlotte, soit que nous ne devions pas y aller. Dans un cas comme dans l'autre, voici la marche à suivre pour parvenir au pied du Long-Rocher, précisément à l'endroit appelé l'*Enfer du Dante*.

Notre véhicule après nous avoir lancés dans cette route des Ventes-Héron, qui est une route de chasse unie et bien ombragée, nous transportera directement, pendant un quart d'heure, c'est-à-dire, jusqu'à la quatrième des routes que nous rencontrerons à gauche comme à droite.

Étant parvenus à cette quatrième route, endroit qui forme un carrefour de cinq routes, notre cocher inclinera tout court à droite conformément à notre marque bleue pour arriver, en moins de deux minutes, sur le travers d'une route qui longe la base de la chaîne du Long-Rocher et s'appelle, avec juste raison, *route du Long-Rocher*.

En y arrivant, nous nous trouvons précisément en face le sentier qui va immédiatement aboutir au site que nous appelons l'*Enfer du Dante*.

Nous avons baptisé ainsi l'imposant et magnifique chaos d'énormes rochers que nous allons explorer ; et en effet leur aspect nous a paru tellement sombre, âpre, sauvage et grandiose que nous avons dû les généraliser sous un titre saisissant. Les troncs sveltes et flexibles des milliers de pins qu'on y voit, rappellent les ombres qui se pressent en foule dans le noir et terrible séjour décrit dans le poëme du Dante. Parmi toutes celles qui y sont désignées, nous ne citerons que les plus illustres, en rattachant leur souvenir aux roches les plus remarquables du site. Toutefois, nous nous sommes permis de loger dans cet enfer, que nous aimons à explorer, quelques-unes des personnes qui n'ont pas été indifférentes à sa mise en lumière.

Donc, étant arrivés à l'entrée du sentier conduisant dans le dédale de cet imposant et admirable enfer, nous quittons notre équipage qui nous attendra là, à l'ombre, peut-être bien six à sept quarts d'heure, tandis que nous allons tout à notre aise et sans fatigue, nous diriger de la manière suivante :

Nous commençons par prendre le sentier qui s'offre à nous, et lequel va tout de suite se diviser en deux. Préférons celui à notre gauche, longeant la base d'une haute colline que nous avons à notre droite et qui semble un avant-fort de l'Enfer, par les deux formidables masses de grès qui en couronnent le sommet. Ce sont les roches de *Justus et de Littré*.

Continuons pour en voir bien d'autres. Nous sommes lugubrement ombragés par une forêt de pins du Nord. Mais voici le site qui se développe en amphithéâtre, de la manière la plus grandiose et la plus imposante ; quel admirable déluge de rochers étalés et se dressant sur toute la surface du contour et du haut en bas de la colline !...

Nous arrivons à l'instant même à la base de ce féerique tableau, précisément sur le travers d'un sentier et en face une étoile imprimée sur un grès. Dirigeons nos regards vers le haut de la colline à notre gauche pour voir deux pierres des plus colossales, un peu distancées l'une de l'autre ; c'est Énée et César, dont les têtes altières dominent toute cette armée de Titans qui leur fait cortège.

Suivons à droite ce sentier que nous venons d'aborder. Il va monter en zigzag parmi ces masses de grès, pour nous permettre d'arriver par une pente assez douce, et toujours de surprise en surprise.

Ayant continué à gravir encore un peu, nous allons nous trouver comme arrêtés dans une clôture infranchissable au pied de laquelle finissent les limbes de l'Enfer du Dante. Une arcade étroite et surbaissée nous offre un passage à travers un souterrain tortueux, aux parois déchirées, à la voûte monolithe et menaçante ; c'est l'entrée du séjour des plus grandes souffrances. Dans le poëme du Dante, on lit l'inscription suivante au-dessus de la porte qui mène chez la race damnée :

« Par moi l'on va dans la douleur éternelle ; laissez toute espérance, ô vous qui entrez ! »

Nous n'inscrirons pas ces caractères au-dessus du sombre passage que nous allons traverser, nous aimons mieux répéter ce que le célèbre poëte dit à Virgile, dans un élan de pitié : « Maître, que leur sens est dur ! »

Franchissons vaillamment cette porte qui ne peut être fatale qu'aux âmes qui ont horreur du beau ; oui franchissons-la pour aller contempler le site dans sa partie la plus grandiose, bien que nous y ayons logé des âmes réprouvées à côté d'âmes aimées.

Peu après la sortie du souterrain le sentier monte encore, mais la vue s'étend sur une vallée silencieuse, morne et toute hérissée de rochers qui semblent condamnés à une éternelle tristesse. Dans une pièce de vers intitulée : *Ébauche de la forêt*, Fernand Desnoyers, à qui je dois de la reconnaissance, a décrit ce tableau avec une verve remarquable :

> Comme ils souffrent ces rocs, et hurlent de douleur,
> Sans qu'on entende un cri, sans que paraisse un pleur.
> Tout est calme autour d'eux, ils roulent immobiles
> Dans leurs contorsions muettes et tranquilles.
> Leurs cris et leurs sanglots sont restés dans le vent ;
> L'air même est imprégné d'un fluide émouvant,
> Ses mornes désespoirs de rochers sont horribles ;
> Dans leur sombre passé que d'histoires terribles !
> Depuis combien de temps ces géants enclavés
> Implorent-ils le ciel avec leurs bras levés ?...

Cette poésie animée, ce style nerveux ne sont pas sans analogie avec les descriptions que fait le Dante des tourments des damnés. Mais quel raffinement, quelle profusion de supplice; et combien de victimes?... notre siècle croit en un Dieu plus clément.

De notre sentier nous dominons les profondeurs d'une gorge étroite où se dresse un amas d'énormes blocs qui sont les rochers des géants Briarée, Antée et Nemrod. Antée aida Virgile et le Dante à descendre dans le gouffre où Lucifer est plongé sous les pieds des géants au plus profond de l'abîme.

Ce cercle de notre Enfer du Dante se continue un peu plus haut par une enceinte qui a la forme d'un fond de cuve, où nous allons nous trouver devant un amphithéâtre dont les gradins formidables et dans un admirable désordre, se composent du plus beau de tous les chaos de la forêt de Fontainebleau. Cette enceinte est assombrie non-seulement par les pins, mais aussi par l'aspect effrayant des rochers qui en couvrent tout le contour jusque vers le sommet et qui, en surplomb au-dessus d'elle, menacent, comme une avalanche, de la combler un jour de leurs débris; jour encore assez éloigné, sans nul doute, pour nous permettre notre traversée par ici avec sécurité aujourd'hui et plus tard encore.

En pénétrant dans cette imposante enceinte, nous entrevoyons tout d'abord, à travers les lugubres pins, vers le haut de la colline, à notre gauche, deux roches inséparables, c'est Paolo et Francesca di Rimini, dont les noms rappellent l'épisode le plus touchant de la *Divine Comédie*. Ils s'aimaient, Paolo devait épouser Francesca; mais le bruit se répandit qu'il avait trouvé la mort sur le champ de bataille; Francesca, après bien des larmes, dut se résigner à devenir l'épouse de Lanciotto, le frère aîné de son amant. La nouvelle de cette mort n'était pas vraie, Paolo revint, Francesca le revit, et leur premier amour se ralluma. L'épée vengeresse de l'époux les frappa au cœur l'un et l'autre. Ils partagent en Italie le même tombeau et en enfer le même châtiment. Suivons encore un peu le sentier pour nous trouver de tous côtés admirablement bien entourés. Nous voyons tout près de nous, sur notre gauche, à la base des rochers, cette énorme masse de grès qui pèse de tout son poids sur une autre, qu'elle écrase et torture, c'est la roche d'Ugolin, désignée par une croix rouge, de ce père infortuné dont le poëme du Dante a célébré la mort et la vengeance. Trahi par l'archevêque Roger, Ugolin fut condamné par la ville de Pise à mourir de faim, au fond d'une tour, avec ses quatre fils.

En achevant ce drame lamentable, le poëte s'écrie : « ô Pise ! opprobre de nos belles contrées, si le comte Ugolin était accusé d'avoir livré la forteresse, devais-tu mettre à une telle croix ses enfants que leur jeune âge rendait innocents ! » Tout est lugubre dans ce récit ; Ugolin tient sous lui, en enfer, l'archevêque Roger et lui dévore le crâne.

A droite, plus haut, sont les roches d'Hélène et de Cléopâtre, et, plus loin, celle de Judas Iscariote qui a vendu le Christ.

Éloignons-nous de cette vallée ténébreuse par notre étroit sentier, conformément à nos marques bleues, en laissant un sentier à notre gauche. Le nôtre, dont la pente, bien qu'adoucie par des marches, est assez rude. Nous allons tout aussitôt nous trouver comme suspendus au flanc de la colline et dominant, pour ainsi dire à pic, les profondeurs d'une gorge encore hérissée de rochers ; ici notre chemin s'adoucit, et voici une échappée de vue à travers les éclaircies des arbres, au-dessus d'un ravin dont les grès blanchis attestent qu'un incendie est passé ici. Enfin, notre ascension touche à son terme ; nous pénétrons dans un gracieux couloir, assez largement encaissé par de belles roches et à l'extrémité duquel s'ouvre la *grotte de Béatrix*, que nous avions rendue très-remarquable et très-intéressante, mais que plusieurs habitants de Marlotte ont mutilée et dénaturée pour s'y cacher à l'approche de cette maudite invasion.

Béatrix est le nom de la jeune fille de Florence que le Dante a aimée, et qu'il eût choisie pour épouse si une mort prématurée n'eût ravi cet ange à la terre. C'est elle qui, éblouissante de beauté, reçut son amant des mains de Virgile, à l'entrée du Paradis, le fit monter à travers les sphères, jusqu'au foyer de la divine lumière.

Maintenant que nous voici hors de la section ascendante de

l'enfer, nous pouvons nous reposer un peu sur les rustiques bancs qu'abritent la grotte de Béatrix, dont la voûte touche au sommet du site.

En quittant cet abri, notre fil d'Ariane monte, pendant quelques pas, d'une manière un peu tourmentée, et nous abordons tout aussitôt la lande occidentale du Long-Rocher, laquelle ici est très-rétrécie et domine au nord comme au sud, de vastes profondeurs. Elle ne nous en offrira pas moins de très-belles choses à voir. Nous y aurons plus de ciel et de jolis points de vue, ce qui, pour nous, sortant des terribles scènes de l'enfer, sera une agréable diversion, d'autant plus nécessaire que nous devons y rentrer dans une petite heure pour en explorer la section descendante, bien moins rude, il est vrai, mais non moins saisissante d'aspect.

Mais commençons notre exploration aérienne en partant du sommet de la grotte Béatrix, par la courbe du sentier qui incline à notre droite, conformément à nos marques, pour aborder tout de suite la rive escarpée du site que nous appelons *Point de vue du Nord*, d'où nos regards vont planer sur une très-vaste partie de la forêt.

A notre droite, peu éloigné, c'est le *Haut-Mont*, un peu au-delà, vers le levant, c'est la *Malmontagne;* plus loin, toujours vers le levant et au dernier plan de l'horizon, c'est le *rocher Samoreau*, dominant tous les points culminants de la forêt et des environs ; plus à gauche, c'est le *Mont-Andart;* plus à gauche encore, vers le nord, c'est la chaîne ondulée du *rocher d'Avon*, dont les sommets, bien que saillants et assez élevés, se détachent à peine dans l'horizon à cause des autres collines situées par de là, tels que le *rocher du Fort-des-Moulins*, le rocher du Calvaire et le Mont-Ussy.

Ensuite, vers le couchant et en se rapprochant successivement de nous, ce sont : le *rocher Bouligny*, le *Mont-Merle*, le plateau des *Ventes-Bourbon* et le *rocher Boulins*.

En quittant ce sylvestre point de vue du nord, nous passons soudainement sur le bord méridional de la lande pour jouir d'une suite de points de vue tout différents et plus intéressants encore, mais dont la description nous mènerait pas trop loin.

Disons seulement qu'en sillonnant les contours échancrés du plateau, nous dominons à pic et à nos pieds la *Plaine-Verte*, ou le Cirque du Long-Rocher, et au loin, nous découvrons le beau village et le château de Bourron, dont la fondation remonte au temps les plus reculés ; puis, par delà, c'est la montagne isolée de Villiers, et plus loin encore, ce sont les côteaux de Larchant et les plateaux du Gâtinais.

Mais partageons notre attention entre ces paysages lointains et les très-remarquables roches près lesquelles nous passons, et dont les moulures, les dentelures et les mille petites cellules qui les distinguent, ressemblent à de véritables sculptures et ciselures.

Ces très-remarquables roches, vues à quelque distance, font l'effet de monuments druidiques de dolmen, de menhir. Aucun canton de la forêt ne ressemble à celui-ci. Suivons bien nos marques bleues et nous arriverons sans encombre.

N'oublions pas, tout en abordant ce côté méridional de la lande, de donner un coup d'œil à quelques pas sur notre gauche vers cette petite croix rouge, qui nous signale la *Table du Chasseur noir*. Tout à l'heure, à notre droite, la lettre G désigne un superbe déchirement de rochers, et immédiatement le point de vue devient plus vaste et plus attrayant. Une autre petite croix rouge désigne une sorte de menhir, à moitié brisé, sur le bord escarpé du site.

Voici un anneau bleu qui nous signale un magnifique chaos tout près de nous, dans la vallée que nous dominons et dont les amas de rochers présentent l'aspect d'immenses ruines, saisissants débris d'une Babylone démantelée, détruite de fond en comble, et dont les puissants contre-forts inclinés en arêtes vigoureuses, se détachent du sommet de la colline et descendent jusqu'à sa base ; on pourrait les comparer aux arcs-boutants qui soutiennent les grandes nefs des cathédrales gothiques.

La lettre H désigne la *roche Ory Sainte-Marie*.

La lettre I le *fauteuil d'Isidore Bonheur*.

La lettre J nous annonce que des hauteurs du plateau nous allons descendre dans un vallon sauvage qui a la forme d'un cirque, et porte le nom d'une fleur charmante : il s'appelle le *Vallon-Muguet*. Il ne faut pas en conclure que nous trouverons ici cette fleur parfumée ; nous la chercherions en vain sur toute la lande ; mais, à défaut de muguet, une petite mousse d'une fraîcheur printanière tapisse le fond de cette vallée. Quelle jolie nuance vert tendre ! C'est le théâtre où, tous les soirs, à la clarté des étoiles, Jeannot lapin, l'œil éveillé, l'oreille au guet, se livre à de joyeux ébats si bien décrits par le bon La Fontaine.

Au milieu de ces solitudes arides, les yeux se reposent agréablement sur le velours de cette pelouse bordée de fougères et de bruyères.

Au fond de cette retraite si bien abritée, comme on oublie le monde et ses petites intrigues ! quel isolement ! quel silence ! et, contre les déceptions qui attristent la vie, quel salutaire refuge où l'âme se retrempe et puise une vigueur nouvelle !

Mais d'autres merveilles réclament notre présence. Laissons à gauche le Vallon-Muguet ; à droite, une ravine sinueuse que nous avons nommée la *Gorge-Noire* et montons vers le *Pic des Sept-Collines* par une rampe très-adoucie, du haut de laquelle nous reverrons, sous un autre aspect, la vallée pittoresque que nous venons de traverser.

### L'Atelier de Cellini.

Avant d'atteindre au sommet de la colline, nous visiterons l'Atelier de Benvenuto Cellini. Il se compose de deux chambres dont les parois sont élégamment ouvragées. Par quel procédé la nature a-t-elle revêtu toutes ces pierres d'ornements si légers, si artistement découpés ?

Dans la première chambre se trouvent des sculptures à peine ébauchées, dans lesquelles nous croyons reconnaître, en y mettant un peu de complaisance, des têtes de chevaux qui se mordent, des monstres fabuleux, des animaux fantastiques.

Dans la seconde chambre, à laquelle on monte par un escalier de quatre marches, nous remarquons principalement une haute arcade, formée par deux têtes de dragons, dont l'une est couronnée. D'autres visiteurs y verront des Chimères, des Gorgones, une tête de Méduse. On sait que cette dernière avait la puissance de changer en roche ceux qui la regardaient. Veillons à ne pas subir sa fatale influence ; le meilleur moyen de nous en préserver, c'est de bannir de notre cœur la haine et l'égoïsme.

### Le point de vue du Pic des Sept-Collines.

En sortant de l'Atelier de Cellini, nous abordons immédiatement une sorte de promontoire aérien d'où nous jouissons tout d'abord d'une nouvelle vue sur le Vallon-Muguet et sur la Gorge-Noire sillonnée par notre ancien sentier. Mais détournons les yeux de ces affreux décombres qui nous accompagnent depuis notre descente au Vallon-Muguet et nous démontrent que l'exploitation des grès est passée par ici comme en tant d'autres beaux endroits de la forêt, ce qui constate une fois de plus que, par le passé, ses déplorables envahissements ne respectaient rien, et combien il était urgent de leur opposer de sages limites. Si le mal ne s'est pas arrêté plus tôt, c'est la faute à ceux qui, étant les plus intéressés à l'arrêter, n'ont point réclamé.

Avançons conformément à nos marques bleues, et après cinq minutes de marche, en apercevant de nouvelles perspectives lointaines, des plaines, des vallons, des bruyères, des monticules de sable, nous parviendrons à l'extrémité du promontoire, c'est-à-dire tout à fait au bord escarpé du pic des Sept-Collines ; une croix rouge nous l'annonce. Quel beau site ! quel aspect sylvestre offrent tous ces rochers, toutes ces chutes de masses de grès que nous dominons ! Entreprendre de décrire toutes ces collines, toutes ces gorges, tous ces vallons, ce serait trop au-dessus de mon humble plume. Je me bornerai donc à les nommer tout simplement, en commençant à compter à notre droite, en tournant autour du cirque :

1° La Gorge-Noire ;
2° La Vallée des Étroitures ;
3° La Grande-Vallée ;
4° La Vallée de Marlotte ;

5° La Vallée des Trembleaux;

6° La Vallée du Proscrit;

7° Et, à nos pieds, la Plaine-Verte ou le Cirque du Long-Rocher.

### La Brèche de Bierra.

En quittant le bord escarpé du Pic des Sept-Collines, nous inclinons à gauche en suivant nos marques pour descendre vers un défilé très-remarquable, qui consiste en trois galeries successives, dont la première va tout à coup s'entr'ouvrir sous nos pieds, dans les profondeurs du sol.

Il existe dans les Hautes-Pyrénées, sur la frontière de l'Espagne, un long et étroit passage pratiqué entre deux roches dans une coupure que l'on appelle la brèche de Roland. La tradition rappelle que cette profonde entaille a été faite par le vaillant paladin d'un seul coup de sa terrible épée nommée *Durandal*.

Appliquons la même légende au chef danois qui, le premier, au neuvième siècle, tira de l'oubli notre forêt, et appelons la *Brèche de Bierra*, le triple défilé que nous allons parcourir. En l'approchant, on remarque tout près, à droite, la *Brioche du Chasseur noir*, désignée par une étoile.

A l'entrée de cette brèche se trouvent quelques marches taillées dans le roc; descendons-les. Nous voici plongés tout entiers au-dessous du sol et resserrés entre deux murailles perpendiculaires. Quel contraste entre le pic lumineux des Sept-Collines et ce couloir des Catacombes! A peine sommes-nous partis de ce premier défilé et avons-nous jeté un coup d'œil à droite sur la Vallée-du-Proscrit, que nous entrons dans une deuxième tranchée taillée à pic comme la précédente, mais plus large, plus haute et d'un aspect moins sombre. Elle débouche immédiatement dans la troisième galerie qui est la plus vaste et la plus intéressante. Ici, notre sentier décrit des courbes. D'un côté il est dominé par une chaîne de rochers qui forme un rempart infranchissable; de l'autre, il longe les pentes rapides qui descendent presque sous les rochers. Prenons garde de glisser dans ces cavités profondes!

Les plus gigantesques masses de grès qui bordent ce saisissant passage s'appellent : le *rocher de Phnorr*, le *rocher Tartarat*, le *rocher Lessore*, et le *rocher qui tombe*, c'est le dernier, désigné par la lettre K.

En dépassant ce rocher qui, en effet, à l'air de continuer sa chute dans le ravin, nous aboutissons sur une petite plate-forme en partie entourée encore par de formidables rochers, d'où apparaît, dans le haut, une sombre ouverture ; c'est la fenêtre de la *grotte de Kosciusko*. Cette petite plate-forme est signalé par le n° 1.

Puis, nous voyons à notre droite le vallon et la gorge du Proscrit, n'étant qu'une seule et même vallée, si non que la partie vers l'occident est très-rocheuse. Nous nous trouvons en face de deux sentiers : nous prendrons celui à notre gauche, vu que celui à droite est destiné aux personnes qui tiennent à faire complètement notre promenade du Long-Rocher, ce qui ajouterait deux bons kilomètres au trajet que nous nous sommes proposés de faire aujourd'hui ; bien que ces deux kilomètres de plus offrent une infinité d'autres belles choses à voir telles par exemple : le *Belvédère de Cicéri*, d'où l'on voit une ceinture d'admirables tableaux ; le *sentier de Constance Mayer* décoré par les roches *Antiq, La Chaize, Hyacinthe Rigaud, Le Rebour, Teinturier, Abel Orry*, les rochers de *Godefroy Hagemann*, de *Jacottet*, etc., etc. Puis, le retour par le vallon des Trembleaux et le sentier d'*Étienne et Marie*, où l'on admire une autre suite d'importantes masses de grès et de très-remarquables paysages. La roche et l'abri de *Jules César*, les roches d'*Alexandre Guillemin*, de *Grasset*, de *Salis*, de *Dominique Grenet*, et bien d'autres encore.

Ce complément d'excursion au Long-Rocher sera décrit dans notre dix-huitième et prochaine édition.

Toutefois, en attendant, je conseille à mes lecteurs de pousser une pointe jusqu'au Belvédère de Cicéri, dont le trajet, aller et retour, n'excède pas plus de dix à douze minutes, et certes on en est amplement dédommagé. En voici l'itinéraire :

Laissons sur notre gauche pendant, ces dix à douze minutes, le sentier aux marques rouges et prenons à droite le *sentier d'Augustine*, lequel nous amènera, en descendant un instant, dans le joli petit vallon que nous voyons; vallon qui serait bien autrement joli si sa belle ceinture de rochers, sur la gauche, n'avait pas été en grande partie détruite et convertie en pavés, dont on aperçoit les détritus en amas.

Toutefois, nous devons nous trouver heureux de ce que le mal n'est pas plus étendu, car nous avons tout contre nous, à notre droite, la vallée rocheuse et étroite du Proscrit, mais pour mieux en apprécier les beautés et l'ensemble, ne descendons pas dans cette gorge profondément encaissée; prenons notre direction de plus haut, conformément à nos marques indicatrices; gravissons la colline parmi les roches, et bientôt, parvenus près le n° 2 et à l'ombre de quelques bouleaux qui tempèrent l'âpreté de ce site effrayant, nous en contemplerons l'aspect désolé. Si la plus belle partie de la forêt couvre de ses frais ombrages le Bas-Bréau, c'est ici et sur les flancs escarpés du Pic des Sept-Collines que se déploie le plus bel amoncellement de rochers.

Avec quelle majesté sinistre ces deux montagnes de pierres dominent la Vallée-du-Proscrit et font planer sur elle une menace incessante!

Dans quelques instants nous allons arriver, en descendant un peu, sur un petit rond-point signalé par la lettre L. Ce très-modeste rond-point est le *Belvédère de Cicéri*. Bien que situé en contre-bas de tous les sommets et de tous les points culminants que nous venons de quitter, il mérite qu'on s'y arrête un instant pour contempler, sinon des horizons et des paysages lointains, mais pour revoir, en grande partie et sous un tout autre aspect, des choses qui déjà ont passé sous nos yeux et nous sembleront nouvelles. La vallée des Trembleaux, à notre gauche, ne nous offre-t-elle pas une physionomie plus douce, plus gracieuse, qui contraste avec les sublimes horreurs de la Vallée-du-Proscrit? Elle est couronnée non plus de sombres et menaçants blocs de grès, mais d'une guirlande de bois, de bosquets aux frais ombrages.

Mais ne quittons pas le Belvédère de Cicéri sans promener nos regards sur notre droite, c'est-à-dire sur tout cet amphithéâtre de monts et de collines dont l'aspect d'ensemble offre un saisissant et magnifique tableau. Les rochers amoncelés pêle-mêle ou épars, y constituent l'un des chaos les plus remarquables et les plus vastes de la forêt.

Maintenant que nous avons bien contemplé la ceinture de merveilles dont la vue jouit du Belvédère de Cicéri, reprenons le sentier d'*Augustine*, par lequel nous venons d'arriver, et dans cinq à six minutes nous nous retrouverons sur la petite esplanade, entre la sortie de la Brèche de Bierra et le sentier qui monte à la grotte de Kosciusko, et dont l'entrée est désignée, comme nous l'avons dit tout à l'heure, par des marques rouges.

Étant revenus là, prenons ce sentier qui monte et va presque aussitôt se diviser en deux, à gauche, pour pénétrer dans la grotte de Kosciusko et jouir de son joli petit point de vue, puis revenir prendre le sentier montant encore une minute par ses replis tourmentés et rocailleux pour parvenir au sommet du site où nous revoyons plus d'espace et plus de ciel.

Notre méandre redevient plus régulier et plus doux; il sillonne un instant le haut bord de la *Petite-Arabie*, vallon dénudé, mais dont l'aspect stérile et sauvage serait tout à fait intéressant si n'étaient ces affreuses dégradations qui en ont déshonoré le contour qu'autrefois nous avons vu si bien décoré de pittoresques rochers.

Notre sentier va s'embrancher dans un autre venant de ce vallon, et nous allons traverser la lande orientale du Long-Rocher dans sa partie la plus unie, la moins accidentée; mais elle n'en est pas moins une lande, une steppe, à l'aspect tout aussi stérile et sauvage, bien que nous cheminions parmi d'humbles bruyères tondues et rongées jusqu'à ras du sol par les bêtes fauves et les troupeaux des environs, et qu'au loin, de divers côtés, s'aperçoivent heureusement des bois et quelques terres cultivées.

Avant l'ouverture de notre sentier, nous avions planté des bornes pour indiquer la traversée du plateau, mais comme la malveillance les arrachait fréquemment, nous avons dû y suppléer en traçant le sentier tel que nous le voyons.

Dans sept à huit minutes, à partir du bord de la Petite-Arabie, on arrive à la fin du plateau. Notre sentier se joint, pendant quelques secondes, à un autre qu'on appelle la *Cavalière du Montoir de Montigny*. Nos marques bleues nous indiquent de laisser, à notre droite, cet horrible chemin, et d'incliner à notre gauche pour entamer tout aussitôt la section descendante de l'Enfer du Dante, dont l'abord et la suite sont aussi imposamment et admirablement décorés que dans la section ascendante que nous avons explorer la première.

Voici, pour commencer, la lettre A qui nous désigne une masse de grès des plus formidables et comprenant, en même temps, un abri que nous rendrions volontiers plus vaste et plus agréable, si nos ressources étaient moins épuisées. Mais quelle sombre et profonde solitude nous dominons à notre droite, sous les ombrages de ces pins lugubres. De cette imposante masse de grès, nous passons immédiatement contre une autre plus imposante encore. Toutes deux méritent bien des noms célèbres. Nous les baptiserons dans notre prochaine et dix-huitième édition.

Mais remarquons, à quelques pas en contre-bas de notre méandre, cette espèce de monstre, la tête en pointe et semblant s'élancer en avant de nous pour nous arrêter dans notre marche.

Voici, à notre gauche, un sentier qui remonte vers le haut bord du plateau, laissons-le et suivons le nôtre qui va descendre légèrement le long des crêtes rocheuses, en dominant encore, à notre droite, les saisissantes profondeurs.

Nous allons passer contre une roche non formidable, mais d'une structure assez distinguée, c'est la *roche d'Hortense et de Pauline*; elle est désignée par le n° 3.

Ensuite, le sentier, après avoir passé à travers quelques grès, va se dessiner en une galerie gracieuse, au contour intérieur d'un petit site en fond de cuve, ombragé par des pins maritimes. C'est la *galerie de César Couchaër*. A la fin de ce contour, la lettre B nous désignera la *roche Barbedienne*, roche remarquable par sa forme élégante et surtout par ses crêtes si bien découpées par la main du grand Maître.

Mais comme les profondeurs du ravin deviennent plus sombres et plus lugubres, le sentier va remonter un peu pour avoir plus de lumière, et pénétrer dans le *passage Lavaurs*, formé par une longue et formidable masse de grès, largement entr'ouverte pour nous permettre de passer presque aussitôt devant la jolie petite grotte de *Claire et Marie*.

En quittant cette petite grotte, sa table et ses bancs, œuvres de la nature, nous allons passer près d'un autre intéressant abri, plus petit, c'est la *grotte d'Anna et Francine*, accompagnée de roches très-curieuses par leurs formes et leurs dentelures ; ce sont les *roches Hémery*.

Nous allons un peu monter, puis descendre et monter encore, et après avoir passé contre un lugubre rocher, notre trajet deviendra de plus en plus saisissant ; les blocs de grès de teinte grise et noirâtre, nous apparaissent sous des formes plus colossales et beaucoup d'entre eux semblent prêts à se détacher de la pente rapide où ils se sont arrêtés, pour nous laisser descendre paisiblement les zigzags de notre sentier suspendu aux flancs du site d'où nous dominons ses sombres profondeurs.

Énumérer tous les imposants rochers qui nous accompagnent dans cette magnifique et terrible descente d'enfer, ce serait par trop de détails. Nous en citerons seulement quelques-uns, tel que le *rocher des Trois-Parques*, dont l'aspect noir est des plus lugubres. Nous l'avons désigné par une croix rouge.

Ensuite, c'est le *rocher Courbet* désigné par la lettre C. Tout aussitôt la lettre D nous signale l'entrée du *passage d'Orphée*.

Ici, à cette lettre D, dirigeons nos regards vers le haut de la colline pour bien voir ces terribles titans détachés du sommet et comme en train de rouler dans la pente. Puis, successivement, le *rocher de Caron* et le *rocher de Minos*, désignés par les lettres E et F.

Nous approchons d'une roche qui a l'aspect d'une pyramide égyptienne ; elle est désignée par une étoile ; c'est le monument funèbre d'*Henri Mürger*. Immédiatement après, en contre-bas, nous voyons un grandiose pêle-mêle de superbes titans foudroyés et renversés, dont un seul est resté debout se dressant fièrement vers le ciel : c'est le *rocher de l'Espérance*.

Voici tout à l'heure un troisième et joli petit abri : c'est le *repos d'Alfred Rubé*.

Notre sentier descend toujours en lacet parmi de formidables rochers, et la lettre G va nous signaler, à notre gauche, le *Crocodile de l'Enfer*, se précipitant la gueule ouverte pour avaler un pauvre petit animal qui, tout effrayé, se renverse en arrière. Mais, tout à côté, quelle énorme pierre ! Puis, l'ayant contournée, nous voyons un peu plus haut, encore à gauche, une masse gigantesque formant presque deux étages, c'est le *rocher de Virgile*. Le premier rang lui appartient, car le poëte de Mantoue servit de guide au poëte de Florence dans son voyage au pays des âmes.

Parmi les grès majestueux qui avoisinent et touchent, pour ainsi dire, le rocher de Virgile, nous laissons derrière nous les roches d'Homère, de Socrate et de Platon.

Nous voici donc parvenus tout à fait au bas de la descente de l'Enfer du Dante et nous allons rencontrer tout à l'heure l'étoile rouge à notre gauche, et le sentier à notre droite, par lequel nous sommes venus tantôt, et que nous allons prendre pour arriver, en deux minutes, à notre véhicule, dans lequel nous nous reposerons jusqu'à notre rentrée en ville, d'après l'itinéraire que voici :

Étant remontés en voiture, nous reprenons la route par laquelle nous sommes arrivés au pied du Long-Rocher et nous la suivrons en traversant tout à l'heure un carrefour de cinq routes ; nous en laisserons simplement une à notre gauche. Celle que nous prenons s'appelle route des Parquets de Montigny.

Dans deux minutes nous traverserons un autre carrefour en laissant deux routes à notre gauche et autant à notre droite. Trois minutes après, nous en couperons un autre, en laissant encore deux routes à notre gauche et autant à notre droite.

Ensuite, plus loin, nous négligerons deux routes à notre gauche et, en deux minutes, nous parviendrons à la Route-Ronde, que nous suivrons, à notre droite, pour nous rendre au beau rendez-vous de chasse de la croix du Grand-Maître.

De ce rendez-vous de chasse, notre automédon nous conduira

directement à Fontainebleau, en voyant, à notre droite, une partie des arcades des eaux de la Vanne, et en passant sous l'une des plus monumentales. Elle excède trente-deux mètres d'ouverture.

De là nous rentrerons en ville en vingt minutes.

La promenade au Long-Rocher peut s'entreprendre de diverses manières, soit par la forêt, soit par le chemin de fer, ainsi que nous en donnerons l'itinéraire dans notre prochaine et dix-huitième édition.

## PROMENADE A FRANCHARD (1)

DÉVELOPPEMENT : 16 KILOMÈTRES

Parcourable à pied en six heures.

ITINÉRAIRE.

Le point de départ de cette grande et belle exploration est la barrière de Paris, où l'on arrive principalement par la rue de France et la rue Royale.

Étant parvenus à cette barrière, c'est-à-dire, près le bureau d'octroi, à l'entrée d'un vaste et beau carrefour sur lequel aboutissent huit routes, nous en voyons trois en face de nous qui forment l'éventail : celle de Paris à droite, celle de Fleury à gauche, et, entre les deux, une route de chasse moins large, appelée la *route du Petit-Franchard*.

Dirigeons-nous vers la route de Paris et prenons la contre-allée qui en ombrage la rive gauche, ou plutôt, suivons le sentier entre les ormes et la pointe d'un bois mélangé principale-

---

(1) Cette promenade, et celle des gorges d'Apremont, n'ont pas seulement le même point de départ, mais leur commencement à toutes deux se parcoure pendant une demi-heure par le même sentier, c'est-à-dire, jusqu'à la gorge aux Chevreuils, où il sera temps encore de choisir entre les deux.

ment tout à l'heure de pins du Nord, à l'écorce bronzée et dorée.

Ayant suivi ce sentier direct, conformément à nos marques bleues, en négligeant tout sentier et tout chemin à notre gauche, pendant quatre à cinq cents pas, c'est-à-dire, jusque vers la naissance de la côte, précisément lorsque nous arriverons près d'un orme sur l'écorce duquel se voit un n° 2, puis une marque rouge.

Du pied de l'arbre ainsi désigné, et dont nous n'avons pas à nous préoccuper relativement à la promenade que nous effectuons, suivons encore deux pas notre sentier direct pour prendre ensuite, à notre gauche, selon notre marque bleue, un autre sentier qui pénètre parmi les pins, et où nous serons mieux ombragés.

Mais, nous nous éloignons insensiblement de la route de Paris, et en une ou deux minutes les sinuosités de notre méandre nous amèneront au bord d'une route de chasse que nous couperons pour cheminer à l'ombre d'un bois de chênes ; puis, dans un instant, nous en traverserons deux autres très-rapprochées ; puis, vingt pas au delà, notre sentier se divisera en deux.

Celui à droite, signalé par le n° 3 et une marque rouge, nous allons le prendre, malgré les marques bleues que nous laissons à gauche, mais qui vont nous revenir après que nous aurons fait quelques pas.

Nous sommes de mieux en mieux ombragés ; l'aspect des bois devient plus varié, plus gai.

Dans cinq à six minutes, nous couperons une route de chasse un peu sablonneuse, en voyant, à notre gauche, une clairière, et, à notre droite, une colline dont le versant est assez bien boisé.

Quelques instants après avoir coupé cette route, nous voyons, près du sentier à notre droite, une jolie petite cépée d'aubépine ; puis, un peu plus loin, nous verrons à quinze pas sur notre gauche, une charmille de vingt-cinq tiges.

Voici quelques cépées de chênes séculaires, et le bois semble devenir plus fourré, plus mystérieux, avec ses touffes de genévriers. Un peu plus loin, nous verrons, à quelques pas sur notre gauche, un joli hêtre, et tout de suite un autre encore plus beau.

La colline que nous allons revoir à notre droite est appelée la *Tête-à-l'Ane*. Dans cinq à six minutes, nous allons couper la route de chasse de ce nom, et nous trouver en face de deux sentiers; négligeons celui à droite désigné par la marque rouge et prenons celui à gauche, conformément à la marque bleue.

Dans deux minutes, nous allons couper un sentier, et immédiatement après un croisement de route et chemin, sans dévier de notre direction. Notre sentier est devenu plus large et, pour ainsi dire, un chemin de voiture, mais suivons encore nos marques bleues pour parvenir, en moins de deux minutes, sur une petite clairière où viennent converger plusieurs chemins et sentiers, et où nous voyons la lettre A en face de nous, précisément à l'entrée de la Gorge-aux-Chevreuils.

C'est ici, sur cette espèce de carrefour, que la promenade de Franchard se sépare de celle des gorges d'Apremont. Quand on veut continuer celle-ci, il faut avoir recours à la page 250, ayant pour second titre ces mots: « Suite de la promenade aux gorges d'Apremont. »

Mais quant à nous, qui, pour aujourd'hui, allons aux gorges de Franchard, prenons, à notre gauche, le sentier dont l'entrée est désignée par la marque rouge, sans nous préoccuper du sentier à la marque bleue, laquelle va nous revenir tout à l'heure.

Ayant suivi notre sentier une centaine de pas, en gravissant légèrement, nous couperons un chemin de voiture qui s'appelle *route du Château*, et tout aussitôt nous passerons à quelques pas d'un hêtre des plus beaux de la forêt : c'est le *Montebello*.

De ce magnifique arbre, nous continuerons le sentier d'après les marques bleues qui nous sont revenues, et, toujours bien ombragés, nous cheminerons à mi-côte d'une colline pour aboutir, dans deux minutes, sur un autre sentier que nous suivrons à droite, puis, dans trois minutes, nous arriverons vers le sommet, en coupant un sentier plus large.

Le bois qui nous ombrage est un taillis de chênes et de hêtres. Encore un instant et nous aborderons une petite route cavalière, que nous suivrons dans le sens où nous y arrivons, à droite. Elle nous conduira directement sur le carrefour de la *Fosse-à-Rateau*, étoilé par six routes bien ombragées, bien verdoyantes.

Traversons ce beau carrefour en laissant tout simplement une route à notre droite; celle que nous prenons est la *route de l'Autour*.

Dès lors, nous cheminons sous la voûte de la magnifique futaie de la *Vente-des-Charmes*. Vous y respirez tout d'abord un air plus frais, puis, vous vous trouvez en compagnie de superbes géants, hêtres et chênes de toute beauté, ceux-ci, la plupart enguirlandés d'énormes lierres s'enlaçant, avec leurs rameaux de feuilles lugubres, jusqu'à la cime des hôtes auxquels ils se sont attachés pour ne plus les quitter.

La lettre B, sur notre gauche, peu d'instants après avoir pénétré à l'ombre de cette splendide futaie, nous désigne le *Gustave Doré*, chêne de trois cents ans. Un peu plus loin, nous couperons un croisement de chemins et nous quittons notre route droite en inclinant, à notre gauche, par le sentier d'*Albert* et d'*Eugénie*, dont les sinuosités, également bien ombragées par des hêtres principalement, nous amèneront, en peu de minutes, au bord d'une route. En la traversant, donnons un regard, à notre gauche, vers deux chênes de trois cents ans, tout couverts de lierre; ce sont les *jumeaux de la Réole*, dont le nom rappelle une triste et néfaste époque.

Traversons la route et dirigeons-nous, conformément à nos marques bleues, et nous allons voir bien d'autres arbres splendides, entre autres les *deux Allegrain*, tout près l'un de l'autre, et dont un est désigné par la lettre E.

Nous allons arriver sur un carrefour où se voit le plus beau fût de chêne de la forêt, c'est le *Jupiter*, que l'Administration forestière avait débaptisé en l'étiquetant *Bouquet du Prince impérial*. Le Roi des Dieux est dignement entouré par les chênes de *Lheman*, de *Lebrun*, de *Gérôme*, de *Ventadour* et de *Jules Levallois*, sans oublier le *Charles Hayem*.

Traversons le carrefour en laissant un sentier à notre gauche et toutes les routes et sentiers à notre droite, pour prendre, de l'autre côté du Jupiter, notre méandre, dont l'entrée est désignée par une étoile, et qui s'appelle le *sentier d'Édouard et Marguerite*.

Ce sentier, toujours de plain-pied et constamment ombragé par la luxuriante futaie de la Vente-des-Charmes, nous conduira, plus ou moins directement, coupant çà et là quelques chemins, à la Route-Ronde, en vingt minutes (1). Cette route ronde est ainsi appelée, parce qu'elle forme un circuit de dix lieues entre les limites de la forêt et la ville, dont elle est diversement rapprochée. Parmi les arbres les plus beaux, au pied desquels nous allons passer, j'en nommerai seulement quelques-uns, au fur et à mesure que nous avancerons, tels, par exemple :

Les *deux Lagrenée*, le *Charles Maquet*, le *Rude*, le *Rigault-Palard*, le *Vien*, le *François Lemoine*, le *Berghem*, le *Jacques Stella*, le *Ménageot*, le *Philippe de Champagne*, la *Canne du Chasseur noir*, le *chêne de Nicolas Barbier*, le *Jean-Baptiste Oudry*, le *Casanova*, les *deux Patel*, le *Pietro Campana*, le *François Desportes*, le *Maurice Polack* et le *Desbarolles*.

Vous allez parvenir à la pointe finale de la futaie de la *Vente des Charmes* et sur la *Route-Ronde* qui la sépare d'une futaie d'un tout autre aspect, mais non moins agréable à parcourir : c'est la futaie dite du *Puits-au-Géant*. Ses magnifiques cépées de hêtres forment de superbes voûtes de temples druidiques en arceaux du plus beau de tous les styles d'architecture possibles.

Avant de pénétrer sous les ombrages de cette futaie, dont la traversée est d'un bon kilomètre, daignez jeter un regard dans la direction de chacune des quatre belles routes qui aboutissent sur le point où vous venez d'arriver.

---

(1). Bien que nos sentiers soient sujets à être couverts par les feuilles sèches que les coups de vent y poussent, ils n'en sont pas moins faciles à suivre, vu nos signes indicateurs fréquemment répétés.

Le hêtre, portant la marque rouge administrative, et situé à droite du sentier que vous devez prendre, est le *Robert Hubert*. Tout à l'heure, du même côté, la lettre P vous dira qu'à quinze pas plus loin se montre le *Bouquet de Paul Bril;* mais comme nos infortunées lettres sont par ici effacées plus que partout ailleurs, nous nous bornerons simplement, ainsi que nous venons de le faire, à nommer les plus majestueux de ces bouquets de hêtres en vue, soit sur les bords du sentier, soit à quelque distance, tel que le *Bouquet de Vanloo*, le *Bouquet d'Aglaé Didier* et le *Bouquet de Sévigné*, puis celui de *Salomée* et *Caroline*, sans oublier le *Bouquet d'Émile* et de *Marie*.

Ensuite, nous voyons successivement plusieurs clairières très-jolies, très-pittoresquement encadrées. Nous allons couper un chemin de voiture et admirer encore toute une pléiade de superbes cépées, dont la dernière, à quelques pas sur notre droite en abordant la route de Fleury, est le *Bouquet de Madeleine* et d'*Irma*, composé de huit chênes.

Traversons directement la route pour pénétrer, conformément à nos marques bleues, sous la voûte plus sévère de la futaie de Franchard, appelée *futaie du Chêne-Brûlé*, parce que, jadis, un de ces chênes a été incendié par la foudre.

Cette futaie, d'un tout autre aspect que les deux que nous venons de traverser, et qui n'a guère moins d'un kilomètre d'étendue, est également très-intéressante ; mais nous y serons ombragés principalement par des chênes de plusieurs siècles. Voici d'abord à notre gauche, tout en y pénétrant, le *Henri Martin*, chêne de quatre cents ans. Son voisin que nous entrevoyons est l'*Adolphe Yvon*. Avançons pour passer tout à l'heure au pied de l'*Anacharsis*, hêtre haut et droit, élancé, désigné par la lettre B.

Poursuivons les sinuosités de notre sentier, parmi les hêtres et parmi les chênes, pour couper tout à l'heure un chemin, et parvenir sur un carrefour d'où s'élève le bouquet de Franchard, chêne de trois cents ans, dont l'une de ses trois belles tiges fut enlevée d'un coup de vent, il y a peu d'années.

A quelques pas au delà, situé au bord du carrefour, se montre le *Marula*, chêne mieux portant.

Passons le carrefour en l'effleurant pour retrouver tout de suite notre sentier à notre gauche, et nous trouver ombragés uniquement par des chênes.

Nous allons en quelques minutes parvenir à l'extrémité de la futaie, en abordant la *route Céleste* et le restaurant de Franchard, où nous pourrons nous rafraîchir si bon nous semble.

Disons qu'il nous reste encore à explorer plus de la moitié de notre grandissime promenade, et, assurément, la partie la plus intéressante, c'est-à-dire, parmi deux des plus remarquables chaos de rochers que renferme notre exceptionnelle forêt.

Enfin, soit que nous entrions, oui ou non, au restaurant, nous arriverons au *carrefour de Saint-Feuillet* situé entre ce pied-à-terre et le poste forestier ajusté sur les ruines du monastère de Franchard, dont nous disons un mot à la page 116.

De ce carrefour, où se tiennent des guides dont nous pouvons nous passer, nous pénétrerons, d'après notre signe bleu, sous les ombrages d'un quinconce de marronniers mêlés de chênes, pour passer presque aussitôt contre la modeste ruine de la chapelle, flanquée de contre-forts décapités, que nous frôlons à notre gauche.

Tout en laissant derrière nous ce pan de muraille avec ses contre-forts, nous nous trouvons sur un carrefour d'où s'élève un cèdre. Nous voyons sur ce carrefour la façade méridionale du poste forestier, contre laquelle est adossée une toute petite et très-modeste construction, espèce de niche, où se trouve abritée une vierge dorée : C'est *Notre-Dame de Franchard*, placée là, il y a une quinzaine d'années, par l'abbé Caille.

Quant à la construction carrée que nous voyons à droite du cèdre, elle enclôt un puits de soixante-six mètres de profondeur, creusé en 1813.

Maintenant, pour continuer notre exploration, je prierai mes lecteurs de vouloir se diriger d'après l'itinéraire décrit depuis la page 94, ligne 4, jusqu'à la page 100, avant-dernier alinéa, finissant par ces mots : « *formant plusieurs abris*, » et lesquels mots sont suivis du chiffre 243, écrits au crayon, pour nous rappeler qu'il faudra dès lors ramener notre attention à la présente page, pour achever, de la manière que voici, notre grande et si intéressante exploration :

Suivons toujours nos marques bleues en montant un peu pour arriver sur un petit terre-plein, et appuyer à gauche vers le n° 2, où nous gravirons quelques pas de marche pour aborder le sommet rocailleux du principal point de vue des gorges de Franchard, d'où l'on découvre l'ensemble du site, et, bien loin par delà, les limites de la forêt vers l'ouest : Arbonne, Fleury, Milly, Courance, sans pouvoir bien distinguer ces pays, voilés par les bois et les collines.

Mais, n'avançons pas trop au bord escarpé des rochers, et prenons garde à cette large et profonde fissure qu'on pourrait fort bien ne pas apercevoir en admirant l'ensemble du point de vue. L'ayant contemplé à notre satisfaction, nous retournerons sur nos pas vers le n° 2 que nous aurons à notre gauche en descendant les marches, puis nous cheminerons sur ce petit terre-plein dans sa longueur peu étendue en négligeant tout sentier à notre gauche. Nous sommes encore accompagnés par de belles touffes de genévriers, puis, par quelques rochers.

En une minute, nous aurons atteint l'extrémité de cette petite plage unie, et nous allons descendre quelques marches pour pénétrer, presqu'aussitôt, sous les imposants rochers qui abritent la *Grotte de Velléda*. Ces formidables masses de grès, si étrangement et si effrayamment agencées, n'inspirent pas trop de sécurité, bien qu'il n'y ait aucun danger à craindre.

En sortant de la grotte de Velléda, inclinons à droite en longeant le groupe de rochers dont elle fait partie. Nous allons tout de suite couper une route pour nous retrouver dans une très-agréable oasis de genévriers, de blancs-bouleaux et de quelques vieux chênes, puis, tout à l'heure, une belle muraille cyclopéenne que nous longerons à notre gauche, ainsi que nous l'indique notre signe et le n° 3.

Dans un instant, nous allons cheminer au bord de la jolie petite Mare-aux-Pigeons, parsemée de quelques rochers et entourée d'une végétation variée de houx, de genévriers, de bouleaux et de quelques vieux chênes. Cette mare, d'un aspect très-pittoresque, était encore mieux ces années passées, avant qu'on ne lui ait retiré son cachet primitif et tout à fait sauvage, en envahissant ses eaux par deux îlots factices trop réguliers et plantés d'épicéas. Elle est perdue pour nos bien-aimés paysagistes !

Parcourons-en les bords ombragés, dont le sentier, baigné dans les fougères en frôlant aussi des végétaux plus respectables, plus sévères, va, dans deux minutes, nous amener sur le travers d'une route cavalière que nous couperons pour pénétrer entre les *roches Fichot*, signalées par le n° 4.

Depuis vingt minutes que nous avons quitté le grand point de vue des gorges de Franchard, nous parcourons ce qu'on appelle les *platières de Franchard*. Ce plateau rocheux conserve son nom jusqu'à la Route-Ronde où nous parviendrons dans quelques minutes, en passant tout d'abord contre le rocher de *Catherine de Médicis*, désigné par la lettre X. Mais dirigeons nos regards à quelque distance sur notre gauche ; quel aspect à la fois sauvage et pittoresque ! Comme ces vieux chênes et ces genévriers également séculaires s'harmonisent bien, puis, ces blancs-bouleaux et le tout baigné dans des flots de bruyères !...

Suivons bien les sinuosités de notre sentier, en traversant tout à l'heure un chemin sablonneux, pour aborder tout aussitôt la Route-Ronde.

Traversons également cette large voie en laissant à droite un chemin à ornière. Celui que nous prenons est la *Route Mazarin*, que nous suivrons une trentaine de pas pour prendre à droite notre sentier, que nous sommes heureux de retrouver. Nous sommes ombragés principalement par des pins peu attrayants. Dans trois minutes le sentier va se diviser. Négligeons celui à notre droite en faveur de celui dont l'entrée est signalée par une marque rouge. Suivons-le directement pour retrouver tout de suite nos marques bleues et nous embrancher sur un chemin plus large.

Ce chemin, après l'avoir suivi une cinquantaine de pas, se divisera en deux. Alors, nous prendrons à droite pour

— 245 —

arriver en deux minutes au *Carrefour du Houx*, ayant à notre gauche un poteau indicateur signalé par une étoile.

Traversons ce carrefour, en laissant deux chemins à notre droite et trois à notre gauche, y compris deux sentiers. Celui que nous allons prendre est en face de nous et passablement large, puis rocailleux. En le prenant, nous voyons à droite, sur un grès, un anneau bleu. Tout en commençant à le suivre, nous avons à notre gauche une plage dénudée par suite d'un incendie, et à notre droite, nous allons sillonner le haut bord déchiré du plateau, en dominant les profondeurs de la Gorge-du-Houx, dont les collines sont hérissées de rochers tombés et renversés pêle-mêle les uns par dessus les autres, et d'aucuns dégringolés jusque dans les profondeurs que nous dominons.

Suivons bien nos marques bleues en laissant tout à l'heure, pour deux minutes, un sentier à notre droite désigné par des marques rouges; il conduit à la *Grotte-du-Parjure* où nous arriverons après avoir contemplé, dans un instant, l'un des points de vue d'intérieur de forêt des plus remarquables de nos charmants déserts.

Prenons donc, à gauche le sentier aux marques bleues qui va nous faire contourner la roche de *Marie Quita* portant sa petite fille; elle est désignée par une étoile. Ensuite, et à l'instant même, la lettre O nous dira que nous abordons le point de vue de la Grotte-du-Parjure, que nous avons décrit, ainsi que cette grotte non moins remarquable. Voir page 108, quatrième alinéa commençant par ces mots : « *Les sites aperçus de là sont :* »

(Je prie mes chers lecteurs et chères lectrices de se diriger un instant d'après la suite de ce quatrième alinéa jusqu'à la fin de la page 109, au bas de laquelle le chiffre 245 leur rappellera qu'il devront ramener leur attention à la présente page pour continuer notre retour vers Fontainebleau, d'après les indications que voici :)

Au pied de quelques marches d'escalier, dès que nous en aurons gravi une, le sentier se divise en deux; celui à droite désigné par des marques rouges et signalé aussi par le n° 3, conduit vers le *rendez-vous du Chasseur noir* et vers le Mont-

Aigu. Négligeons-le pour cette fois et continuons à gravir le reste des marches, conformément à nos marques bleues, et immédiatement nous pénétrerons dans la *Galerie d'Octavie*, très-beau passage parfaitement encaissé entre les rochers.

A la sortie de cet intéressant passage, nous dominons et apercevons le vaste soupirail de la grotte d'où nous sortons, et nous inclinons à droite, pour nous retrouver tout de suite sur le haut bord des rochers et sur le sentier de *Marianne* et *Valentine*. Suivons-le à droite en dominant encore pendant quelques instants la Gorge-du-Houx; puis le plateau rocheux va se rétrécir, les sinuosités du sentier vont se bifurquer en descendant un ou deux pas : inclinons à gauche d'après nos marques bleues et par l'issue la plus frayée pour aborder le *rocher des Danaïdes*, sorte de chaos composé d'une cinquantaine de masses de grès de toutes formes et de tous volumes, où vont nous apparaître des antres, des anfractuosités, des galeries formées par la rupture des bancs de grès.

En approchant du premier groupe, nous dominons à notre gauche des profondeurs non rocheuses, mais un peu lugubrement ombrées. Le n° 4, à notre droite, désigne la grotte de la Petite-Fée.

A quelques pas plus loin, nous allons incliner à droite en passant dans la galerie de *Frédéric Lemaître*, galerie désignée par la lettre N et formée d'énormes quartiers de grès singulièrement divisés et offrant des fissures diversement larges.

En sortant de ce couloir, le sentier descend en nous offrant à notre droite une nouvelle vue sur les profondeurs de la Gorge-du-Houx. Continuons à descendre, conformément à nos marques bleues, et en négligeant tout à l'heure, à notre gauche, un sentier. Elles vont nous amener tout de suite entre deux formidables rochers plus espacés et dont l'entrée est signalée par la lettre M. C'est la *Galerie de Potier*, notre dernier célèbre comique.

Remarquons sur la paroi du rocher, à notre gauche, les figures fantastiques de toutes sortes d'animaux fabuleux, que présentent les vestiges, ou plutôt les restes d'une couche de cristalisation ressemblant à du marbre comme on en rencontre en bien des endroits de nos sites rocheux. Ces cristalisations qui, sur certains grès se voient encore intactes et couvrant de grandes surfaces, n'ont pu être formées, disent les savants, qu'à l'époque diluvienne.

Poursuivons notre marche entre ces deux énormes rochers, à la sortie desquels nous descendons quelques pas d'escalier, en contournant l'extrémité de celui à notre droite; mais au moment de laisser derrière nous cette masse de grès, inclinons nos regards à droite pour voir comme elle est de ce côté singulièrement trouée et accidentée, l'étrange moulure qu'elle montre. En continuant à descendre, remarquons les trois roches suivantes, avec leurs formes, la manière dont elles sont placées et distancées à la file l'une de l'autre, et nous serons convaincus que toutes, y compris celles de la galerie que nous venons de quitter, ne formaient qu'un seul et même banc de grès.

Continuons à cheminer parmi les Danaïdes, et le n° 5 va tout de suite nous signaler le *mausolé d'Arpal*, roche curieusement perforée et évidée par les éléments diluviens. A quelques pas plus loin, la lettre L va nous signaler l'*Antre du binocle du Chasseur noir*, où nous allons voir en effet une jumelle monstrueuse.

En sortant de cet antre formé par un rocher entr'ouvert, nous coupons un sentier en cheminant directement pour aboutir sur un autre que nous suivrons à droite comme l'indiquent nos marques bleues. Puis, dans un tout petit instant, nous passerons contre une roche d'une certaine grandeur, signalée par une étoile. Contournons-là, et son autre face nous montrera la baignoire du Chasseur noir, étrangement creusée et façonnée, et bien digne de ce héros légendaire qui a laissé partout, dans nos curieux déserts, des traces de son existence mystérieuse.

De cette baignoire, contenant de l'eau en toute saison, poursuivons notre marche conformément à nos marques et en descendant encore, puis, disons adieu ou plutôt au revoir à nos rochers, pour ne plus rencontrer que des bois très-ordinaires et un très-joli point de vue par exemple. Cependant, nous n'avons pas à nous plaindre, car nous avons vu une série de sites, dont l'impression et le souvenir qu'ils nous ont laissé, peuvent bien nous dédommager du trajet moins intéressant qui nous reste à parcourir (encore près de quatre kilomètres).

Un instant après avoir quitté la baignoire du Chasseur noir, nous allons couper une petite route de voiture, puis, un peu plus loin une autre; ensuite, notre sentier va monter en pente assez douce.

Nous quittons les pins pour être ombragés, pendant quelques instants, par de maigres chênes. Nous gravissons en rampe le Mont-Fessas, dont nous atteindrons le plateau en moins de sept minutes, en revoyant une végétation plus gaie, plus attrayante; ce sont des chênes et des hêtres peu âgés il est vrai.

Après avoir suivi pendant une centaine de pas le bord du plateau, le sentier se divise en deux. Laissons celui à notre gauche, bien qu'il soit désigné par le signe bleu. Prenons celui à droite avec sa marque rouge, il nous amènera tout à l'heure sur le sentier de *Charles et d'Augustine*, après avoir coupé une petite route de chasse au moment où elle va descendre du plateau.

Nous revoyons nos marques bleues. Mais voici une étoile imprimée sur un modeste chêne; elle nous signale un admirable point de vue. Nous apercevons en grande partie les monts et les vallées que nous découvrions du belvédère de la grotte du Parjure, mais sous un aspect très-différent, et en plus, le palais de Fontainebleau, qui nous semble plus éloigné qu'il ne l'est en réalité.

Un instant après avoir laissé derrière nous ce joli point de vue du Mont-Fessas, le sentier va s'éloigner des bords du plateau et se bifurquer. Laissons celui qui incline à droite, et cheminons directement, selon notre signe bleu, en traversant tout à l'heure une route sablonneuse et en pénétrant parmi les genévriers, les chênes et les hêtres, pour aboutir, en moins d'une minute, sur le travers d'un sentier que nous suivrons à droite. C'est le sentier du plateau du Mont-Fessas. Il nous conduira à peu près directement, et en vingt-cinq minutes, à

— 249 —

la route de Fleury, sans nous préoccuper des autres sentiers et des routes de chasse que nous rencontrerons. Nos marques bleues, du reste, nous dirigeront parfaitement.

Étant parvenus à la route de Fleury, nous passerons de l'autre côté pour retrouver notre cher sentier, en laissant deux routes de chasse à notre gauche. Nous sommes toujours assez bien ombragés. Nous suivons latéralement à quarante ou cinquante pas de distance, la grande route.

Poursuivons ainsi encore vingt à vingt-cinq minutes, en coupant de ci de là plusieurs routes de chasse, et nous serons de retour au vaste et beau carrefour de la barrière de Paris, d'où chacun de nous rentrera en ville, soit par la rue de France, soit par la rue Royale ou par toute autre, selon le quartier où il est logé.

Après avoir décrit l'itinéraire de cette grande et intéressante promenade, que tant de fois nous avons parcourue pour en combiner les sentiers et les faire ouvrir, nous n'avons pas voulu passer à une autre promenade, sans dire un mot sur Franchard, sur son origine, sur ce qu'il a été et sur les causes de sa destruction. A cet égard, voir page 116.

## PROMENADE AUX GORGES D'APREMONT

EXPLORATION A PIED

DÉVELOPPEMENT : 15 KILOMÈTRES

Parcourable en six heures.

Le commencement de cette magnifique exploration étant décrit dans celui de la promenade de Franchard, qui est le même, nos lecteurs sont priés de vouloir passer à la page 236, pour se diriger, pendant la première petite demi-lieue, c'est-à-dire, jusqu'à l'entrée de la *Gorge-aux-Chevreuils*, où la page 238 les priera de ramener leur attention aux lignes que voici :

### Suite de la promenade aux Gorges d'Apremont.

Donc, étant parvenus à l'entrée de la Gorge-aux-Chevreuils, prenons le sentier signalé par la lettre A et par notre signe ordinaire, en laissant un sentier à droite et un à gauche.

Cette gorge, d'environ trois cents mètres, où nous pénétrons, est encaissée, non par des rochers, mais par des coteaux bien ondulés, bien mouvementés et bien ombrés. Elle se termine en fond de cuve, que nous gravirons en deux minutes, pour traverser une route de chasse et pénétrer immédiatement sous la voûte plus grandiose d'une magnifique futaie de hêtres et de chênes, c'est-à-dire, sous la voûte de la *Tillaie*.

Nous cheminons alors dans le sentier de *Jenny-des-Bois*. Il traverse la futaie dans toute sa longueur (1,400 mètres environ), en coupant de ci, de là, des chemins et routes de toutes espèces ; mais ne nous en préoccupons nullement ; nos marques bleues nous conduiront toujours à bien, sinon lorsque nous aurons parfois à céder à nos petites marques rouges, alors nous le dirons.

Dans quelques minutes, nous allons commencer à passer au pied des arbres les plus remarquables : d'abord le *Condé*, chêne de cinq à six cents ans, désigné par la lettre B ; à cinquante pas plus loin, c'est le *Turenne*, son contemporain, que nous frôlons à notre gauche pour passer tout à l'heure, en coupant un chemin, près du *Georges-Clémentz*, hêtre superbe désigné par notre étoile rouge.

Dans un instant, voici le *Pharamond*, chêne dont l'âge se perd dans la nuit des siècles, largement sillonné par la foudre et recouvert d'un chapeau en zinc. C'est l'un des trois doyens de la forêt. Son tronc, au-dessus des formidables agraphes qui le retiennent au sol, a sept mètres d'envergure. (Ici est établi un marchand, comme en on voit en tant d'endroits de nos sites.)

Un peu au-delà de ce colosse, nous passerons près du *Lazare Hoche*, chêne de six cents ans, mieux portant, mieux conservé, mais hélas ! il a perdu naguère son digne compagnon, le *Marceau*, qui était son plus près voisin et de même force.

En traversant le carrefour et la route d'où se dressent encore majestueusement ces vénérables débris, nous apercevons, à une petite distance, sur notre droite, le *Ricci Sebastiano*, superbe chêne bien droit et d'environ quatre cents ans.

Suivons bien nos marques bleues, en passant tout à l'heure contre le *Buffon*, chêne d'un siècle de plus, et désigné par la lettre C.

Mais après ces gigantesques chênes, combien de beaux et superbes hêtres nous allons voir successivement sur les bords de notre sentier, tels que le *François Gérard*, l'*Antoine-Augustin Parmentier*, le *Stefano Stampa*, désigné par la lettre D. Le *Mégnin*, le *Multigné*, le *Reuiller*, le *Beauverger*, le *Louis de Ségur*. Ces cinq derniers rappellent les noms de cinq personnes auxquelles mes travaux doivent de la reconnaissance.

Ensuite, nous passons successivement contre le chêne d'*Isabey*, désigné par la lettre E, le *Paccard*, le *Desbuisson*, le *Oudry*, le *Desporte*, désigné par la lettre G.

Un instant après avoir dépassé cette lettre G, nous arriverons à la fin du sentier de Jenny-des-Bois et de la haute futaie pour pénétrer sous les feuillages moins élevés et moins sévères d'un amoureux taillis, que nous traverserons en quelques minutes. Ensuite nous abordons un carrefour de cinq routes, non compris notre étroit sentier. Ce carrefour est traversé par l'inévitable Route-Ronde, laquelle, ainsi que nous l'avons dit ailleurs, forme un cercle plus ou moins régulier entre la ville et les limites extérieures de la forêt.

Le trajet que nous avons parcouru depuis notre sortie de Fontainebleau jusqu'à notre arrivée à la Route-Ronde, est de six kilomètres.

Maintenant, le site que nous allons parcourir immédiatement après avoir franchi cette route ronde, en laissant deux routes à notre gauche et trois à notre droite, est d'un tout autre aspect ; la scène change complètement. Au lieu d'un terrain uni et richement boisé en hêtres, en charmes et en chênes formidables, ce n'est rien moins qu'un immense chaos, un vaste pêle-mêle de rochers, de gorges et de monts hérissés d'accidents de toutes sortes, des antres, des cavernes, des grottes, le tout dominé par des sommets arides, des crêtes sourcilleuses, d'où l'on domine des vallées profondes, des paysages tantôt riants et pittoresques, tantôt sévères et sauvages, mais toujours, et de tous côtés captivants, malgré la diversion monotone des pins, qu'on a, sous le règne de Louis-Philippe, introduits à profusion dans ce site qui méritait, par-dessus tous, d'être respecté.

Mais enfin, abordons-le conformément à nos marques bleues, et tout à l'heure la lettre H nous dira que nous visitons la platière du *Grand-Veneur*, parmi les pins, les épicéas, les genévriers, les houx, sans préjudice des humbles bruyères. Le méandre que nous suivons est le *sentier de Velléda*, conduisant au rendez-vous des Druides et, de là, au désert d'Apremont par la descente d'Orphée.

Nous allons, en quelques minutes, couper une toute petite route cavalière et côtoyer, à notre droite, le bord de la *Descente du Chasseur-Noir*, gorge très-pittoresquement encaissée dans les rochers. Au fur et à mesure que nous avançons, nous la voyons plus profonde. Voici la lettre I désignant une formidable pierre à l'extrémité de laquelle nous verrons une sorte de monument druidique ; c'est le *Sarcophage de Velléda*. Ensuite, après quelques ravissants détours, la lettre J va nous désigner le *Bilboquet-du-Diable*, ou plutôt du *Chasseur-Noir*, le héros légendaire de la forêt.

Ce bilboquet est une roche singulièrement superposée sur la crête amincie d'une autre roche. Immédiatement nous dominons de nouveau la gorge du Chasseur-Noir, et nous cheminons comme suspendus au-dessus de ses profondeurs. Les déchirements de rochers et les accidents de terrains deviennent si multipliés qu'il nous est impossible de les énoncer tous. Toutefois, nous continuerons à signaler les choses les plus saillantes.

Voici le *Rendez-vous des Druides*, qui se reconnaît par son rustique ameublement et par le formidable auvent qui abrite la table des sacrifices, puis aussi, par la cheminée, non moins abrupte et dont le bistre noirâtre témoigne que certains druides modernes viennent parfois se réfugier sous ce rocher.

En quittant ce lieu étrange, le sentier continue encore quelques instants en contre-bas des crêtes rocheuses du site et en dominant toujours les profondeurs des gorges et vallées du Chasseur-Noir; puis, nous arrivons enfin à l'entrée de la *Descente d'Orphée*, signalée par la lettre K, où nous retrouvons un peu de ciel et un peu plus de lumière. Mais quelle affreuse diversion attriste en même temps nos regards! Maudite soit une fois de plus l'incurie qui a laissé ravager et déchirer, ainsi que nous le voyons, ce petit site autrefois si joli, si admirable! Descendons vite pour fuir ces hideuses dévastations de l'une des plus saisissantes entrées des gorges d'Apremont!

Nous inclinons à droite, en continuant à descendre, pour nous trouver tout à coup ensevelis dans un étroit et tortueux défilé entre des houx acérés et d'imposants rochers d'où s'échappent d'autres végétaux. Mais ce qui ajoute à l'aspect solitaire de ce défilé, ce sont les antres et les cavernes qu'on y voit à chaque pas, pour ainsi dire.

Enfin, voici la lettre L, annonçant que nous sommes tout à fait au bas de la descente d'Orphée et à l'entrée du *désert d'Apremont*, qui aujourd'hui n'est plus un désert, mais une sombre forêt de pins.

Disons que les gorges d'Apremont, dont la circonvallation est de douze kilomètres, forment principalement deux grandes et larges vallées entourées de chaînes de rochers en amphithéâtre, séparées toutes deux par une autre chaîne. La vallée que nous abordons à un peu plus d'un kilomètre de traversée.

Poursuivons notre marche à l'ombre des pins, en voyant néanmoins encore des rochers. Voici notre sentier qui se divise en deux. Celui à droite, dont l'entrée est signalée par une marque rouge, sert lorsqu'on fait la promenade à l'aide d'une voiture, laquelle vient attendre sur la route, à une centaine de pas d'ici.

Donc, ce sentier n'est pas pour nous qui explorons la promenade complètement à pied. Passons et continuons selon nos marques bleues. Dans quelques minutes, une petite croix rouge indiquera que nous arrivons au carrefour du Désert, ainsi nommé en attendant qu'on lui donne un nom administratif. Traversons-le, en laissant deux routes à notre gauche et trois à droite, puis, tout aussitôt, nous couperons un chemin pour suivre, pendant cinq à six minutes, à notre gauche, la la base d'une colline rocheuse, complètement dénudée par un incendie. Nous allons passer contre la *roche de Lancret*, marquée de la lettre M. Un peu plus loin, nous couperons un autre chemin, en nous éloignant de la colline rocheuse pour nous retrouver à l'ombre des pins, et passer, dans quelques minutes, près du *Cerbère du Désert*, roches à plusieurs têtes, désignée par la lettre N.

En dépassant le Cerbère, nous franchissons un chemin de voiture, et bientôt nous allons rencontrer quelques masses de grès et apercevoir, à notre droite, une autre colline rocheuse, dénudée et toute blanchâtre, en attendant la pousse des végétaux qu'on vient d'y semer.

Voici un chemin que nous traversons en nous retrouvant mieux accompagnés de rochers. Notre sentier devient plus tourmenté et va commencer à gravir légèrement, en passant contre la roche d'*Hector Dubuquoy*, très-belle masse de grès, désignée par la lettre O. Un peu plus loin, notre méandre incline brusquement à droite, et la lettre P nous dit qu'alors nous pénétrons au *Val-des-Mohicans*, où nous allons avoir plus d'espace, plus de ciel.

En débouchant dans ce site plus éclairé, et dont les deux collines qui l'encaissent largement sont décorées d'imposantes masses de grès, nous nous sentons plus à l'aise; mais, ici encore, nos regards sont attristés par l'aspect désolé des traces de l'incendie qui en a dépourvu de toute végétation la colline de droite.

Parmi les nombreuses masses de grès que nous voyons sur les flancs des deux collines, dans toute la longueur du site, qui est de cinq cents mètres, nous nommerons seulement le rocher des *Trois Américaines*, le rocher de *Fenimore Cooper*, le *Léviathan d'Apremont*, énorme roche s'étendant de la pente de la colline jusque vers le sentier. Il est désigné par la lettre Q.

Mais, combien d'autres plus remarquables encore s'aperçoivent à notre gauche comme à notre droite, sur les flancs et sur les crêtes des deux collines, après avoir laissé derrière nous ce léviathan !

Le sentier continue à monter en pente assez douce et va tout à l'heure se diviser en deux, précisément à la sortie du val des Mohicans, où nous voyons la lettre R et deux flèches peintes sur les grès. La flèche rouge, à notre gauche, désigne le sentier de la promenade abrégée ; la flèche bleue, à notre droite, désigne le sentier que nous devons prendre pour accomplir la promenade moyenne, en passant par le rocher des Brigands.

Donc, prenons à droite le sentier désigné par la flèche bleue.

Dès lors, nous entamons le principal chaos des gorges d'Apremont. Voici la lettre S nous signalant une suite de gigantesques rochers ; ce sont les titans *Brontès, Argès et Paris*.

Dans quelques instants, la lettre T indiquera que nous passons près la *Mare-aux-Biches*, entourée d'une ceinture de rochers ; mais elle est souvent desséchée en été. Deux minutes après, notre sentier, de plus en plus tourmenté, nous amènera à l'entrée du défilé des *Mastodontes d'Apremont*, signalée par la lettre U.

En sortant de ce défilé, encaissé entre des rochers de toutes formes et offrant çà et là des antres, des cavités et quelques échappées de vue à travers les arbres, nous allons dominer successivement quelques coins de gorges profondes, notamment en arrivant près la lettre Z.

Dans deux minutes, nous allons descendre un peu et couper le haut du *val des Mousquetaires*, remarquablement encaissé, et dont le chemin est appelé *route du Désert*. N'hésitons pas à couper ce chemin, quoique le sentier soit ici désigné par notre signe rouge, auquel vont tout de suite succéder nos marques bleues.

Nous abordons maintenant le rocher des Brigands parmi des aspérités rocailleuses des plus saillantes et des plus sauvages, nous offrant tout à l'heure l'aspect d'une mer, dont les flots en furie semblent vouloir à tout moment nous arrêter. Mais heureusement qu'à travers toutes ces vagues pétrifiées, notre méandre, avec ses marques bleues, nous ouvre passage et va, soudain, nous permettre de contempler de très-beaux points de vue, en approchant les bords escarpés de cette plage si remarquablement bouleversée par les éléments diluviens.

Voici la lettre A qui nous signale tout à fait au bord le *Belvédère du Titien*, d'où s'aperçoivent la chaîne du rocher Cuvier, la futaie du Bas-Bréau, dont les arbres géants balancent leurs cimes à cent mètres au-dessous du niveau où nous sommes; puis, au delà, nous découvrons une infinité de pays à perte de vue, vers l'ouest.

En descendant de ce belvédère, composé tout simplement d'un petit tertre que nous avons formé là sur ce roc escarpé, nous prenons à notre droite, conformément à nos marques, le sentier qui, en quelques minutes, nous conduira, en passant dans un défilé abruptement encaissé, vers d'autres points de vue, tel que celui de *Thorée*, désigné par la lettre B, puis ensuite, nous passons dans un autre encaissement qui est le *défilé des Brigands*, signalé par des croix rouges. A quelques pas au delà de ce défilé, les sinuosités de notre fil d'Ariane aboutissent à la caverne qui leur servait de repaire.

Mais au moment d'arriver à l'une des deux entrées de cette caverne ténébreuse, inclinons quelques pas sur la droite, conformément à l'étoile rouge que nous voyons peinte sur un arbre et sur le roc, afin d'aller jouir d'un point de vue encore plus vaste que ceux qui viennent d'être admirés; il s'étend davantage vers le levant et vers le nord-ouest.

De ce point de vue, rentrons sur notre sentier, c'est-à-dire, vers nos marques bleues et suivons-les à droite pour descendre, soudain, quelques pas, et nous trouver entre les deux issues qui pénètrent dans la caverne des Brigands. Mais avant d'y pénétrer, je dois, pour votre sûreté, chers lecteurs et chères lectrices, comme pour mettre à couvert ma responsabilité de cicérone, je dois, dis-je, reproduire ici les quelques lignes suivantes extraites d'une de mes dernières publications :

« Depuis plusieurs années déjà nous avons signalé l'urgence
» de consolider, par quelques rustiques pilastres, les grès qui

» forment l'effrayante voûte de cette ténébreuse caverne, vu
» que l'infiltration des eaux pluviales dégrade de plus en plus
» les parois qui la supportent et lesquelles, composées de sable,
» se dégradent et s'éboulent chaque année davantage, à tel
» point qu'on ne peut circuler dans ce noir souterrain qu'en
» se baissant beaucoup, malgré que le marchand qui se tient
» là débarrasse de temps à autres les éboulements. »

Aujourd'hui le danger nous semble encore plus apparent et plus imminent. Aussi en avons-nous prévenu de nouveau l'Administration.

Il est possible, néanmoins, que ce danger reste encore longtemps en suspens, mais la prudence commande de s'en méfier.

Contiguës à ce souterrain qui, sous le règne de Louis XV, a servi de repaire à des brigands, dont le chef s'appelait *Tissier*, vous remarquerez encore de très-grosses masses de grès, surtout celles où se trouve *l'antre du Loup*.

Il se tient sur ce point culminant de la forêt quelqu'un autorisé, pendant la belle saison, à vendre des rafraîchissements et à introduire, à l'aide de torches allumées, les visiteurs dans la caverne.

Enfin, étant prêts à nous éloigner de ce repaire ténébreux, nous sommes en face du midi, et nous voyons deux indications différentes, l'une un peu à gauche, entre les deux issues de la caverne par une marque rouge, et l'autre entre la sortie et l'échoppe du marchand, par une marque bleue. Dirigeons-nous de ce côté pour incliner tout de suite à droite et suivre les sinuosités du sentier toujours on ne peut plus rocailleuses, mais d'où nous dominons parfaitement tout le vallon d'Apremont, en découvrant de mieux en mieux ce remarquable site, surtout lorsque nous arrivons à la pointe de ce promontoire aérien.

De cette pointe, nos marques bleues nous ramènent brusquement à droite, pour nous faire descendre dans un encaissement creusé par les pluies torrentielles, et bientôt notre sentier va se diviser en trois. Celui qui continue à descendre directement est destiné aux personnes qui parcourent la forêt à l'aide de voitures, ou bien aux touristes qui veulent ajouter à la promenade quatre kilomètres de plus. Mais comme notre exploration de seize kilomètres, dont nous avons fait jusqu'ici la moitié du trajet, nous suffit, nous allons prendre à gauche, conformément à la marque rouge, pour descendre presque aussitôt parmi des rochers mieux ombragés par des pins, des bouleaux et des chênes.

Dans un instant, nous cheminerons d'une manière tout à fait encaissée au milieu d'un chaos composé d'imposantes masses de grès, dont une, signalée par la lettre C, est la roche de *Paul de Saint-Victor*, près d'elle se montre fièrement le *rocher Laffitte*.

Étant parvenus tout à fait à la sortie de ces grandes roches, on débouche sur la pelouse et sous les arbres séculaires du *vallon d'Apremont*, site également connu sous le nom du *Dormoir de Lantara*, endroit des plus pittoresques que l'on traverse rarement sans s'y reposer : ses vieux chênes, son entourage de jolis et coquets genévriers, la ceinture de collines rocheuses et diversement agrestes qui limite, soit de près, soit de loin la vue, tout ce vallon, en un mot, forme un tableau qui plaît et charme délicieusement. Aussi, le dernier Empereur et toute sa Cour, y venaient-ils fréquemment se récréer lors de leurs séjours à Fontainebleau.

En avant, presque à la sortie de ces vieux chênes, nous apercevons des poteaux indicateurs. C'est le carrefour des gorges d'Apremont : ne l'approchons pas, mais quittons notre chemin en inclinant à gauche, tout en abordant le premier arbre signalé par une étoile, que nous frôlons à notre droite en marchant sur la pelouse, dans la direction des arbres empreints de notre marque bleue. En moins d'une minute, nous allons couper un chemin sablonneux et retrouver notre sentier pour traverser presque soudain une route macadamisée. C'est la *route de Sully*, de l'autre côté de laquelle nous allons pénétrer dans le *sentier d'Alexandre et Louise*, dont l'entrée est signalée par notre flèche bleue. Ce sentier, d'environ cinq cents mètres de développement, sillonne un sol ondulé et très-pittoresque. En avançant, nous avons en vue sur notre gauche une foule de superbes arbres, parmi lesquels on remarque le *Charles Jacques*, le *Louis Viardot*, le *Decamps*, le chêne *Baudeman*, le *Charles Houdan*, etc., etc.; devant nous et à droite, c'est une colline pittoresquement mouvementée qui se dresse en amphithéâtre, où les rochers et les beaux végétaux ne manquent pas, mais dans le sentier même, nous sommes splendidement accompagnés, surtout dans un instant, en arrivant près la lettre A, qui désigne l'*Alexandre Riché*, hêtre magnifique. A quelques pas au delà, nous en remarquons plusieurs autres encore très-beaux sur la gauche du sentier.

Puis, immédiatement à notre droite, nous passons parmi toute une pléiade d'autres burgraves, surtout des chênes de trois à quatre cents ans, où nous admirons les *quatre Duchênes*, peu distancés les uns des autres.

Ensuite, nous allons couper un chemin et en revoir bien d'autres, pour arriver en deux minutes près du *chêne de Sully*, et en même temps sur la route de ce nom, que tout à l'heure nous avons coupée en quittant le Dormoir de Lantara.

En abordant le Sully et cette route, suivons-la à gauche une vingtaine de pas, c'est-à-dire jusqu'auprès du chêne d'Henri IV, bien plus ruiné que celui de Sully. Ici quittons la route, en prenant à droite et en frôlant à notre gauche ce vieux et caduc chêne.

Notre sentier va se diviser à l'instant : suivons celui à droite pour déboucher tout aussitôt, dans la *Longue-Gorge*, dont l'entrée est signalée par la lettre M.

Cette gorge était autrefois très-pittoresque ; mais les riants et magnifiques végétaux qui la décoraient et ombrageaient si bien notre sentier, tels que de superbes genévriers, des hêtres, des blancs-bouleaux, tout a été la proie d'un horrible incendie il y a une vingtaine d'années.

Aujourd'hui la Longue-Gorge n'offre plus guère que ses rochers dénudés et quelques débris des charmants végétaux qui la rendaient si intéressante. Le sinistre s'est tout juste arrêté dans la partie la plus étroitement encaissée, laquelle est principalement boisée de pins.

Quelques minutes après avoir abordé cette Longue-Gorge,

qui n'a pas plus de sept à huit cents mètres, nous rencontrons la lettre N, qui nous invite à jeter un regard sur le *rocher Stéphanie*, sorte de pont formé par plusieurs roches superposées, à vingt pas sur notre droite. Continuons, en laissant bientôt un sentier à notre gauche, et ensuite un autre à notre droite pour suivre constamment la gorge qui va devenir plus resserrée et quelque peu rude à monter.

Étant parvenus sur le haut de la gorge, ayons soin de suivre attentivement le sentier signalé par nos marques bleues, sans nous préoccuper de toutes autres issues que nous rencontrerons, soit à droite soit à gauche.

Maintenant, nous parcourons la platière du *Montoir d'Apremont* (1). Ce plateau rocheux, boisé de pins, puis de quelques genévriers, de houx et de quelques bouleaux ; nous en avons ainsi pour un bon quart d'heure, c'est-à-dire jusqu'à la lettre O, au moment de couper un deuxième chemin.

Alors, nous quittons les parages des gorges et rochers d'Apremont. Ce n'est pas à dire que nous ayons vu toutes les belles choses de ce principal site de notre exceptionnelle forêt. Oh! non certes ; car il nous aurait fallu employer non pas six heures pour notre promenade, mais bien une journée, vu que nous avons laissé en dehors de notre exploration dans ces parages les intéressants sentiers dont voici les noms :

Le *sentier du Nid d'Amour*, traversant le Bas-Bréau dans sa partie la plus intéressante en arbres remarquables, y compris le *Briarée*, ci-devant Bouquet-de-l'Empereur.

Le *sentier de Jean-François Millet*, partant de la mare des *Rouares* pour arriver au Mont-Girard, sentier d'où l'on jouit des plus jolis points de vue sur le vallon d'Apremont et au delà.

Le *sentier de Laure*, offrant une suite de points de vue également très-beaux.

---

(1) Platière signifie, ainsi que nous l'avons déjà dit, plateau dont les aspérités rocheuses assez accessibles sont aujourd'hui ombragées par des pins principalement.

Le *sentier de Victor et d'Amélie*, très-pittoresque.

Le *val de Théodore Rousseau*, riche de précieuses études.

Le *sentier du Montoir d'Apremont* sillonnant les crêtes rocheuses de cette formidable digue séparative qui coupe en deux les deux vastes bassins des gorges d'Apremont.

Le *sentier des Barbisonnières*, et de la *gorge aux Renards*, d'où l'on jouit de vastes points de vue.

Le *val des Mousquetaires*, trajet des plus intéressants, qui, ainsi que tous ceux qui viennent d'être nommés, seront décrits dans notre dix-huitième édition depuis si longtemps attendue, et qu'enfin nous allons pouvoir bientôt avoir le temps de préparer sérieusement.

Mais continuons notre moyenne promenade.

Nous en étions à la fin de la platière du montoir d'Apremont, précisément à la lettre O, à l'instant de couper un deuxième chemin. Dès lors le sentier va bientôt descendre, et nous aurons encore des rochers à notre gauche jusqu'au moment de couper un chemin de voiture.

Après avoir traversé ce chemin, nous ne serons plus ombragés par les pins, mais par un taillis où domine le chêne. Nous parviendrons en sept à huit minutes, et directement, au vaste carrefour de la *gorge aux Néfliers*. Nous le traverserons en laissant trois routes à notre gauche, en faveur de la route macadamisée qui est la quatrième; mais nous ne la suivrons que pendant un tout petit instant, pour prendre à droite, conformément à nos marques bleues, le sentier qui s'offre à nous et pénètre sous la voûte d'une magnifique futaie; mais tout de suite, après avoir quitté la route, notre sentier se divise en deux. Laissons celui à la marque rouge, et inclinons tout court à gauche par celui aux marques bleues. Il nous conduira à peu près directement à Fontainebleau, par un trajet d'environ quatre kilomètres, toujours délicieusement ombragés. Nous traversons maintenant la partie occidentale de la futaie du Puits-au-Géant, tout aussi splendide que la partie orientale que nous avons parcourue dans la promenade qui précède (de Francharrd).

La vue s'y complaît et s'y repose en même temps sous la voûte de ces gigantesques cépées de hêtres, dont les nombreuses tiges, élancées et recourbées en arceaux, forment des temples qui vous impressionnent bien aussi religieusement que ceux élevés par la main de l'homme.

Notre doux méandre nous amènera en un quart d'heure ainsi ombragés, sur la Route-Ronde, que nous traverserons pour aborder une autre futaie, qui, d'un côté, fait partie de la *Tillaie*, et, de l'autre, appartient à la *vente des Charmes*. Son parcours est de douze cents mètres. Nous aurons à couper une infinité de chemins et routes de chasse, mais nos marques bleues nous dirigeront néanmoins sans encombre et sans peine.

Les arbres que nous allons voir sont plus variés d'espèces et de forme que ceux de la futaie que nous venons de quitter. Aussi en avons-nous désigné quelques-uns, tels que le *Rubens*, par la lettre P; le *Primatice*, par la lettre Q; le *Rosso*, par la lettre R; le *Van Dyck*, par la lettre S; les *trois Carrache*, par la lettre T; le *Jules David*, par la lettre U. De ce beau chêne enlacé de lierre, on arrive en quelques minutes au *Jupiter*, le plus majestueux de nos chênes, qui a pour cortége une foule d'autres superbes burgraves, tels que les chênes de *Lheman*, de *Lebrun*, de *Gérôme*, de *Ventadour* et de *Jules Levallois*.

Le sentier que nous venons de parcourir depuis la Route-Ronde se nomme le sentier de *Ludovic et d'Augusta*.

Maintenant, poursuivons notre marche en coupant directement le carrefour de Jupiter, pour prendre le *sentier des Lierres* de l'autre côté de ce colosse, et dont l'entrée est à côté du n° 2. Nous l'avons baptisé ainsi, vu qu'on y rencontre plus qu'ailleurs de très-beaux lierres, qui cependant ont beaucoup souffert par les fortes gelées de 1872, et aussi par la main de l'homme.

Dans quelques instants ce sentier va se diviser en deux; suivons directement en passant par un curieux portique formé d'un chêne et d'un charme singulièrement mariés. Le n° 3 nous dit que cette union sympathique s'appelle le *chêne charmé*.

Un peu au delà de cette curiosité, nous couperons une route en passant près du *chêne de Lebrasseur*. Suivons bien le sentier d'après les marques bleues. Voici la lettre Z qui nous désigne le *chêne d'Alex. Pothey*. Nous allons aboutir sur une route de chasse que nous suivrons dans le sens où nous y arrivons

Elle nous conduira en un instant au beau carrefour de la *fosse à Rateau*, très-bien entouré et étoilé de six routes bien ombragées.

Ici finissent les grands bois, et nous ne serons plus ombragés que par des bois taillis de 25 à 60 ans. Il nous reste encore un peu plus de deux kilomètres pour arriver en ville.

Traversons le carrefour en laissant deux routes à notre gauche; celle que nous prenons, un peu moins large, est appelée la *route du Geai*. Lorsque nous l'aurons parcourue trois minutes, c'est-à-dire jusqu'au premier sentier que nous rencontrerons à notre gauche, nous le prendrons, bien qu'il soit un peu désordonné parmi ces menus arbres; mais nos marques, en y suppléant, vont nous amener tout de suite sur une espèce de chemin que nous couperons. Alors le sentier descend et devient plus prononcé.

En voici tout à l'heure un autre que nous rencontrons à notre gauche; ne nous en préoccupons pas et continuons à descendre vers les marques rouges auxquelles vont tout de suite succéder celles couleur du ciel, qui nous conduiront, en coupant de ci de là plusieurs chemins et routes de chasse, en une demi-heure, à la barrière de Paris, d'où nous sommes partis tantôt pour commencer notre gigantesque promenade, qui m'a coûté, pour la créer, un peu plus de peine que nous en avons eu pour effectuer son parcours...

## LA GRANDE ET BELLE PROMENADE EN VOITURE

### LA PLUS FRÉQUENTÉE

#### DÉVELOPPEMENT : 30 KILOMÈTRES

(En y comprenant ce qu'on veut parcourir à pied.)

### ITINÉRAIRE [1].

Carrefour de Paris. — Traversée des majestueuses futaies de la Tillaie et de la Vente des Charmes, par le *Pharamond* et

---

[1] Tous les cochers, qui font métier de conduire en forêt, connais-

le *Jupiter*. — Franchard, par la route de Fleury et la Croix des Ermites.

Étant parvenus à Franchard, on met pied à terre entre le restaurant et la maison des gardes, pour aller visiter une partie du site. (Voyez page 93, ligne première.)

De Franchard, on se rend aux Gorges d'Apremont par la futaie du *Chêne-Brûlé*, celle du Puits-au-Géant et par le carrefour de la Gorge-aux-Néfliers.

Aux Gorges d'Apremont, on quitte la voiture au pied du rocher des Brigands, pour la rejoindre au carrefour du Bas-Bréau, où se tient une buvette, après avoir fait l'ascension du rocher et admiré le point de vue dont on jouit aux abords de la caverne; mais il faudra, en arrivant à l'entrée de ce repaire ténébreux et en s'en éloignant, voir page 256, dernier alinéa, et lire jusqu'à la ligne première de la page 258.

Ayant rejoint la voiture au carrefour du Bas-Bréau, on se rend à Barbizon en dix minutes. (Voir page 39, avant-dernier alinéa et lignes suivantes, jusqu'à la page 41, ligne 30 après laquelle le chiffre 264 nous dira de ramener notre attention aux lignes ci-après et suivantes :

De Barbizon, le cocher nous conduira au carrefour de l'Épine en traversant la magnifique futaie du Bas-Bréau, par le carrefour d'où s'élève le *Briarée*, le plus beau chêne de la futaie, ci-devant *Bouquet-de-l'Empereur*, et plus loin le *Nadar*, plus élevé encore.

Du carrefour de l'Épine, très-pittoresque rendez-vous, aimé des touristes comme des artistes, on se rend au rocher des Deux-Sœurs par la Croix du Grand-Veneur.

Étant parvenus sur la plate-forme, à l'entrée de ce rocher, on quitte la voiture pour la rejoindre à la fontaine du Mont-Chauvet. A cet effet, rien n'est plus facile et plus agréable, car on a qu'à suivre le sentier indiqué d'un bout à l'autre, par nos

---

sent parfaitement cet itinéraire; il suffira de leur nommer les sites au fur et à mesure qu'on les parcoure.

*Nota.* — Cette principale promenade, d'environ sept heures, peut s'abréger autant qu'on le voudra en en éludant quelques sites.

marques bleues. Ce sentier, d'un petit kilomètre de développement, est si pittoresque, si riche de charmants tableaux, que nous l'avons nommé le *sentier des Délices*.

De la fontaine du Mont-Chauvet, notre automédon nous conduira jusqu'au pied du rocher du Fort-l'Empereur, où nous quitterons la voiture, pour la retrouver dans douze minutes, sur le rond-point, d'où s'élève ce belvédère du haut duquel on jouit de l'un des plus vastes points de vue des environs de Paris.

Pour s'y rendre facilement et pour achever la promenade par la Roche-Éponge et par le belvédère de Némorosa, voir page 138, avant-dernier alinéa commençant par ces mots : « A cet effet, nous prenons le sentier Guérin..... »

## CHARMANTE PROMENADE
## AUX POINTS DE VUE DE LA SOLLE

### DÉVELOPPEMENT : 10 OU 12 KILOMÈTRES

Dont 1 à pied et plus si l'on veut.

### ITINÉRAIRE.

On se rend tout d'abord au rendez-vous de chasse de la Croix-d'Augas, où l'on met pied à terre pour aller visiter la vaste grotte située à cinquante pas sur la droite de la croix ; le sentier et les marques bleues y conduisent en deux minutes. Cette grotte est remarquable par son étendue et surtout par le formidable banc de grès qui en forme la voûte.

De la Croix-d'Augas, le cocher nous conduira à la fontaine du Mont-Chauvet, par une série de points de vue sur la vallée de la Solle.

Étant parvenus à la fontaine du Mont-Chauvet, nous quitterons une seconde fois la voiture qui ira nous attendre au rocher des Deux-Sœurs, où nous la rejoindrons après avoir exploré un kilomètre de sites charmants, avec la plus grande facilité, vu que le sentier et les marques indicatrices ne permettent pas de se méprendre, surtout aidé par la description que tout à l'heure on pourra lire.

Tout en quittant la voiture, nous abordons le point de vue du Mont-Chauvet à quatre pas au delà d'une table en gazon située au pied et à l'ombre d'un hêtre.

Ayant donné un coup d'œil à ce point de vue, nous ferons demi-tour et nous nous dirigerons d'après les indications énoncées page 167, avant-dernier alinéa, commençant par ces mots : « *Du point de vue où nous venons d'arriver* » et lignes suivantes, jusqu'à la page 173 qui nous amènera à notre véhicule pour revenir en ville à notre choix, soit par la vallée du Nid-de-l'Aigle, soit par la futaie du Gros-Fouteau non moins belle, ou même par celle de la Tillaie, ce qui n'ajouterait qu'un quart d'heure de plus à cette charmante promenade de deux heures.

---

## EXCURSION A LA MONTAGNE-BLANCHE

### ET

## AUX POINTS DE VUE SUR LA VALLÉE DU VAUDOUÉ

#### DÉVELOPPEMENT : 35 KILOMÈTRES

Dont 5 à pied, et plus si l'on veut.

#### ITINÉRAIRE

Cette tournée, qui peut se faire en six heures et plus, si l'on veut voir les choses exceptionnellement remarquables qui composent la partie en dehors de la forêt, s'entreprend, soit par la barrière de l'Obélisque, soit par celle dite de la Fourche. Nous allons l'indiquer par celle-ci, vu qu'elle convient mieux.

Donc, de la barrière de la Fourche, le cocher nous conduira directement à Arbonne, si toutefois nous ne tenons pas à faire un détour d'une heure pour donner un coup d'œil sur les gorges et rochers de Franchard, d'où nous rentrerons sur notre route par la futaie du Chêne-Brûlé.

De là, il nous restera cinq kilomètres pour arriver à Arbonne sans voir autre chose que des bois, principalement des pins.

En sortant de l'humble village d'Arbonne, notre route se bifurque; celle de droite conduit à Milly, celle de gauche va à Achères. Notre automédon nous dirigera par là.

Ayant suivi cette route à peu près un kilomètre, le paysage commencera à nous plaire davantage; ce sont des monts et des rochers, dont une colline tout d'abord à quelque distance sur notre gauche est le dernier sommet de la longue chaîne formée par les rochers de Bouligny, du Morillon, de la Salamandre et du rocher de Milly, lequel aujourd'hui est appelé le *rocher de Corne-Biche*.

Ce dernier sommet est surmonté d'un petit oratoire, connu sous le nom de *Notre-Dame-de-Grâce*. Il a été édifié en 1862, par la famille de M. Poyez, ancien maire de Melun, et consacré la même année par l'évêque de Meaux. De cet ex-voto, nous donnerons plus de détails dans notre prochaine et dix-huitième édition.

Continuons notre marche en voyant le site se développer de mieux en mieux et offrir à nos regards étonnés des aspects grandioses, à la fois sévères, sauvages et pittoresques; les monts et les rochers s'élèvent d'avantage à notre droite comme à notre gauche et aussi devant nous où commence à se montrer le haut de la montagne Blanche.

Nous allons dépasser l'acqueduc des eaux de la Vanne à l'endroit où existe un siphon en dessous de la route, et tout à l'heure notre cocher va avoir le choix de nous diriger, soit vers le poste forestier appelé la *Cambuse*, situé à l'extrémité occidentale de la base de la Montagne-Blanche, soit vers le rendez-vous de chasse et le poste forestier situé à la base de l'extrémité orientale de ladite Montagne-Blanche.

Il n'est pas douteux, quant à présent, vu l'état des chemins dans la première de ces directions, que c'est la deuxième qui sera préférée et que le cocher nous conduira en peu d'instants, tout en continuant notre belle route, près le rendez-vous de chasse et le poste forestier, que nous allons voir tout au bord de la route. Ici, nous mettrons pied à terre, et si, par hasard, il n'y avait personne chez le garde, il faudrait bien prendre le parti de nous diriger nous-mêmes. A cet effet, la chose n'est pas si facile que dans notre bien-aimée forêt, dont j'ai pu tracer et faire ouvrir toutes les charmantes promenades à à pied que l'on sait, tandis que par ici, en dehors de l'œuvre qui a absorbé tout mon temps, tous mes efforts et toutes mes ressources, il ne m'a pas été donné de pouvoir venir tracer le moindre méandre, le moindre fil d'Ariane.

Cela est d'autant plus regrettable, que ces parages sont bien autrement remarquables encore et offrent des points de vue saisissants, d'une tout autre façon que ce qu'offre de plus intéressant notre forêt ; je lui en demande pardon !

Les parages si étranges que nous allons explorer appartiennent à MM. Bouvry, Maillot et Romier. A ces derniers appartiennent les postes forestiers dont nous venons de parler.

Donc, si nous n'avons personne pour nous conduire, il nous faudra, en quittant la voiture, traverser la route et prendre un sentier à peine visible, parmi un maigre bois, et le suivre en négligeant toute issue à notre gauche, pendant quelques minutes, pour aboutir sur un chemin qui longe la base septentrionale de la Montagne-Blanche. Nous cheminerons de pleinpied et assez bien ombragés, jusqu'à ce que nous rencontrions un sentier qui monte à gauche.

Prenons ce sentier pour arriver, en peu d'instants, au sommet de la Montagne-Blanche, plateau couvert d'une couche très-épaisse d'un sable très-fin, très-blanc et presque partout très-ferme, mais curieusement accidenté et mouvementé par les vents qui le déplacent et le ramènent toujours sur le plateau sans le précipiter au bas des pentes de la montagne, excepté vers la pente orientale.

Une autre chose remarquable qu'offre ce plateau de sable d'un bon kilomètre de longueur sur environ quatre cents mètres de largeur, ce sont les roches de formes assez singulières dont il est parsemé, et dont la base, à presque toutes, est amincie et blanchie par le frottement des flots de sable que les coups de vent soulèvent et lancent impétueusement contre le pied de ces grès.

Mais ce qui ajoute grandement à l'intérêt que présente ce site étrange, c'est l'immense point de vue dont on jouit dans toute la longueur de cette nappe blanche : Quel vaste horizon ! Que de pays ! Quelle étendue de plaines ! puis les monts et les rochers, que nous contemplons également de bien des côtés !

Parcourons ce curieux plateau vers l'ouest-nord jusque vers la fin de la nappe de sable, puis nous le quitterons en inclinant à notre gauche vers l'ouest-sud par un sentier à peine visible, mais qu'importe, dirigeons-nous dans cette direction, parmi les issues plus ou moins accessibles que nous trouverons à travers les aspérités rocheuses de la platière plus ou moins encombrée d'humbles bruyères et ombragée maigrement par des pins.

Si nous rencontrons à notre droite des gorges, des ravins, appuyons à gauche sans quitter le plateau, mais parvenons sur ses bords escarpés après cinq à six cents mètres de marche, et que nous contournerons dans leurs mouvements échancrés, pendant le temps que nous voudrons, pour jouir du bouquet de notre exploration, c'est-à-dire, d'une suite de points de vue des plus admirables sur la vallée et les rochers du Vandoué et de Noissy.

Mais quel aspect saisissant nous offrent aussi ces échancrures, ces formidables déchirures qui ont mis à nu des masses de grès si étranges, si imposantes, que nous voyons, que nous frôlons, malgré l'absence de sentier !.....

Disons leur adieu, en regrettant non-seulement de n'avoir pas l'espérance de les rendre commodément visitable, mais d'avoir la triste certitude que toutes ces merveilles de la nature disparaîtront ; car, depuis des années, j'ai vu commencer leur amoindrissement d'abord par l'invasion des pins dont l'aspect triste et monotone voile déjà, en bien des endroits, ces merveilles ; puis, d'autre part, par l'exploitation des grès qui les a attaquées et continue à les détruire de bien des côtés. Mais ces très-remarquables parages n'appartenant pas à la forêt de

Fontainebleau, nous n'avons pas le droit de réclamer en faveur de leur conservation.

Donc, avant de quitter ces admirables points de vue, ces bords escarpés, sillonnons encore quelques courbures, quelques caps, afin d'emporter un souvenir ineffaçable de ce charmant petit coin de notre France.

Ensuite, nous nous acheminerons vers le plateau au Sable-Blanc par le trajet, à peu près, que nous avons parcouru pour parvenir sur ces bords, dont nous avons tant de peine à nous éloigner.

Étant revenus à nos sables blancs, nous les parcourons vers l'orient, en nous rapprochant du bord, côté de l'est-nord, où nous trouverons moyen de descendre assez facilement pour aller rejoindre notre véhicule. Si, à défaut de guide, de sentiers et de signes indicateurs, mes lecteurs ont pu se diriger de manière à être satisfaits, mes désirs sont accomplis.

Si j'étais moins âgé, je tâcherais d'obtenir de messieurs les propriétaires de ces intéressants parages, l'autorisation d'y aller tracer un fil d'Ariane, de façon à faciliter l'accès des principales belles choses, sans oublier les *Cavanchelins*, grottes très-imposantes par les formidables rochers qui les abritent.

Étant remontés en voiture, nous reviendrons à Fontainebleau soit par Arbonne, soit par Achères; mais plutôt par Arbonne, parce que c'est le plus court et le meilleur trajet pour les chevaux.

---

Si dans ce nouveau Guide nous n'avons pas fait mention du village d'Avon, avec sa vieille et très-modeste église, si près de nous, et qui certes méritent d'être visités, c'est parce que notre prochaine et principale édition devant comprendre une Notice sur les endroits les plus remarquables des environs de la forêt, cet antique village, qui s'embellit à vue d'œil, n'y sera assurément pas oublié.

Fontainebleau. — Imprimerie de E. BOURGES

www.ingramcontent.com/pod-product-compliance
Lightning Source LLC
Chambersburg PA
CBHW050655170426
43200CB00008B/1303